民国时期学位与研究生教育制度发展研究

岳爱武 / 著

Research on the Development of Degree and Graduate Education System in the Republic of China

中国社会科学出版社

图书在版编目（CIP）数据

民国时期学位与研究生教育制度发展研究／岳爱武著. —北京：
中国社会科学出版社，2018.12
ISBN 978 - 7 - 5203 - 3655 - 0

Ⅰ.①民…　Ⅱ.①岳…　Ⅲ.①研究生教育—学位—教育史—
研究—中国—民国　Ⅳ.①G529.6

中国版本图书馆 CIP 数据核字（2018）第 281525 号

出 版 人　赵剑英
责任编辑　赵　丽
责任校对　张依婧
责任印制　王　超

出　　版　中国社会科学出版社
社　　址　北京鼓楼西大街甲 158 号
邮　　编　100720
网　　址　http://www.csspw.cn
发 行 部　010 - 84083685
门 市 部　010 - 84029450
经　　销　新华书店及其他书店

印　　刷　北京明恒达印务有限公司
装　　订　廊坊市广阳区广增装订厂
版　　次　2018 年 12 月第 1 版
印　　次　2018 年 12 月第 1 次印刷

开　　本　710×1000　1/16
印　　张　16
插　　页　2
字　　数　254 千字
定　　价　68.00 元

凡购买中国社会科学出版社图书，如有质量问题请与本社营销中心联系调换
电话:010 - 84083683

目 录

第 一 章

导　　论

一　选题之源

（一）始于兴趣、旨向和持续关注

研究事物及问题最为关键的动力，应该始于浓厚的研究兴趣、研究旨向和持续不断的关注。对中国近代学位及研究生教育制度问题的研究，尤其是民国时期学位与研究生教育制度的研究，一开始也是始于笔者的研究兴趣和关注。2006 年 9 月开始，笔者开始在学校研究生院研究生招生与就业办公室工作，主要负责博士研究生的报名、招生、录取等工作，也协助另一位同事硕士研究生招生、报名、录取等环节的事宜。在工作之余，结合工作实际，笔者一直在思考一个"现实"而又"非现实"的问题——当今热火朝天的研究生招录，吸引了大批优秀的毕业学子，其原因何在，在招录过程中存在哪些问题需要进一步改进，今天的研究生招生其缘起何在，过去的研究生招录体系对今天的工作改进有无借鉴之处等，带着这些看似不是问题的问题，笔者开始查阅大量相关资料，以期明晰所有疑问。随着问题的逐渐深入，笔者发现，中国学位与研究生教育制度的历史问题，是一个纵深发展的渐次从萌芽到初创再到定型的过程，亦是一个逐步模仿、借鉴、嫁接外国高等教育的过程，其走过的路途历经了坎坷、曲折和非同寻常的艰难，也做出了难以想象的努力、奋争。对于这一艰难曲折的探索过程，笔者产生了浓厚的学术研究兴趣，遂以工作为起点，以历史发展为线索，前期展开了大量的研究，也撰写了许多关于这一历史时期的论文并相继发表，如《清末学位制度与研究生教育的内容考证及其评价》，发表在《高教探索》（2008 年第 4 期），

《清末学位制度与研究生教育的内容考证及其评价》，发表在《现代大学教育》（2008 年第 4 期），《中国早期研究生学位制度的发展轨迹及其思考》，发表在《黑龙江高教研究》（2009 年第 9 期），《近代中国研究生招生考试制度的历史演变及其特征》，发表在《高教探索》（2010 年第 4 期），《制度变迁与组织变革：改革开放以来中国研究生教育管理体制的演变及其特征》，发表在《高校教育管理》（2011 年第 8 期），此文被人大复印报刊资料《高等教育》全文转载。以这些前期研究成果为积淀，积极申报并成功获批江苏省哲学社会科学基金一般项目，正式展开对这一问题系统和整体的思考与研究。

（二）始于对现实问题的多向度思考

"研究始于问题"，[①] 问题导向研究。《中华人民共和国国民经济和社会发展第十二个五年规划纲要》中明确提出："深入实施科教兴国战略和人才强国战略，充分发挥科技第一生产力和人才第一资源作用，提高教育现代化水平，增强自主创新能力，壮大创新人才队伍，推动发展向主要依靠科技进步、劳动者素质提高、管理创新转变，加快建设创新型国家。"[②]《国家中长期教育改革和发展规划纲要（2010—2020 年）》也明确提出："到 2020 年，基本实现教育现代化，基本形成学习型社会，迈入人力资源强国行列"[③]，"提高质量是高等教育发展的核心任务，是建设高等教育强国的基本要求"[④]，所以，"要充分发挥高校在国家创新体系中的重要作用，鼓励高校在知识创新、技术创新、国防科技创新和区域创新中做出贡献"。[⑤]

"按照传统的分层法，高等教育分为三个层次，即专科教育、本科教育和研究生教育。"[⑥] 由此可见，研究生教育（涵盖硕士研究生教育和博

---

① 黄启兵：《中国高校设置变迁的制度分析》，福建教育出版社 2007 年版，第 1 页。

② 《中华人民共和国国民经济和社会发展第十二个五年规划纲要》，《人民日报》2011 年 3 月 17 日。

③ 《教育规划纲要》工作小组办公室编：《教育规划纲要学习辅导百问》，教育科学出版社 2010 年版，第 11 页。

④ 同上书，第 25 页。

⑤ 同上书，第 26 页。

⑥ 谢桂华：《20 世纪的中国高等教育：学位制度与研究生教育卷》，高等教育出版社 2003 年版，第 1 页。

士研究生教育）处于整个教育系统的顶端，属于最高层次的教育，担负着培养拔尖创新人才的重任，研发高水平科研成果的历史使命，在建设高等教育强国和创新型国家的进程中肩负着其他任何组织都不能替代也无法替代的使命和责任。进入 21 世纪以来，研究生教育发展迅猛，在校研究生人数从 1998 年的硕士生 15 万人、博士生 5 万人，发展至 2017 年的在校硕士生、在校博士生总和超过 191 万人的大规模的研究生大军，如此庞大基数的研究生规模给中国学位与研究生教育制度带来了巨大的挑战。对此，基于对研究生招生、资助、资源配置、质量评价等环节，众多学者进行了多视角的阐发和理论探求。然而，从总的研究范围来看，这些探索一般都是就现实而现实，属于应急性作品，就事论事而已。但实事求是地讲，要想真正揭示现实问题的根源，就一定要知晓现实的理论来源，但相关这方面的研究恰恰非常薄弱且散见于多种教育史研究中。事实已经明示：不加强对学位与研究生教育制度的历史进行认真细致的研究，不善于对中国学位与研究生教育制度的来龙去脉进行比较思考，就难以真正清楚地把握当下中国学位与研究生教育制度的现状和面临的问题，更不可能真正对其未来发展模式、发展路径等做出正确评价和准确判断，毕竟"通往明日的未知路径常常是由反省昨夜的冷峻烛光照亮的"①，基于此，"要达到现在的深度就必须装备历史的传承和学会如何记忆"。②

对于中国学位与研究生教育制度历史的探讨和研究，一定会面临浩如烟海、真假混杂的各种资料，充斥着无数混沌的历史黑洞旋涡，但笔者还是毅然选择了民国时期这一特定历史阶段，希望以事实为"依据"，以历史为"原型"，以思考为"向度"，尝试探索中国早期学位与研究生教育制度发展问题，尤其是民国这一特定阶段的历史变迁、模式演变、结构特征、取得成效及其不足之处。以期为今天的学位与研究生教育制度提供一点微不足道的借鉴，毕竟，"从短时间看，一切是黯淡的，从长

---

① 许纪霖：《智者的尊严——知识分子与近代文化》，学林出版社 1991 年版，第 239 页。
② ［德］雅思贝尔斯：《什么是教育》，邹进译，生活·读书·新知三联书店 1991 年版，第 40 页。

时间则不是这样。只有从整个历史来看，才会变得昭然若揭"①。

中国学位与研究生教育制度的变迁历史，牵涉面众多，影响因素较广，涵盖内容较宽，故而是颇为艰难的研究领域。就其外部环境来说，涉及庞杂的经济基础转型、复杂多变的政治动荡、循环往复的社会变迁、深厚难迁的文化羁绊以及中西文化多元冲突和激荡等；就其内部环境来看，涉及艰难的理论探索、模仿移植的转型、研究生种类层次等领域、不同学校的张力、不同地区的布局、不同类型结构、不同制度嫁接等。诚然，笔者希冀全方位地描绘出那一阶段学位与研究生教育制度变迁波澜壮阔的历史画卷，勾勒出曲折发展的历史轨迹，但是，实事求是地说："每个人总是写他所能写的，而不是他想写的东西"② ——限于学缘结构、知识储备、研究能力、研究时间和研究精力等诸多因素影响，笔者只能选取有限的内容、有限的领域来进行力所能及的阐发。基于此，本书所选取的研究内容以清末民初为起点，以民国时期为主要涵盖领域，以学位与研究生教育制度的变迁发展历史为视角，以期深层次地探索其涉及内容、特点及其经验，原因如下。

1. 学位与研究生教育制度的变迁贯穿了民国时期整个历史

晚清以降，中国高等教育以极不情愿却又无可奈何的方式"中断"了自己发展的路向，在坚船利炮的隆隆敲打下"呱呱坠地"，从降生之时就走上了悲惨的路途。为了挽救落魄的境遇，此后的晚清政府，在惊恐和不甘中秉承"上法三代、旁采泰西"的宗旨，以期在中西教育的碰撞中寻找一条出路，因而有了洋务学堂的设置，天津中西学堂的创建，南洋公学的开办，京师大学堂的筹措和复建。但是这种缓慢的不触动阶级利益的所谓改革，根本无法缓释彼时的内忧外患，新设的众多高等学堂，一是教学宗旨没有实质性变化，二是政府财力负担不起，三是恶劣的社会环境致使生源严重不足等，以至于终而被书院改制之举措所取代。随着书院改制的试行，新式高等学堂渐次建立，这种模仿移植西方新学制的做法，必然和延续几百年的科举制产生激烈碰撞，最终，科举制不情愿却又无奈地退出历史的舞台。在新学制中，首次学习日本学制建制，

① 田汝康、金重远：《现代西方史学流派文选》，上海人民出版社1982年版，第42页。
② 苏力：《制度是如何形成的》，中山大学出版社1999年版，第7页。

有了设置大学院直至通儒院的设想，但并没有真正付诸实施。民国既立不久，北洋军阀政府进行了新学制的制定和修订，整顿法政学校与私立大学，尝试教会大学立案等，对于学位与研究生教育制度有了进一步的探索，并率先在国立北京大学、清华大学以及教会大学诸如震旦大学、东吴大学进行了研究生教育的初步尝试，但由于后续生源的不足、战乱的影响，这一过程并没有持续长久的探索。南京国民政府成立后，经历了短暂的和平发展时期，在原有探索的基础之上，学位与研究生教育制度如火如荼地开展起来，1935 年颁布了意义非凡的《学位授予法》和《学位分级细则》，拉开了学位与研究生教育制度的真正序幕，虽历经了抗日战争的艰辛、解放战争的洗礼，但硕士研究生教育仍艰难地得以前行，博士研究生教育虽有理论探求，但迫于环境及现实的张力，并没有真正实施过。由此可见，学位与研究生教育制度的变迁贯穿了自晚清至民国时期近 100 年的整个历史发展历程。

2. 中国学位与研究生教育制度变迁的历史需要系统、完整的梳理

自晚清以降至中华人民共和国成立，中国学位与研究生教育制度经历了一个从设想到模仿再到定型的过程，可谓是一个从无到有，从相对弱小到慢慢拓展再到制度定型这样一个蜿蜒曲折的发展过程。在这一曲折历程中，学位与研究生教育制度的探索模式多次变化，探索进程多次中断，这正印证了托克维尔的那句话："历史是一座画廊，在那里原作很少，复制品很多。"① 那么，在中国学位与研究生教育制度模式转换的历史画卷里，究竟哪些是"原作"，哪些是"复制品"？"原作"产生的背景内容如何，"复制品"又是如何形成，存在哪些问题？民国时期学位与研究生教育制度究竟走过了哪些路途？涉及了哪些探索领域？取得了哪些成果？衍生出了哪些特点？有哪些值得今天借鉴的成分？对于这些问题的清晰解答，有赖于厘清中国学位与研究生教育制度形态嫁接、模仿移植、创建定型的历史发展脉络，有赖于提升这一历史发展进程中摸索总结的历史经验。因为"如果不对何种制度或惯例的来龙去脉加以探讨，那么只能从表面上把握它们的变化。如果对目前的各种问题难以做出正确的是非判断，那么对进行改革的主体来说，可能会

---

① ［法］托克维尔：《旧制度与大革命》，冯棠译，商务印书馆 1992 年版，第 104 页。

做出轻率的选择和变革"。① 可以毫不夸张地说,如果不对中国学位与研究生教育制度进行一次彻底的历史梳理和理论探求,就很难把握和厘清中国学位与研究生教育制度中存在问题的真正原因。但是,就目前来看,无论从学术界专门理论研究或者是研究生教育管理部门专门工作实践来看,尚无人对这一历史进程、制度变迁、取得的成绩和存在不足进行过系统、完整的梳理和归纳。

二 选题之义

德国历史学家恩斯特·卡希尔曾经指出,所谓历史,"就是力图把所有这些零乱的东西,把过去的杂乱无章的枝梢末节熔合在一起,综合起来浇铸成新的样态"②。基于此,笔者希图在学位与研究生教育制度的历史长河中打捞些许有用的散碎的资料,重新拼装出民国时期学位与研究生教育制度的整幅画卷,以期触摸历史的脉搏,倾听历史的回声。在这种历史碎片的探索求证中,克罗齐的话始终鸣响于耳畔:"一切真历史都是当代史。"③ 显而易见,再现民国时期学位与研究生教育制度的历史变迁具有重要的理论和现实意义。

(一)学术意义

从学术层面来看,至少到现在,中国高等教育界或者说学术界专门对学位与研究生教育制度的历史进行研究的非常之少,而以民国时期学位与研究生教育制度的特定历史阶段的研究更是少之又少。就国内目前所出版的专著来看,只有张晓初著《中国研究生教育史略》、周洪宇著《学位与研究生教育史》、李华兴著《民国教育史》、舒新城编著《中国近代教育史资料》以及潘懋元和刘海峰编著的《中国近代教育史资料汇编(高等教育)》等著作,虽然对民国时期学位与研究生教育制度有所涉猎,但大多只停留在对这一特定历史时期进行了简单的史料的求证,材料的些许累积和阐发,且陈述大多如蜻蜓点水,仅仅涉及学位与研究生教育制度的某一个方面,或某一个层面,深度不深、广度也不宽,研究还很不系统,更没有整体性。

---

① [日] 大丰:《现代中国高等教育的形成》,黄福涛译,北京师范大学出版社1998年版,第3页。

② [德] 恩斯特·卡希尔:《人论》,甘阳译,上海译文出版社1985年版,第225页。

③ 黄启兵:《中国高校设置变迁的制度分析》,福建教育出版社2007年版,第5页。

笔者以为，中国正规研究生教育发轫于民国时期，此阶段亦是中国近现代高等教育史中极为重要的时期。"尽管历史片段往往从一些理论形式中吸取教训，但遗憾的是，用于帮助我们理解制度变迁现象的理论却很少。在缺乏这样理论的情况下，历史学家只能局限于记叙、归类与描述……"①"没有理论的具体研究是盲目的。"② 为了规避这种研究的困厄和不足，就务必"把事实与思想、历史哲学与历史本身结合起来"③。因此，本书遵循这一历史规律，不仅全面系统梳理民国时期这一特定历史阶段学位与研究生教育制度的变迁轨迹，而且也希冀在掌握事实材料的基础上，进行一番较为认真的理论分析和经验提升，不仅仅是轻描淡写地描绘历史，而是"写对这段历史的全部思考与评价"④。基于此种考量，有必要对此期的学位与研究生教育制度进行详细的历史考察，系统地探究民国时期学位与研究生教育制度采取的举措、取得的成绩、衍生的启示等，以期丰富和扩展这一时期有关学位与研究生教育制度的研究。因为，"我们的科学，和其他任何事物一样，不能丢掉我们称之为'理论'的所谓精练的常识，它提供我们以考察事实和实际问题的工具。"⑤

（二）应用价值

本书的应用价值在于，为当下迅猛发展的研究生教育提供适当的历史经验，为中国研究生教育更好更快地发展提供一定的借鉴。新中国成立以来，中国的高等教育取得了突飞猛进的发展，研究生教育也取得了不俗的成就，尤其是在改革开放以来，中国研究生教育发展所取得的成就更是吸引了全世界的瞩目。1982 年，中国研究生招生人数仅有 1.1 万人⑥，基本属于精英教育中的精英教育，然而经过短短的 40 年的发展，

---

① ［英］L. E. 戴维斯、D. C. 诺斯：《制度变迁的理论：概念与原因》，上海三联书店 1994 年版，第 267 页。

② ［法］皮埃尔·布迪厄、［美］华康德：《实践与反思——反思社会学导引》，李猛译，中央编译出版社 1998 年版，第 214 页。

③ ［法］托克维尔：《旧制度与大革命》，冯棠译，商务印书馆 1992 年版，第 1 页。

④ 同上书，第 4 页。

⑤ ［美］约瑟夫·熊彼特：《经济发展理论——对于利润、资本、信贷、利息和经济周期的考察》，何畏、易家祥译，商务印书馆 1990 年版，第 2 页。

⑥ 中华人民共和国国家教育委员会计划财务司：《中国教育成就》，人民教育出版社 1985 年版，第 42 页。

到了 2017 年，这一数字达到了惊人的 51.72 万人，增长了 50 多倍。随着研究生教育的高歌猛进，许多问题也接踵而至。比如："研究生数量急剧增长的背景下，不可避免地带来了研究生培养质量的下滑；研究生培养模式单一，导致学生应用水平不高；基础资源如导师数量、教学设备、科研经费、培养经费等方面严重滞后于研究生发展规模的速度等等"①。在科教兴国战略背景下急需大力发展研究生教育的关键时期，更要从历史经验中吸取宝贵的教训，少走弯路，这样才能使中国研究生教育朝着一个合理有序的方向发展。而民国时期尝试的学位与研究生教育制度，在经历了颁行相关法律、积极推行多种培养方式、提高师资待遇等一系列措施下，使得学位与研究生教育制度在诸多方面均取得了一定的成绩。这无疑对中国当下研究生教育具有一定的借鉴作用。此为本书的应用价值。

三 方法之镜

分析问题的正确与否依赖于分析材料的内容和规范，也依赖于分析材料的广度和深度。就本书而言，所分析的材料从时间维度上是历时性的，从研究对象上是政策制度架构层面的。也即是说，本书的研究主要是一种历史视角，是一种制度变迁。因此，选取的分析材料或研究方式是与这两大研究特点相辅相成的。主要采取如下几种研究方法。

（一）历史分析法

伯顿·克拉克曾经指出："为了避免再犯过去的错误，认清自己的前途和道路，人人都赞成研究历史。但是要掌握系统的研究历史的方法却不容易。"② 为此，他提出解决的办法，即用发展分析来研究历史。本书的研究任务，正是要分析民国时期学位与研究生教育制度的历史根源及其发展过程，厘清其历史发展脉络，归纳各个阶段学位与研究生教育制度的设置状况及其发展特征。故而，只能以翔实、丰厚的历史材料为依据，对民国时期学位与研究生教育制度的各种背景、措施和原因作历史

---

① 杨颉、陈学飞：《研究生教育质量：内涵与探索》，上海交通大学出版社 2007 年版，第 180 页。

② ［法］托克维尔：《旧制度与大革命》，冯棠译，商务印书馆 1992 年版，第 1 页。

的、因素的分析，以历史为依据，以事实为准绳，史论结合，全面探究民国时期学位与研究生教育制度应当借鉴的成功经验和应当吸取的深刻教训。

（二）文献资料法

民国时期的学位与研究生教育制度，不能仅仅以此为端点来进行研究，一定要涉及其渊源，即清末对学位与研究生教育制度的起步探索，虽然这种探索是理论上的，应急猜想为主的，但是，不管怎么说，毕竟迈开了中国早期学位与研究生教育制度探索的步伐，为以后的进一步研究点亮了微弱的灯光。基于此，还应该纳入清末学位与研究生教育制度的历史变迁，这样的话，务必牵涉到大量的文献资料，所以，一定会采取文献资料搜集法。基于此，教育方面的史实、资料、文献是完成本书的前提和基础。通过查阅图书馆藏书、中国第二历史博物馆、中国期刊网以及其他网络资源，尽可能全面收集与民国时期学位与研究生教育制度相关的文献资料，为写作提供理论和事实依据。

（三）比较研究法

中国学位与研究生教育制度是在借鉴、移植西方学位制度的基础上并结合当时的国情渐次发展起来的，所以，在横向上，中国与西方学位与研究生教育制度发展环境、发展路向、采用模式、取得成效等方面；在纵向上，探索的不同阶段、探索的不同背景、探索采取的不同借鉴方式以及取得的不同成效等诸多方面；都有很多方面的不同。可以毫不夸张地说，这种比较在所难免。透过中西方的比较研究，一方面可以明晰我们在借鉴、移植过程中，中国的学位与研究生教育制度和西方的差距及其原因；另一方面通过各个时期学位与研究生教育制度变迁的历史发展比较，又能充分诠释中国学位与研究生教育制度从无到有，从不成熟到逐渐走向成熟的过程；同时，通过对民国时期这一特定历史阶段的呈现，可以总结其发展的经验，回顾历史，明视当下，亦可以作一比较，汲取其值得借鉴的地方，摒弃其不适合发展之处。

四 概念厘定

一个国家的学位与研究生教育制度，与本国的政治、经济、科技、文化和社会背景密切相关。中国是一个历史悠久的国家，有着光荣而令世人刮目相看的灿烂文化。但近代严格意义上的高等教育，到 19 世纪末才真正起步并缓慢发展，作为高等教育最高层次的研究生教育，虽然在清末就有了初步的理论上的探寻，但真正走上实践探索的道路却是 20 世纪初期，而体现高等教育标志性水平的博士研究生教育直到 20 世纪 80 年代初期才逐渐建立。同时，我们也应清醒地看到，中国近代高等教育（自然涵盖研究生教育）却并不是中国古代高等教育的自然延伸和有序发展，而是裹挟在"西学东渐"潮流的浪潮下，交织于中国近代社会发生深刻变革的历史背景中。可以毫不夸张地说，中国高等教育近代化，是一项复杂的社会变迁过程，是一种非常典型的"后发外生型"——即起步较晚，且受外力强迫而被动转型。因此，"对西方教育制度的借鉴、模仿、融合所导致的发展模式的不断转换，就成了中国高等教育近代化过程的一个突出特点"①。总体来说，民国时期学位与研究生教育制度模式的多次转换，探索的多次反复，基本路线是取道近邻日本，进而效仿德国，然后嫁接美国，继而学习法国，最后又全面移植美国的多重变迁过程。为了更清楚地阐明这一过程，本书以民国时期为历史选取视域，从学位与研究生教育制度的理论探索、到研究生教育的实践探索，来全面勾画出这一特定历史时期学位与研究生教育制度的历史概貌。诚然，这一过程并非独立运作的阶段，尤其是教育制度的变迁、教育体制的转换、教育模式的采用，都不能脱离开清朝末期这一特殊历史时期。故此，核心概念的界定，也必然牵涉学位与研究生教育制度的萌芽阶段，即模糊认知阶段——清朝末期。

（一）清朝末期

要想真正阐释清楚中国近代学位与研究生教育制度的历史，一定不能忽略清末这一特定时期。纵然，这一时期，中国的学位与研究生教育制度还只是机械地模仿、借鉴外国而处于理论探索的摸索期，但是，却给我们指明了前进的方向和途路。此期可以分为两个阶段阐释：

第一阶段：1862—1894 年

这一时期，严格来说，属于洋务运动时期。此期，中国近代高等教

---

① 田正平、商丽浩：《中国高等教育百年史：制度变迁、财政运作与教师流动》，人民教育出版社 2006 年版，第 1 页。

育属于黑暗中的摸索阶段。19 世纪 60 年代始，历经了两次鸦片战争的重创，晚清政府被迫实行了以"中学为体，西学为用"为宗旨的近代高等教育萌发阶段，开始着手学习西方教育体制，先后设置了一批培养外语人才和军事技术人才的专门学校。它们不同于传统封建教育机构，不是培养作为各级封建官吏的"治才"，而是培养通晓各国语言和技术的所谓的"艺才"。最典型的代表，是 1862 年成立的京师同文馆和 1866 年创办的福建船政学堂。到 1894 年中日甲午海战前后，国内共创办了 30 所左右的此类学堂。这些学堂形式上学习西方，其真实意图却是在不触动封建统治的基础上进行的非情愿的嫁接，属于典型的外力强压下的被迫选择。所谓外力强压下的被迫选择，包含两层含义：其一是指，这些所谓的新式学堂，是在外力胁迫下清政府应急反应的产物，其目的是为了应对西方帝国主义入侵而培养政府所急需的"人才"而仓促创办；其二是指，这些学堂都以学习现代西方学校为幌子，美其名曰借鉴西方学校的课程设置、教学方法、教学制度等，事实上，在涉及学习目标上，一般顾左右而言他，笼统地把西方统称"泰西"。从当时留存的文献资料进行解读可以明晰，所谓"泰西"，其实涵盖了英国、法国、美国、德国等当时较为先进的国家。也就是说，在当时清末统治阶级的心目中，"西方"是一种泛称，并没有形成一个具体而明确的学习对象。

第二阶段：1895—1911 年

这一时期，是中国近代高等教育发展的重要时期。1895 年设立的"天津中西学堂"，1896 年设立的"上海南洋公学"以及 1898 年成立的名噪一时的"京师大学堂"，被公认为中国现代大学的雏形。为了更进一步配合学校的发展和衔接，20 世纪初期，清政府颁布并实施了第一部指导全国学校发展的具有现代意义上的全国性学制——《癸卯学制》，从蒙养院直至大学院进行了详细的理论上的设置，这一学制一直延续到 1911 年辛亥革命的爆发。此期的中国高等教育的发展，不管在理论层面的阐述，还是制度层面的架构，以至实践层面的推行，都弥漫着一种浓厚的"以日为师"的氛围。1898 年创办的京师大学堂的第一份章程就是由梁启超"略取日本学规，参以本国情形草定规则八十余条"[1]，即主要参照日

---

[1]　丁文江、赵丰田：《梁启超年谱长编》，上海人民出版社 1983 年版，第 126 页。

本东京大学的具体学制而拟定的。《癸卯学制》中有关高等教育的条文也几乎与日本学制中的相关规定一致，尤其是最高层次的研究生教育，日本学制中称为"大学院"，而《癸卯学制》中称为"通儒院"而已。据不完全统计，在1906年前后，有12000多名中国留学生在日本各级各类学校学习①；至1909年11月，在中国执教的外国教习共365人，其中日本教习就有311人②。与洋务运动时期相比，此时的学习对象已经不再模糊，开始由泛化走向集中——由过去笼统的"泰西"一词被一个具体的国家所取代，即蕞尔小国日本。可以说，中国近代高等教育在起步时期是以日本教育体制为模仿对象的。

（二）民国时期

1912年轰轰烈烈的辛亥革命，推翻了在中国存续2000多年的封建帝制，建立了中华民国，简称之为民国时期。从1912—1949年，民国在大陆存在了37年的时间。这一时期，按照学位与研究生教育制度的发展轨迹，可以分为两个阶段进行考察。

第一阶段：1912—1927年

在这15年间，可以说是中国高等教育发展模式的多元多变阶段。民国初年，蔡元培主持下的教育部，对原有教育体制进行了大刀阔斧式的改革，形成了新的学制，统称为《壬子·癸丑学制》，对清末颁布施行的《癸卯学制》进行了相应的改革，尤其是涉及高等教育的内容。其间，教育部还陆续公布了《大学令》《大学规程》《专门学校令》《公立、私立专门学校规程》等众多高等教育的法规法令。当然，作为民初教育改革的总设计师，蔡元培一直极其关注高等教育的发展，在民初，影响较大的《大学令》的起草，遂由其亲自操刀，从大学设置的目标、宗旨，到课程设置，教员条件等。此后许多时候，只要谈到《大学令》，他均毫不避讳地承认，其中很多内容是"仿德国大学制"③。众所周知，蔡元培留学德国，深受德国学制的影响。由此，借鉴德国高等教育的模式来发展中国的高等教育就成为蔡元培多年的愿望和追求。但是，理想是丰满的，

---

① 田正平：《中外教育交流史》，广东教育出版社2004年版，第195页。

② 同上书，第165页。

③ 高平叔：《蔡元培全集》第7卷，中华书局1989年版，第312页。

现实是骨感的，在具体实践层面，蔡元培丰满的理想追求被残酷的现实击打得体无完肤。试图摆脱日本单一模式而试行德国模式的努力并没有取得预期的效果——仿德国大学制而设置的"大学设评议会"和"教授会"的条文纵然写进了《大学令》，但在实践层面却没有真正贯彻在高等教育运行体制中。不得志的蔡元培遂辞去了教育总长的职位，于 1917 年出任北大校长，在一所高校里，彻底施展自己的教育理念和人生抱负——"学术自由"和"教授治校"。且此期的研究生教育也开始真正地迈上实践探索的阶段，开启了中国研究生教育的先河。

极为巧合的是，正当蔡元培以德国高等教育模式在北京大学大展抱负之时，民初另一所与北京大学遥相对望的高等学校——在两江师范学堂基础上迅速崛起的国立东南大学，在留美归国博士郭秉文领导下，聘请了一大批留美学生到校任教，以美国大学为模式，注重基础研究与应用研究相结合，从教学模式、课程设置、管理体制、课程内容、经费筹集等诸多方面，全面学习、借鉴美国高等教育。至 20 世纪 30 年代中期，国立东南大学影响日广，名噪全国，成为与北京大学南北对望、交相辉映的中国高等教育领域中的又一朵奇葩。二者在学位制度与研究生培养制度方面，存在较大的区别。由上可知，1912—1927 年的 15 年，中国高等教育的发展模式，尤其是学位与研究生教育制度的探索模式，开始由形态嫁接日本到多重效仿德国，继而再到全面移植美国模式的不间断的转换过程。

第二阶段：1927—1949 年

1927 年颁行的《学位授予法》和《学位分级细则》，全面拉开了学位与研究生教育制度的制度架构，以此为起点，在此后的 22 年历史进程中，中国学位与研究生教育制度的发展模式，遵循着如下的主旋律：一边融合美国的模式，一边揉进欧洲诸国的发展特点，但基本以美国模式为发展的主旋律和基本趋向。如果说 20 世纪 20 年代后期是美国学位与研究生教育制度影响最为兴盛的阶段——即模仿以"地方分权制"为基本导向的教育体制，进而到课程采用"选课制""学分制"为原则等，无不流露出美国学位与研究生教育制度的强大影响，但是，到了 30 年代，这一风向标又开始转向主动吸收和借鉴欧洲，尤其是法国高等教育经验的模式。但就这一时期总体而言，美国的模式始终处于上风，奠定了此期学位与研究生教育制度的基本走势。

（三）学位与研究生教育制度

"学位制度是国家或高等学校为授予学位和保证授予学位的质量及对学位工作实施有效的管理所制定的有关法令、规程或办法的总称。"① 研究生教育是目前世界各国教育体系中的最高层次，一般包括硕士研究生和博士研究生教育。从渊源上讲，学位的出现要比研究生教育早很多。西方中世纪大学出现后即设有学士、硕士、博士等学位名称，来指称具备相应文化程度的毕业生。而研究生教育的产生最早也只能追溯到1810年的德国柏林大学，这所由洪堡、费希特创办的高等学校确立了教学与科研相统一的原则，尤其注重科学知识的创造与探索，大学的功能也随之有所改变，由侧重于"知识传授与保存"演变到"知识传授与科学创造"并重。与此相适应，柏林大学建立起现代意义上的研究生教育制度。作为具有悠久历史文明的泱泱大国，中国历史上也有着独特的"学位与研究生教育制度"。"在中国，学位教育的产生可追溯到隋唐时期的科举考试制度。而与现代研究生教育相类似者，为明清翰林院中的'庶常馆'。"②

故此，从整体上讲，世界学位与研究生教育制度的历史可以分为古代与近代两个历史时期。近代学位与研究生教育制度莫不以1810年德国柏林大学为起点，而古代学位与研究生教育制度则可分为中国和西方两个类型。西方古代学位与研究生教育制度肇始于12世纪建立的中世纪大学，中国学位教育的产生可追溯到隋唐时期的科举考试制度。因此，从世界范围来看，最早的学位教育要归属中国人。但客观地说，中国古代的学位教育，和今天我们所言的学位教育还是有着较大的差别，并非真正意义上的以探究学术要义为根本目的的研究取向。

综上可知，"学位"与"研究生教育"是不同的两个概念，但学位制度是建立在高等教育制度之上的，只能在大学内才产生了"学位"。而研究生教育一般情况下又无不以获得学位为最终目的和结果。所以，在中国，"学位与研究生教育"就成为一个专有名词。本书也正是在此意义上

---

① 秦惠民：《学位与研究生教育大辞典》，北京理工大学出版社1994年版，第4页。

② 周洪宇：《学位与研究生教育史》，高等教育出版社2004年版，第I页。

去探求民国时期学位与研究生教育制度的发展、演变、特征、作用及影响。

五 文献综述

从笔者所掌握的文献来看，直至目前为止，学术界尚无有关民国时期学位与研究生教育制度发展的专著问世，仅在一些著作、论文或者资料中对其有所论述。这些研究中，主要涉及如下几个方面的内容。

（一）关于学位与研究生教育制度史专题研究

对于这一问题研究的专著，一是周洪宇教授主持的教育部学位与研究生教育发展中心"十五"重点课题结题的成果——《学位与研究生教育史》①，此书可谓是国内迄今为止第一部全面论述世界主要国家（美、俄、德、法、英、日、印、中）学位与研究生教育制度发展历史的学术专著。这本书从纵向上详细阐述了学位与研究生教育制度几百年发展的过程、阶段，而且还在横向上对各国学位与研究生教育制度发展的特点、规律进行了剖析、对比。在其下编《学位与研究生教育史》中的第七章《民国前期的学位与研究生教育（1912—1927）》和第八章《民国后期的学位制度与研究生教育（1927—1949）》中对整个民国时期研究生教育的发展历史做了简单但却规整的研究。不足之处，由于牵扯历史太长、涉及国家领域较多、涵盖面极广，故而研究不能深入细致，尤其是对清末和民国时期学位与研究生教育制度的状况未能进行全面系统的阐释。另一本是张晞初教授撰写的《中国研究生教育史略》②，叙述了中国研究生教育的孕育、诞生及其发展概况，介绍了在中国研究生教育中指导教师的作用和指导经验，并辑录了中国台湾有关研究生教育的部分史料。但由于属于探索性研究，其中蕴含的历史阶段的划分、资料的准备、研究生教育的背景等，并未进行深入的探讨。

（二）关于清末民初西方学位制度的引进研究

陈学恂主编、田正平分卷主编的《中国教育史研究》③（近代分卷），书

---

① 周洪宇：《学位与研究生教育史》，高等教育出版社2004年版。

② 张晞初：《中国研究生教育史略》，湖南师范大学出版社1994年版。

③ 陈学恂主编，田正平分卷主编：《中国教育史研究》（近代分卷），华东师范大学出版社2001年版。

中共分三个板块：第一编，详细介绍了近代新式教育的产生和发展，从宏观上对中国近代教育的发展作鸟瞰式的回顾总结；第二编，介绍了中国近代教育制度的演进与西方教育理论的传播，围绕制度层面的变革和教育理论的构建两条主线展开；第三编，以近代教育家群体为视角，从总体上剖析近代教育家的共性特征。尤其是此著作的第一编、第二编，详细且全面地勾勒出近代以来清末民初的学制改革情况；孙培青主编《中国教育史》①，书中第十二章详细介绍了京师大学堂的建立过程和清末学制改革的情况；陈洁的硕士论文《近代中国学位制度探析》② 和吴静硕士论文《民国时期学位制度探析》③，详细地介绍了西方学位制度传入中国的过程。

（三）关于中国早期研究生教育发展的历史背景研究

张晞初在其编著的《中国研究生教育史略》④ 一书中，把研究生教育分为酝酿阶段、萌芽阶段、早期发展阶段，并在每一阶段简单地介绍了彼时研究生教育产生的历史背景；董宝良著《中国教育史纲》（近代部分）⑤，在其第三章中，重点介绍了民国初年高等教育的历史背景；涂又光著《中国高等教育史论》⑥ 以及岳爱武的《清末学位制度与研究生教育的历史考察》⑦ 等，都以不同视角，不同方位对清末学位与研究生教育制度产生的背景进行了不同程度的阐释。

（四）关于中国近代学位与研究生教育制度发展阶段及其特征研究

郑浩在其硕士论文《中国研究生教育的发展历史研究》（1902—1998）⑧ 中，以1902—1998 年之间中国研究生教育的发展情况为研究对象，将中国研究生教育分为六个阶段，并对每一阶段的发展概况和基本特征进行了阐述；吴芬在《1949 年前中国研究生教育的发展探讨》⑨ 中，将这一时期的研究生教育划分为三个阶段：从清末研究生教育在学制形

---

① 孙培青主编：《中国教育史》，华东师范大学出版社 2000 年版。
② 陈洁：《近代中国学位制度探析》，硕士学位论文，湘潭大学，2008 年。
③ 吴静：《民国时期学位制度探析》，硕士学位论文，浙江大学，2001 年。
④ 张晞初编著：《中国研究生教育史略》，湖南师范大学出版社 1994 年版。
⑤ 董宝良：《中国教育史纲》（近代部分），人民教育出版社 1990 年版。
⑥ 涂又光：《中国高等教育史论》，华中科技大学出版社 2014 年版。
⑦ 岳爱武：《清末学位制度与研究生教育的历史考察》，《高教探索》2008 年第 4 期。
⑧ 郑浩：《中国研究生教育的发展历史研究》，硕士学位论文，湖南师范大学，2005 年。
⑨ 吴芬：《1949 年前中国研究生教育的发展探讨》，《学位与研究生教育》2003 年第 5 期。

式上的开端，到北洋政府时期实际的研究生招生培养，以及国民政府时期的逐步正规化。

（五）中国早期学位与研究生教育制度发展概况研究

熊明安的《中华民国教育史》①，以时间为序，论述了民国各个时期的教育法规、教育行政机构、学校教育等。其中在第三章《民国政府初建时期的教育》第五节《高等教育》和第四章《国民政府领导的抗日战争时期教育》第五节《高等教育》的章节中，对研究生教育进行了点到为止的阐述，并没有专门细致而深入的探讨；李华兴主编的《民国教育史》，以时间序列将整个民国时期教育划分为五个阶段，对每个时期的教育概况做了较为详细的介绍和评价。其中关于研究生教育内容的有：民国时期颁布的有关研究生教育的法律法规；教会大学如圣约翰大学、震旦大学、东吴大学等研究生教育状况；公立大学如清华大学、北京大学、北京师范大学等开展的研究生教育情况；私立大学如南开大学、金陵大学、燕京大学等研究生发展状况。但这些研究一般仅仅是涉及研究生教育的某一个方面，而且基本上是一带而过，很少就研究生教育而进行专门研究；高奇著《中国高等教育思想史》，反映和介绍了当时主要高校研究生教育的开展及发展情况；于述胜所著《中国教育制度通史》（第七卷），对民国初年的学制改革进行了介绍和分析；吴芬在《中国早期研究生教育》论文中，从招生制度、培养制度和学位制度三个方面进行研究；同时，各个大学的校史编纂中，也对各自学校早期的研究生教育情况有所介绍和分析。此外，其他对民国时期研究生教育有所涉及的著作还包括：谢桂华所著《20世纪的中国高等教育》②，郑登云所著《中国高等教育史》③ 等。除著作外，国内一些学者撰写的系列论文，也从不同方面对民国时期的研究生教育进行研究。主要有：

第一，郑浩的硕士论文：《中国研究生教育的发展历史研究》④，选取时间跨度以 1902—1998 年，将研究生教育的发展分为 6 个阶段，而将

---

① 熊明安：《中华民国教育史》，重庆出版社 1999 年版。
② 谢桂华：《20 世纪的中国高等教育》，高等教育出版社 2003 年版。
③ 郑登云：《中国高等教育史》，华东师范大学出版社 1994 年版。
④ 郑浩：《中国研究生教育的发展历史研究》，硕士学位论文，湖南师范大学，2005 年。

1902 年到 1949 年的研究生教育划分为三个阶段：酝酿时期（1902—1916）；初创时期（1917—1934）和研究生的初步正规化阶段（1935—1949）。作者对每一阶段的研究生教育的发展状况、发展特点进行了阐述和分析。尤为重要的是，该硕士论文的附录中，汇集了民国时期各个阶段颁布的有关研究生教育的各项法律法规，虽然不是非常全面，但可以为后续的研究提供一定的参考。

第二，孙杨的硕士论文：《中国早期研究生教育：1902—1935》①，对民国时期研究生教育的背景做了简单介绍，并对民国时期本土开展的研究生教育诸如北京大学、清华大学、东南大学等学校开展的研究生教育做了阐述。

第三，吴芬的硕士论文：《中国早期研究生教育研究：1902—1949》②，从研究生入学考试、研究生培养方式、研究生学位制度三个维度对民国时期研究生教育进行研究，并对这三个方面的发展规律作进一步的总结。

其他论文中有关民国时期研究生教育的还有：王琳林《中国研究生教育发展改革与动因分析》，潘丙国《南京国民政府时期中央研究院体制之研究》，薛天祥《中国学位制度与研究生教育的历史、现状和发展趋势》，孙傲、郑永安《民国时期研究生教育的特点分析》等。

综观以上文献资料，这些著作和论文都是在梳理中国早期研究生教育的历史时才谈到民国时期的研究生教育，而民国时期的研究生教育在其中所占的比重也不是很大。这些成果对民国时期的研究生教育所取得的成就只是进行了量化的描述，缺乏比较系统、全面的理论分析。这也为笔者提供了进一步研究的切入点。

六 框架结构

本书以时间为序列，以学位与研究生教育制度探索的模式及特征为

---

① 孙杨：《中国早期研究生教育：1902—1935》，硕士学位论文，苏州大学，2008 年。
② 吴芬：《中国早期研究生教育研究：1902—1949》，硕士学位论文，华南师范大学，2002年。

研究内容，按照历史渊源、机械嫁接、模仿移植、初创定型为向度，大概分为五个部分进行阐述。

（一）学位与研究生教育制度的历史渊源

理论界一般认为，学位是研究生教育的前提，研究生教育是学位制度的基础。因此，前者的产生肯定较早。但也有人认为，综览学位与研究生教育制度发展的整个历史过程，可以明确发现，学位的探寻要早于实际的研究生培养过程，研究生教育制度与古代宗教的"研修制度"在某些方面确实有着一定的关联。所以，加强对学位、学位制度及研究生教育制度概念渊源的探讨就显得尤为可贵，这是本书研究中最基础的部分，也是进行研究的前提。

世界学位与研究生教育制度的历史可分为古代与近代两个时期，即创设与发展时期。古代学位与研究生教育制度则又可以横向划分为西方和中国两个维度。西方古代学位与研究生教育制度肇始于12世纪建立的中世纪大学，中国学位教育的产生理论上可追溯到隋唐时期的科举考试制度。西方自中世纪大学产生算起，学位教育已有900多年的历史，但研究生教育的产生，相形之下，却滞后很多，一般公认是从19世纪初期的德国柏林大学正式推行。

中国古代虽然有所谓的与学位相当的"高级教育"，但实事求是地说，二者在本质上有较大的差距，但也能间接说明中国早期对更高级别教育的探求，亦可以成为近代学位与研究生教育制度的理论渊源，所以，行文中，也会把中国古代关于"学位"与"研究生教育"纳入这一讨论之中，以期更广更深的视角来全面考察。

（二）清末"重行新政"时期对西方学位制度的变通与研究生教育意向的确立（1901—1911）

1840年影响中国近代历史的鸦片战争，以《南京条约》的屈辱签订而告结束。西方资本主义列强用轰鸣的大炮和坚硬的兵舰强行开启了关闭120多年的中国大门，有着几千年文明历史的"中华帝国"被无情地卷入资本主义世界性扩张的旋涡中。面对"千年未有之变局"，在"西力东侵"和"西学东渐"等外力逼迫下，晚清政府被迫拉开了近代新式教育的序幕，着力探寻中国高等教育的转换、接轨及其应对，由此，也开启了中国近代学位与研究生教育制度探索的航向。1902年《壬寅学制》

及 1904 年《癸卯学制》的机械模仿，虽无任何创新可言，但在中国近代教育史上首次出现了具有独立形态的教育层次——研究生教育，即大学院和通儒院的简单模仿，却也开启了世人探寻的目光。

（三）北洋政府时期学位与研究生教育制度的创建（1912—1927）

主要从学位与研究生教育制度创建的社会背景、制度建设、特征及影响等方面对北洋政府时期中国学位与研究生教育制度的创建情况做了较为全面和客观的剖析。该阶段是中国学位与研究生教育制度的初创阶段，相关的法令法规大都是在仿照西方学位制度的基础上成文的（特别是受中国近代教会大学学位与研究生教育制度的影响）。受当时政局的影响，学位与研究生教育制度的建设初仿日本，进而德法，再取美国，并注意与本国实际相结合。

（四）国民政府时期中国学位与研究生教育制度的定型（1927—1949）

这一时期，中国的政局纷繁复杂，学位与研究生教育制度建设也呈现出不同的特点，不仅在纵向发展上有国民党统治前期、抗战时期和解放战争时期的阶段划分，在横向上也有国民党统治区和中央苏区、边区、解放区的地域之分。总体上来讲，主要还是国民政府对学位制度的建设，1935 年国民政府教育部颁布的《学位授予法》和《学位分级细则》，确立了中国实行学士、硕士、博士三级学位制度，同时，对研究生的入学考试、学习年限、毕业论文审查、学位授予等方面均作了具体规范，至此近代中国学位与研究生教育制度的建设基本完成。

（五）民国时期学位与研究生教育制度发展变迁的特征研究

民国时期学位与研究生教育制度变迁是在借鉴日本、德法、美国的教育制度建设经验的基础上完成的。借鉴、学习别国成功的高等教育制度建设经验，移植别国的高等教育制度，从而减少实验的成本和失败的风险，加快高等教育制度建设的进程，这可以称之为"后发者利益"。由于国际、国内环境和条件的变化，民国时期学位与研究生教育制度变迁大致沿着学习、借鉴日本—德国—美国学位与研究生教育制度的轨迹运行，其中在一个很短的时期内曾模仿法国大学院、大学区制，但不久即以失败告终，并未能产生实质性的影响。

总之，本书的框架结构是以导论为先导，以史论是主体，以结论为收尾。并以时间为其叙述线索，以学位与研究生教育制度探索的重大事件为其标志，以大量第一手资料为其史料来源，以制度分析为其理论基础，试图全方位勾勒出民国这一特殊历史时期学位与研究生教育制度变迁的全景概貌。

七 研究重难点

（一）研究的重点

民国时期作为中国学位与研究生教育制度的一个重要发展阶段，它上承清末学位制度的零星萌芽，下接近代中国学位与研究生教育制度的完善，是研究中国近代学位与研究生教育制度的关键而不可或缺的一环；而迄今为止仍未有以此为专题的研究成果出现。本书按照时间序列，以阶段划分的方式，对民国时期各个阶段学位与研究生教育制度的状况进行详细而具体的考察，特别是晚清时期学位制度的引进与移植，北洋政府时期学位与研究生教育制度的创设以及国民政府时期学位与研究生教育制度的定型，这些都是本书研究的重点。

（二）研究的难点

民国时期学位与研究生教育制度，在教育史研究领域是个虽旧话却始新的研究方向，有关这方面可以借鉴的成果非常缺乏，这无疑为本书的研究增加了难度；同时，由于年代较久，可资借鉴的资料少之又少，只是零星地出现在一些编年史、断代史或一些大学的校史中，这无疑加大了研究的另一难度。

八 创新之处

（一）体系结构的创新

目前，中国学术界较多地对该领域某一方面展开研究和论证，且大多集中在教育学领域，史学理论成果较少，或者是缺乏实践层面的研究和探析，或者是过于注重改革开放以后学位与研究生教育制度的研究，较少能将该领域作为独立的、完整的、有预见性的和系统的工作进行研究。所以，本书重要的学术价值就在于使整个民国时期的学位与研究生教育制度的研究实现独立的、完整的、有预见性的和系统的探察，以期对学术界在该领域的薄弱环节起一点补苴罅漏的作用。

（二）重点问题的突破

本书不仅从制度层面上分析了民国时期是如何受西方学位制度影响并根据本国实际情况发展自己的学位与研究生教育制度的，而且还通过考察高等教育中学位与研究生教育制度的实践，展现了中国学位与研究生教育制度在实践层面的发展状况。此外，由于学位与研究生教育制度是高等教育事业的一部分，而其实际运行只存在于各个大学及一些研究机构中，这就需要展现学位与研究生教育制度的具体实施情况必然追溯到不同历史阶段的大学。因此，本书抽取某些具有代表性的大学进行具体剖析，以期反映当时实施学位与研究生教育制度的实际情况。

（三）突破教育学和教育史的僵化模式

注重从社会史、文化史的角度，把学位与研究生教育制度放到整个民国时期政治、经济、文化、教育的大环境中去考察和研究，做到论从史出、史论结合。

第 二 章

历史渊源:学位与研究生教育
制度的历史追溯

世界学位与研究生教育制度的历史可分为古代与近代两个时期，即创设与发展时期。古代学位与研究生教育制度则又可以横向划分为西方和中国两个向度。西方古代学位与研究生教育制度肇始于 12 世纪建立的中世纪大学，中国学位教育的产生可追溯到隋唐时期的科举考试制度。西方自中世纪大学产生算起，学位制度已有 900 多年的历史，但研究生教育的产生，相形之下，却滞后很多，一般公认是从 19 世纪初期的德国柏林大学正式推行。

中国古代虽然有所谓的与学位相当的"高级教育"，但实事求是地说，二者在本质上有较大的差别，但也能间接说明中国早期对更高级别教育的探求，亦可以成为近代学位与研究生教育制度的理论渊源，所以，行文中，也会把中国古代的关于"学位"的阐发纳入这一讨论之中，以更广更深的视角来全面考察。

第一节　西方学位与研究生教育制度

西欧的"中世纪"，大概相当于 5—15 世纪，被西方人自称为"黑暗的世纪"。但是，抛开别的因素不谈，仅就教育层面而言，产生于中世纪的大学，绝对可以说是世界教育史上一件意义非凡的大事，"在西方教育史上，十三世纪大学的兴起标志着一个新时期的开始"①。可以毫不夸张

---

① ［德］弗·鲍尔生：《德国教育史》，滕大春、滕大生译，人民教育出版社 1986 年版，第 13 页。

地说，中世纪的大学是现代真正意义上的大学，现代意义上的学位制度与高级学位教育也孕育于此期的大学中。因此，中世纪大学的学位制度、高级学位教育与近代研究生教育有着内在的逻辑关联，是研究生教育产生、发展的基础，是其原生形态。

一　中世纪西欧学位与研究生教育制度的创设

（一）中世纪西欧大学产生的历史背景

"任何事物的产生与发展都是多种因素共同作用的产物，任何单一性的决定论是难以令人信服的，大学也不例外。中世纪大学不是社会历史环境中偶然因素的产物，它是特定社会背景环境下的必然产物"①，"正是特定的社会背景，才为大学的出现提供了一定的生成条件"②。

1. 物质前提：城市的快速崛起和发展

10—11 世纪，西欧经济开始复苏，交通要道、沿海地区和贸易的发展与集中，促进了城市的产生。到 12 世纪，欧洲城市有了较快的发展，一直持续到 13—15 世纪，在此期间，"欧洲大约诞生了 5000 个新兴城市和城镇"③，其中著名的有威尼斯、米兰、佛罗伦萨、巴黎、伦敦、汉堡等。伴随着"城市和市镇迅速发展，城镇人口迅速增长，13 世纪时，很多城镇的人口已经超过了万人，巴黎的人口已达到 24 万。所以，到了 14 世纪，有的地区一半人口从农业转到商业和工业"④。这不仅促进了经济的发展与人口的增多，吸引了大批外来人员，包括教师和学生。这为大学的产生提供了便利的物质条件。

2. 文化基础：阿拉伯文化及希腊文化的影响

伴随东西方贸易交往的频繁，尤其是前后历经 9 次，持续近 200 年的"十字军东征"，不仅直接打通了东西方的交通要塞，而且把东方积淀深

---

① 张海生等：《论外部社会对中世纪大学的影响》，《合肥工业大学学报》（社会科学版）2016 年第 4 期。

② 李华：《论欧洲中世纪大学的兴起与影响》，《现代教育论丛》2008 年第 7 期。

③ ［美］哈罗德·J. 伯尔曼：《法律与革命——西方法律传统的形成》，贺卫方等译，中国大百科全书出版社 1993 年版，第 444 页。

④ ［美］爱德华·麦克诺尔·伯恩斯、菲利普·李·拉尔夫：《世界文明史》下卷，罗经国译，商务印书馆 1987 年版，第 300 页。

厚、优秀发达的文化，尤其是阿拉伯文化、高等学校教育模式、教学形式、教育理念以及他们保存下来的古希腊文化顺势传播到西欧。这些文化和科学一方面开阔了西欧人的眼界和知识视野，另一方面也营造了一种浓厚的学术研究氛围和研究动力，这是中世纪大学产生的文化基因。

3. 动力基础：理智的兴趣和探索知识的欲望

11—12 世纪，由于经院哲学①（scholasticism）的发展和刺激，人们探索知识的欲望被彻底激发出来，促使了新科学的诞生。如以阿拉伯德为代表的新思辨神学和新思辨哲学，以爱尔纳里亚斯为代表的新法学和以亚伯特·马格努为代表的新自然科学和新医学，都为大学的产生提供了动力基础。

4. 组织样板：行会的盛行及其影响

行会几乎与城市同时产生，最早于 10 世纪出现在意大利，尤其是靠近地中海沿岸交通比较便利的地域，以后相继在法国、英国和德国出现。行会是小手工业者为了维护自身经营权利，保护自身合法利益，反对掠夺成性的封建贵族肆意扩张而自发组成的自卫性行为，是同行业手工业者的组织。中世纪行会具有行业性、等级性、权威性和垄断性等特征。行会的日渐盛行及其逐渐壮大的影响力，诱发众多学者和求学者纷纷效仿，成立属于自己的自保护组织，即早期的大学。

（二）中世纪西欧大学的学位制度

"学位"的原有之意，是为任教执照或者行医和做律师的资格证书，相当于手工业行会中的"师傅"名号。古代学位有博士、硕士和学士三种。其含义包括最初的教师称号、开业授徒的营业执照，后演化为高低学科的毕业标准，最终成为兼具执教、营业资格和大学学术标准的双重证明。起初，所有的许可证获得者都被称为硕士，后来也可称作博士和教授。在拉丁文中，硕士（magister）和博士（doctor）具有同样的意义，都指教师。中世纪有的大学教师被称为博士（如博洛尼亚大学），有的大

---

① 经院哲学是天主教教会用来在其所设经院中教授的理论。产生于 11—14 世纪查理曼帝国的宫廷学校及欧洲基督教的大修道院和附属学校中产生的教会学院的一种哲学思潮。它是运用理性形式，通过抽象的、烦琐的辩证方法论证基督教信仰、为宗教神学服务的思辨哲学。因为教师和学者被称为经院学者（经师），故取名经院哲学。

学教师则被称为硕士（如巴黎大学）。在一个相当长的时期内，硕士与博士并无太大不同，都可以称为教授，只是各大学自己的称呼不同罢了。

中世纪史学家拉什多尔曾经说过："硕士、博士和教授这三个头衔在中世纪完全是同义语。"[1] 后来由于四科的出现及其分化，形成了低级科（艺科）和高级科（神、法、医），硕士和博士也就有了高低之分，硕士学位仅授予低级科的毕业生，博士学位一般只授予高级科的毕业生。后来，博士称号经意大利传到德国，而硕士称号则传到英国。

1158 年，博洛尼亚大学获得罗马教皇弗雷德里克一世颁发的世界上第一张有权授予博士学位的许可证，不久便授予第一批法学博士和医学博士。约于 1170—1175 年，巴黎大学授予了世界上第一批硕士学位。[2]

学士学位的产生要比硕士和博士学位晚，大概产生于 13 世纪。学士（bacca-laureate）这个词是行会中的一个术语，原意指"新手"，即师傅的帮手或者帮工。学生在大学中学习 5—6 年后，被学校允许可以试讲、试教，作为教授的助手。当中世纪大学高低科分离时，学士学位才被明确授予在艺科学习修完"三艺"（文法、修辞和辩证法）的毕业生，表示学士既是硕士学位的候选人，又是教授的助手。这样，古代学位制度才最终形成，包括学士、硕士和博士学位三个等级。

（三）中世纪西欧大学的高级学位

1. 高级学位教育的产生

自学位产生及其制度确立后，以获得相应学位为目标的教育便呼之欲出。一般而言，学位教育是教育者为使受教育者获得一定学位而进行的有目的有计划的教学施展活动。高级学位教育是教师为使学生获得硕士或博士学位而进行的教学活动。不过，在中世纪，教师和学生的关系与现代不同，是一种师傅与学徒的关系，它是行会中特有的组合和社会关系。然而，高级学位教育是从学位教育，可以说是从艺徒教育中演变而来的。15 世纪以前，高、低科尚未分层，硕士和博士是同一语义，学士概念还处于模糊、探索及不明晰状态，中世纪大学教育仅相当于行会

---

① Hastings Rashdall, F. M. Powiche, A. B. Emden（edited），*The Universities of Europe in the Middle Age*，Oxford：The Glarendon Press，1936，p. 19.

② 成有信：《比较教育教程》，北京师范大学出版社 1987 年版，第 209 页。

组织中的艺徒教育，或者可称之为以获得教师称号而进行的博士或硕士教育。但由于学科和学位并无高低之分，所以也就无高级、初级学位教育而言了。通常，学生在导师的指导下学习几年后，就被允许参加考试，主要检查学生在拉丁文释义、释句和有关语法的知识以及修辞和逻辑方面阅读的能力。考试通过者，地位相当于由学徒升到帮工，可以帮助导师进行初步的教学，充当教师的助手。在充当助手的同时，帮工还要继续学习，学完大学规定的课程后，可以申请参加取得开业教学证书的考试。考试通过后，则被授予博士学位或硕士学位称号，即成为教师行会中的一员。至此，博士或硕士教育正式结束。

15 世纪以后，伴随着大学"四科"高、低级别的划分，学位的等级性、层次性也相继出现，逐渐形成了三级学位层次，即学士学位、硕士学位和博士学位。因此，中世纪大学教育也出现了高级学位教育和低级学位教育。此时的博士和硕士教育有别于前期的博士和硕士教育，属于大学教育的高级学位教育，学士教育则被称为初级学位教育或低级学位教育。

2. 高级学位教育的内容

15 世纪以后中世纪大学的高级学位教育，主要包括硕士教育和博士教育两个层次。按照其教育教学规律，遵循培养目标、培养方式、管理制度三个指标来探讨硕士和博士教育之不同。

（1）硕士教育的内容

硕士学位是在艺科这一所谓的低级学位中被授予的，所以，硕士学位教育便是一种艺科教育，属于基础科教育。由于经院哲学的理智兴趣，以及穆斯林文化及其对古希腊文化传承的影响，引发了欧洲的文艺复兴，拓展了艺科的内涵。因此，作为艺科教育的硕士学位教育的内涵也愈加丰富起来。

①培养目标。如果说，中世纪博士学位犹如现代大学本科专业教育，那么硕士教育则犹如现代高中教育，具有双重特性。一方面，它是博士学位教育的预科；另一方面，它又是结业性教育，表征某一阶段教育的结束，毕业生面临着社会就业。基于此，其培养目标为：第一，中世纪的硕士学位代表着一种执教资格或开业的执照，因此，其培养目标就必然是教师或其他行业的从业人员；第二，中世纪大学是在教皇和国王斗争的夹缝中成长起来的，获得了许多特权。教皇和国王对大学的争夺必

然会表现在大学教育包括硕士学位教育的培养目标上，即为扩大各自的势力而要求大学培养自己需要的人才。此外，艺科教育的学科广泛性使得其适合各种人才的培养，是一种典型的"通才教育"。

②培养方式。15世纪以后的硕士学位教育的培养方式，既保留了行会艺徒制度中的某些做法，如课程学习、考核与称号授予，又形成了符合高层次人才培养自身的做法，如硕士学位课程的制定以及多种教学方式的形成与运用等。总的来说，这个时期硕士学位的获得主要包括三个阶段，即课程的教学、考试以及学位授予。

A. 学位课程的教学。中世纪大学的硕士学位教育是以教学为中心，所以，学位课程的教学是硕士教育中的主要环节，课程主要涵盖了"逻辑、亚里士多德的新辩证法、修辞、哲学（含算术、几何、音乐、天文）、拉丁语"等。①

B. 学位课程的考试。考试是中世纪大学的特色，是对艺科学生学完所有课程的最终检验考核，是获取教师资格证书和硕士学位证书的必不可少的环节。因此，考试在硕士教育中至关重要。

中古时期考试分为"私考"和"公考"两种。"私考"是对所学课程的考核，"公考"是一种学位授予仪式。由于公考仅仅是一种学位授予仪式，没有多少需要具体阐发的理论，所以下面仅就私考的过程与特点进行阐述。

一般而言，私考非常严格，由教务长或其代理人与另外四名考官主持。四名考官资历要求严格，原则上由教务长提名并需得到艺科领域公认的权威。考生应考的主要条件有两个：第一，在艺科学习了5—6年（比我们今天的学习时间长很多），学完规定的课程和教材；第二，年龄须达到19—20岁。经考官检查合格方可进行考试，考试形式主要是口试为主，考试过程主要包括三个阶段。首先，考生要宣誓遵守考试规程，不徇私舞弊；其次，考官就若干课文段落对学生进行口试；最后，考官对学生的考试结果进行秘密投票，以决定该生是否具有获得教师证书和硕士学位称号的资格和条件。

由上可见，硕士学位考试在今天看来也是相当严格和隆重的，类似

---

① 周洪宇：《学位与研究生教育史》，高等教育出版社2004年版，第19页。

于今天硕士生教育的论文答辩,但其答辩的内容仅限于所学课程的内容,而非今天硕士研究生自己所研究之论文的答辩,二者有一定的区别,只是形式不同罢了。

C. 学位授予。学位授予是一种形式,表示学位候选人已通过了考试,可以获得作为任教或从业资格称号的硕士学位。这种学位授予仪式在博洛尼亚大学称为"公考",在巴黎大学和牛津大学称为"授衔式"。通常由学位候选人作一次公开演讲。主持人致颂词,即授予硕士学位。在"授衔式"上,新硕士佩戴学衔徽章,手持一本书,头戴方位方帽,手戴戒指,仪式甚为隆重而庄严。这一"授衔式"传统一直延续至今,使得西方在崇尚知识、敬重学术和尊重高层次人才方面起到了很好的示范激励效应。

③管理制度。中世纪大学的内部组织形式是学科制和讲座制。如前所述,"学科制"是由教师行会演变、发展而来的,学科的带头人被称为学长,是由学科中的教师经过选举产生的。因此,学长又称教授。"讲座制"则是由一名教授带几名助教和生徒为教学单位,相当于中世纪行会中的小作坊组织。它是一种有等级有威严的艺徒教育组织形式,教授在讲座制中处于绝对的无可撼动的权威地位。由此看来,中世纪硕士教育的管理形式是一种艺徒管理形式,学生师从艺科中某位教授,成为他的生徒。导师或教授管理是这一时期硕士教育的主要管理形式(与我们今天的硕士生教育所采取的以导师管理为主的方式基本相同)。

(2)博士教育的内容

博士教育是在高级科进行的,具有较强的专业性与终结性两个特点。中世纪大学高级科主要包括神、医、法三科,故此,这一时期博士教育就是这三科的教育,具有非常强的专业性。同时,它是中世纪大学教育系统中最高层次的教育,因而又是一种终结性教育。由于它与硕士教育形式大体相同,所以只介绍博士教育不同于硕士教育的一些地方。

中世纪大学博士教育是神、医、法三科的专业性教育,其培养目标非常明确,即祭师、医师和律师。它是现代意义上的"专才"教育,培养当时社会三个主要领域急需的专业性人才。

博士教育的培养方式类似于硕士教育,包括课程学习、参加辩论、考试和学位授予诸多环节。不过,博士教育阶段的辩论时间更长、更激烈、更常见、更严格。学位授予的仪式也更隆重和庄严，在主教处举行。博士教育管理也与硕士教育相同，基本上是导师制或学徒制形式。

概言之，中世纪大学博士学位教育是一种以培养"专才"为目标的导师制或称为学徒制的教育形式，包括各科的课程教学与辩论、考试以及学位授予等三个阶段。由于它在当时高等教育中处于最高层次，所以它又是一种终结性教育。

但不管怎样，这种萌芽时期的学位与研究生教育制度的探索，率先开启了人类对于高深知识的向往和追求，虽然不甚完美，但至少代表了一种方向和愿景，指明了人类对于未知世界的渴望，也为其后的探索奠定了坚实的理论和实践基础。

二　近代①西欧学位与研究生教育制度的发展②

自从近代意义上的学位与研究生教育制度产生以来，其发展历程可以简单概括如下：1810 年，柏林大学率先设立的哲学博士学位，奠定了学位与研究生教育制度发展的基础，标志着近代学位与研究生教育制度的建立，学位与研究生教育制度首先在德国蓬勃发展起来。之后，德国这种培养高级人才的有效方式被其他国家争相效仿和移植，被传播到世界各地。英国、法国等国都在吸收德国先进经验的基础上，对本国古代学位与研究生教育制度加以改造和优化，形成了适合本国特色的近代学位与研究生教育制度体系。

从严格意义上说，德国在中世纪成立大学起就已经有了当今存在形式的学位教育，但其为天下率先垂范，被后人津津乐道的研究生教育则诞生于 19 世纪初期，诚如美国著名教育专家伯顿·克拉克所言："一切从 19 世纪早期的德国开始……'高等学校的一个独特特征是，它们把科

---

①　近代世界史，一般以 1640 年英国资产阶级革命为开始，至 1917 年俄国十月社会主义革命结束。

②　近代西欧学位与研究生教育制度，涵盖的国家一般有德国、英国、法国、俄国。日本虽然在地理位置上属于亚洲国家，但由于其一直致力于向西方模仿并率先向西方看齐，所以，一般也把日本的近代教育归于西欧学位与研究生教育制度的范畴。为了行文方便，基于近代中国学位与研究生教育制度的模仿对象为先日本、再德国、后美国的顺序，所以，这一部分，本书主要阐述以德国为主的近代学位与研究生教育制度，其他国家只是稍微点到为止。

学和学问设想为处理最终无穷无尽的任务—它们从事一个不停的探索过程。低层次的教育提出一批封闭的和既定的知识。在高层次，教师和学生之间的关系，不同于在低层次的教师和学生之间的关系。在高层次，教师不是为学生而存在；教师和学生都有正当理由共同探求知识'。"①

作为中国早期学位与研究生教育制度的国外理论渊源，以德国为样本和效仿，加之其他国家亦如中国一样，是借鉴移植德国的经验，所以，对于此期学位与研究生教育制度的考察，并不是全面阐述，而是只选取德国一国作为近代西欧学位与研究生教育制度的历史脚本。

（一）近代西欧学位与研究生教育制度的背景

作为德国乃至世界研究生教育开端的显著标志是"学术自由""教学与科研统一"这种"洪堡原则"的确立以及按照这种原则于1810年创办的柏林大学。为何研究生教育于19世纪初期在政治、经济上落后的德国而不是在更为先进的英国或法国产生？为何在德国的柏林而不是在德国其他城市产生？众所周知，任何一种社会历史现象都不是偶发的，而是具体的经济、社会、文化诸多因素的合力所致。

1. "新人文主义"思潮的渲染

从16世纪初期到19世纪初期，德国经历了从历史角度看属于先进的各种思潮的冲击和洗礼，如"人文主义思想""理性主义思想""自然主义思想""新人文主义思想""浪漫主义思想""实用主义思想"等。这些思想对于德国学位与研究生教育制度起到了"鸣锣开道""投石入河"的作用和影响，尤其是新人文主义运动，"似乎是一种复兴'文艺复兴'的运动。无条件地崇奉古典文化为完美的典型乃是文艺复兴运动的特点，同样也是新文艺复兴运动的特点"②。根据新人文主义思想，"教育的目标应该是按照古希腊的模式塑造青年一代，即使不能在体格和容貌上如此，至少在心灵和精神上应该如此。就是说，应该用希腊人所具有的情操，

---

① ［美］伯顿·克拉克:《探究的场所——现代大学的科研和研究生教育》，王承旭译，浙江教育出版社2001年版，第19页。

② ［德］鲍尔生:《德国教育史》，滕大春、滕大生译，人民教育出版社1986年版，第110页。

寻求真理的勇气和能力，反对内外敌人的坚定气概以及对善与美的热爱，来培育青年的心灵"①。总而言之，新人文主义这种异常强调要像古希腊人那样在哲学、科学、文学上进行创造创新的思想和主张，成为改革当时高等教育的新理念新举措，遂衍生出了研究生教育的探寻和尝试。

2. 新型完整教育体系的形成

德国挑起的"普法战争"，却以普鲁士的战败而告终，战败的结果是德国无奈地承担战争赔款的"奇耻大辱"。当时德国众多著名人物认为要挽救民族危亡必须提高国民素质，要提高国民素质就一定要率先发展国民教育。"首先必须依靠教育和道德复兴来为德意志爱国主义和德意志民族主义开辟道路。"② 为此，普鲁士毅然决然地开展了一系列关于经济、政治、文化、教育的全面改革。教育方面，特别是洪堡担任教育大臣的短暂时期（1809—1810），用新人文主义思想对各级各类学校进行了大刀阔斧式的改革，构建了一整套新型的教育体系，初步形成了带有资产阶级性质的"双轨制"。其一轨是由国民学校与各种职业性教育机构旨在培养平民子女的学校系统，另一轨是为上层社会创办的预备学校、文科中学和大学组成的学术教育系统。在这个新的教育系统中，文科中学教育对德国研究生教育的兴起有着密切的关联。具体有三：一是文科中学教育的主导思想是"自我教育"和"全面教育"。"自我教育"就是鼓励学生主动而自愿地学习值得学习的知识，"全面教育"则是指学生要接受人类智慧最新的伟大成就，首先要学习数学和自然科学，这样全面教育就得以落实，学生的智能在各方面也得到了锻炼和发展，"不仅具备了从事各种学术研究的良好基础，而且具备了从事各项专业的必要教育"③；二是为文科中学设置了着眼于全面教育的包括数学、德语、自然科学等多门学科的新课程，并实行由学生独立作业以及开展小规模研究的教学方法；三是规定文科中学毕业生可以直接升入大学，从而文科中学毕业考试代替了各大学独立举办的入学考试，而且成为升入大学的唯一渠道，

---

① [德] 鲍尔生：《德国教育史》，滕大春、滕大生译，人民教育出版社 1986 年版，第110—111 页。

② [美] 平森：《德国近现代史》，范德一译，商务印书馆 1987 年版，第 57 页。

③ [德] 鲍尔生：《德国教育史》，滕大春、滕大生译，人民教育出版社 1986 年版，第136 页。

文科中学也由此"成为正规的和唯一类型的中等学校,即成为升入大学各科的'统一学校'"① 或预科学校了。文科中学教育的这些变革保证了大学可以得到有着较为深厚的基础知识和一定科研能力的生源,这就为顺利开展以科研活动为基础的研究生教育铺平了生源和理论储备的道路。

3. 柏林成为德国的学术中心

柏林是普鲁士的首府,在 19 世纪之前主要是政治中心,而后成了学术研究中心,表现之一就是柏林集中了一批知识分子和学界精英。据不完全统计,到 1806 年,到访柏林的著名学者有 20 人,包括经济学、政治学、数学、地理学等诸多领域,使"柏林一跃成为学术之都"②;表现之二是柏林已有一批实用科技型的高等专科学校,到 1806 年时,在柏林已先后建立外科医学专门学校、医师养成所、矿业专门学校、兽医学校、工艺专门学校、建筑专门学校、农业专门学校等。这两种现象都对以后柏林建成研究型大学有着重要的理论意义和实践价值。首先,学术精英荟萃一城,使柏林大学便于就地取材,组成学术研究力量雄厚的师资队伍。事实亦是如此,柏林大学 1810 年 10 月开学时共聘用 58 名教师,其中正教授 24 名,6 名科学院会员,这些人都是法学、医学、语言学、历史学、哲学、神学领域的一流学者;其次,高等专科学校在柏林的集中和发达,使准备建于柏林的大学不必考虑实用科技人才的培养,而能在较高的层次通过科研活动培养有所发明有所创造的学术科研人才。当时在讨论即将新建的柏林大学和已存的高等专科学校应该有什么关系时,较为一致的意见是,高等专科学校是"大学"前一阶段的教育,"大学"则是统合各种专门教育的一般高等教育设施,即研究型大学。由此可见,正是由于高等专科学校的存在,以及文科中学的变革所提供的雄厚基础,柏林大学成立伊始,就开始对新生实施具有现代意义的研究生教育,而柏林大学确实只向学生授予博士学位,而没有中世纪大学中的学位

---

① ［德］鲍尔生:《德国教育史》,滕大春、滕大生译,人民教育出版社 1986 年版,第 137 页。

② ［日］梅根悟主编:《世界教育史大系·大学史》,讲谈社 1974 年版,第 173 页。

层次。①

(二) 近代西欧学位与研究生教育制度的发展

1. 柏林大学模式的确立

柏林大学于 19 世纪初成立时就成为德国大学甚至西欧大学的代表甚或楷模，许多大学都是仿照柏林大学创建和改造的，从而在全德境内乃至世界各国确立了一种"柏林大学模式"。②"学术自由"和"教学与科研统一"成为大学办学的根本原则，"培养创造性的学术科研人才"成为大学教育的基本目标；哲学院的地位不仅在名义上和其他学院不相上下，而且实际上占据主导和统率作用；随着哲学院地位的改变，中世纪以来的低级学位如文学院学士、文学院硕士逐渐被取消，大学只设置博士学位；任教资格博士与一般博士之间有了明确的区别，任教资格博士的考试要比一般博士考试严格很多，实际上成为一种高于一般博士学位的学位；教学方法上以师生共同参与的教学—科研研讨班为主，而以教师讲授为辅；各学院附设专门从事学术研究的研究所；讲座教授可以全权处理自己的专业事务；大学体现出纯学术研究的倾向，注重基础科学研究而忽视应用科学研究，注重陶冶心灵的普通教育而忽视训练具体技能。

2. 教学—科研实验室的出现

随着科技在人类生活中的作用日益凸显，对于一个国家发展来说也迫切需要实用型科研人才，德国的"第一个大规模的近代教学—研究实验室的方向和实践，并非从宽宏的理想和坚定的构想出的计划推演而来，而是作为对物质条件和突然出现的兴趣的实际解决方法出现的"③。教学—科研实验室也对学生进行授课，但主要是通过科研活动在"教给现有知识的同时贡献新知识"。随着教学—科研实验室在各大学的普遍建立，在 19 世纪的德国大学里，"实验室成为教授—科学家唯一的组织工具。在实验室内，训练的程序得到开发和实施。在那里，证明科学能力的专家资格得以建立……大学实验室为科学提供了一个文艺复兴时期艺

---

① ［日］梅根悟主编：《世界教育史大系·大学史》，讲谈社 1974 年版，第 172—173 页。

② 周洪宇：《学位与研究生教育史》，高等教育出版社 2004 年版，第 33—34 页。

③ ［美］伯顿·克拉克：《探究的场所——现代大学的科研和研究生教育》，王承旭译，浙江教育出版社 2001 年版，第 25—27 页。

术家的画室的相等物,因为,它给学徒提供跟随师傅学习实际技能进入科学行会。德国模式的大学实验室成为'已经从讲课掌握科学的基本原理的学生到实际经验学习科学的语言的地方'"①。从此以后,教学—科研实验室和教学—科研研讨班一道成为德国大学实施研究生教育的基本培养方式。

（三）近代西欧学位与研究生教育制度的内容

1. 学位系统

在 19 世纪初期,德国高等教育形成包含如下的学位系统:

（1）学士学位。"学士学位"原是中世纪大学中的初级学位,一般在大学文学院学习几年经过考试可申请获得。16 世纪后随着文学院地位的提高,大部分德国大学已经不再授予这种学位,但天主教的神学院在 19 世纪依然保留此种学位。

（2）硕士学位。"硕士学位"在中世纪大学有着不同的意义,文学院硕士是文学院的最高学位,但仍属于低级学位,而神学院、法学院、医学院硕士则属于高级学位。自 19 世纪以来,由于大学主要实施博士生教育,各学院硕士学位逐渐在大学中消失。但随着专门学院的兴起,专门学院对各实用专业又开始设置为"文凭"的硕士学位。

（3）博士学位。"博士学位"也是中世纪大学的传统学位,级别高于其他学位,并逐渐成为获取某些社会职业如医生、法官、大学教师等的必备资格。到 19 世纪,德国大学已渐无学士或硕士教育,而专门开展博士教育,专门学院在取得大学地位的时候也具有了授予博士学位的权利。

（4）任教资格博士学位。"任教资格博士学位"发轫于哥廷根大学,发展于哈勒大学,定型于柏林大学。在中世纪大学,取得博士学位也就有了可以在大学任教的资格。1737 年,哥廷根大学根据国王的有关要求,决定每个获得博士学位者可以不受限制地成为"高级讲师",但同时建议后者可以通过学术论文或学术辩论会获得,使博士学位和任教资格有了一定的区别;不久,哈勒大学规定必须通过一定形式的考试并取得一定

---

① ［美］伯顿·克拉克:《探究的场所——现代大学的科研和研究生教育》,王承旭译,浙江教育出版社 2001 年版,第 25—27 页。

的成绩才能获得任教资格，使博士和任教资格有了明确的划分；1816 年，柏林大学规定只有具有博士学位者才能参加任教资格的考试，从而确定了高于博士学位的任教博士学位。不过任教资格博士学位只是针对大学任教而言高于博士，博士仍可看作是各专业的最高学位。德国大学之所以出现任教资格博士，可能是因为当时大学主要对学生实施博士生教育，对于教师的要求自然要高于博士的理想化的现实诉求。

2. 培养方式

在确立"教学与科研统一"为大学办学根本原则和"培养学术科研人才"为大学教育基本目标后，德国于 19 世纪开展了两种模式的研究生培养方式。

（1）"教学—科研研讨班"方式。研讨班的来源可以追溯到中世纪大学和宗教改革时期大学的论辩会和演说会，但当时主要是一种以师生对话补充教师讲课独白的教学方法，到 19 世纪则演变成大学培养学术科研人才的一种基本方式。以科研为方向的研讨班把"教授的科研兴趣集合起来，并且使学生参与科研的实践"，成为"发现、培育和训练科研才能"的一种制度，是"学徒的教育传达并推进一个学科的新的方法"①的一个环节。

（2）"教学—科研实验室"方式。德国第一个教学—科研实验室是由吉森大学化学家利比希于 1826 年组建的，并在其领导下持续了 30 年。这个实验室根据实际情况随机应变地开展教学和科研，如把讲课集中在夏季学期，而在冬季学期致力于实验室的实习工作，科研问题和培养目标随着教授或学生的科研兴趣而变化。利比希为化学分析发明了简便易用的可靠仪器，使具有不同知识和技能的学生能以较快的速度做出初步化学分析。实验室建立之后吸引了众多的申请者，在前 15 年每次都接受 50 多人，到 19世纪 40 年代，实验室已经发展成为国际知名的一所化学学院。

19 世纪研讨班和实验室已经散布在德国大学系统，成为实现教学和科研联系的强有力基层单位，特别是 19 世纪最后几十年，德国以"狂热的速度"发展研讨班和研究所。例如，普鲁士从 1882 年至 1907 年，共有

---

① ［美］伯顿·克拉克：《探究的场所——现代大学的科研和研究生教育》，王承旭译，浙江教育出版社 2001 年版，第 25—27 页。

9 所大学哲学院建立了 77 个研究所和研讨班,其他学院设立了 86 个医学实验室和诊所,9 个法律研讨班和 4 个神学研讨班。学生被吸引到这些单位,既是科研的受训人,亦是科研的履行者。过去虽然强调教学和科研的统一,但一直没有找到两者的结合点,现在通过研讨班和实验室,"教学和科研活动结合起来,学习被结合在科研的框架之中,'不停的探究过程'已经找到它的操作工具"。需要指出的是,研讨班和实验室虽然可以看作是两种培养方式,但在对学生的实际培养过程中也是互相结合的,这两种方式又和德国大学的讲座制结合起来,使"德国研究型大学提供一个主要是行会形式的组织,其中主持讲座的教授利用研究所和研讨班实现科研、教学和学习的统一"①。

第二节　中国古代的"学位"与
"研究生教育"

明末"西学东渐"的代表人物利玛窦,在向西方介绍中国的著作中,花了大量篇幅介绍中国的科举制度。他明白无误地指出:"第一种学位与我们的学士学位相当,叫作秀才";"中国士大夫的第二种学位叫举人,可以和我们的硕士相比";"中国的第三种学位叫进士,相当于我们的博士学位"。② 正是借用这一说法,助长了"中国是学位制度的故乡"之说。其实,这只是一种误读。科举功名之所以不宜或者不能等同于学位,是因为两者在与之相关联的教育性质、目的、内容、方式等方面存在着较大的差异。关于二者的异同,应方淦、周谷平在《科举制度并非学位制度》一文中已作了专门研讨,认为两者的差异主要表现在本质属性、授予权归属、数额限制、考试内容等方面;而两者的类同则表现在:(1)按一定标准分级别、分层次、代表相应的学术水平;(2)与学位称号一样,科举功名也是一种终身性荣誉;(3)科举制度在相当长时期内

---

① ［美］伯顿·克拉克:《探究的场所——现代大学的科研和研究生教育》,王承旭译,浙江教育出版社 2001 年版,第 25—35 页。

② 何高济等:《利玛窦的中国札记》,中华书局 1983 年版,第 36—41 页。

也遵循分科授予科明的原则；（4）有讲究的授予仪式和专用服饰。① 但作为代表学养的称号以及侧重研究学术的教育制度，在中国文化史或教育史上也并非无迹可寻。作为译名的"博士"，实源自中国古代的博士职官。据司马迁之《史记》记载，战国时的齐国即设置博士官，掌管典籍、图书，并以备顾问。汉代已降，博士成为学官之名，五经博士、太学博士、国子博士、四门博士、律学博士、算学博士、医学博士等，均指高等教育的师资。这与近现代作为学位意义的"博士"有着较大的差别。然而，作为翻译词汇的"博士"和古代汉语的"博士"，均指学养、学术相对高深者。由此审视，"博士学位"与"博士学官"似有内在关联。"至于初级学位的设置，则与中国古代的考选制度相关。至于研究生教育，则与中国古代书院制度有着某种程度的类同。"②

一　学选中的初级学位

所谓"学选"，是指由学校设置的通过经学考试来选拔人才。考试通过者，则具备了相应的为官资格。从学位是学养表征的角度而言，能证明学养的通常形式，是学历及其配套考成。东汉所实施的"五经课试法"大体具备了这种因子。

汉平帝元始四年（公元4年），王莽秉政后，大力发展官学教育，为太学兴建校舍"万区"，扩招生徒，同时强化考试。当时规定，依岁试成绩拔擢三科人才并授予相应名衔："岁课，甲科四十人为郎中；乙科二十人为太子舍人；丙科四十人补文学掌故。"③ 东汉桓帝永寿二年（156年），太学改岁试为隔年试，依据通晓《五经》的多寡，依次补除文学掌故、太子舍人、郎中。此举实开"五经课试法"之先河。

三国魏文帝黄初五年（224年），复立太学于洛阳，同时将"五经课试法"立为定制：始诣太学为门人。满二岁试通一经者为弟子，不通者罢遣。弟子满二岁，试通二经者，补文学掌故；不通者听随后辈试，试通二经亦得补掌故。满二岁通三经者，擢高第为太子舍人；不第者随后

---

① 应方淦、周谷平：《科举制度并非学位制度》，《学位与研究生教育》2001年第11期。

② 周洪宇：《学位与研究生教育史》，高等教育出版社2004年版，第259页。

③ 马端临：《文献统考·学校一》（五卷四十）。

辈复试,试通亦为太子舍人。舍人满二岁试通四经者,擢其高第为郎中;不通者随后辈复试,试通亦为郎中。郎中满二岁能通五经者,擢高第随才叙用,不通者随后辈复试,试通亦叙用。[①]

文学掌故、太子舍人、郎中,既可视为官职等级,亦可表征经学程度。就这个意义而言,它约略与学位制度有着某种大致关联。

二　科举功名与学位

隋文帝开国不久,即废九品中正制,恢复荐举之制。开黄十八年(598 年),又以"志行修谨""清平干济"二科举士。其后,隋炀帝又先后以"十科""四科"取士。唐人追记云:"近炀帝始置进士之科。"[②] 故通常认定科举创制于隋朝。主要标志便是"进士科"的首设。

科举制虽有常科、特科之分,其下更是名目繁多;然恒常举行者,进士科而已。就进士功名而言,后世更有"进士及第""进士出身""同进士出身"之分。虽可统称为进士,然而其中的区别,不仅表明了经学学养的差别,而且更决定了授官的高低与迟速。即使同获进士出身的状元、榜眼、探花,其荣耀也依次递减。所谓进士,虽然不是职官名,它代表着某种经过检测的学养,因而似乎可以视同为学位。

唐代科举分三级考试:乡试→省试→吏部试。其中的"吏部试"为面试性质,所考内容为"身、言、书、判"。这种考试,与为获得学位通过而须完成的"答辩"有所类似。宋代以后,"殿试"取代吏部试,改由皇帝亲自主持,多采用"对策"形式,仍具有答辩之意味。

明清科举分四级考试:院试→乡试→会试→殿试。通过者相应授予秀才、举人、贡士、进士名号。这与多级学位制度的设置颇有些许类似。从清末实行的"给出身制"来看,尽管进士仅类同于"学士",但贡士、举人、秀才等,显然不是代表学历,而是顺序构建的中低级学位。

三　庶吉士的选拔与研究生教育

就进士而言,大体相当于大学毕业生。中国古代的正规大学,均为

① 《通志·选举二》卷五十九。
② 《旧唐书·杨绾传》卷一百十九。

经学教育机构，各代分别名为太学、国子学、国子监。可与现代研究生教育相类属者，为明清翰林院中的"庶常馆"。

明太祖洪武十八年（1385 年），朱元璋命考取进士者赴京各衙门实习政务，称"观政进士"；而派赴翰林院承敕监者，则称"庶吉士"。此名源于《尚书》中的"庶常吉士"之称，原指处理周朝政务的人士。明初庶吉士，除保留实习政务的原意外，更增加了入翰林院深造的新意。

明成祖永乐二年（1404 年），庶吉士之选，始由派充改为考择。明英宗于正统元年（1436 年）在文华殿亲自考选庶吉士入翰林院深造，由翰林院或詹事府学高资深者承担"教习庶吉士"之责。又于翰林院中专设"庶常馆"作为施教场所，并规定修业为 3 年；届期有"散馆试"，优者留翰林院任编修、检讨。次者出任给事、御史等职。

明代的庶吉士之选，名为"馆选"，但办法不一：或以二甲为对象，或二、三甲同选；或每届一选，或间科一选，或三届合选。

庶吉士选拔的制度化，是在清代。清代在殿试之上设"朝考"，专为考选庶吉士而设，每届必考。考试对象除一甲 3 名免考外（有点像我们今天的研究生入学当中的推免生），其余新科进士均须参加。考试地点定于保和殿，由皇帝特派大臣主考和阅卷。考试成绩结合殿试名次分列一、二、三等；列前者十数名入选庶吉士，余者依次授予六部主事、内阁中书、国子监博士、知县等职。由此可知，庶吉士享有仅次于一甲"进士及第"的荣耀；同时也大体表明，其学养高于普通进士。

庶吉士入选庶常馆之后，须肄习规定课业，接受"教习庶吉士"指导，可参与修史、撰写"实录"等研究性工作，且以 3 年为期，又有专门的散馆试，因此颇类似当今的研究生教育。大体来说，庶吉士同现今的在读硕士研究生。由于散馆留用翰林院者称为"点翰林"，故翰林大体可视为硕士学位。

四　书院与研究生教育

推究书院制度的实质，可前溯至战国时期的稷下学宫，它以论辩、讲学、繁荣学术为基本职责。若从书院名称的确立来看，则始于唐代的丽正书院，它为皇帝藏书、修书、以文会友之所。作为具备民办官助、教学研究、藏书读书三大特质的书院，大体创制于北宋初年，正好与理学的产生同步。

书院对于新兴学术的追求,与学校、科举对于经学的教条式追求在一定程度上构成对立。它对于虚名的轻贱,致使它与学位制度无甚勾连;然而它研修学问的方式,却与研究生的培养多有类似之处。对于书院的办学特色,王夫之曾有过精辟的论述:

> 教行化美,不居可纪之功;造士成材,初无邀荣之志。身先作范,以远于饰文行、干爵禄之恶习;相与悠然于富贵不淫、贫贱不移之中,将使揣摩功利之俗学,愧悔而思附于青云。较彼抡才司训之职官,以诗书悬利达标,导人弋获者,其于圣王淑世之大用得失,相差不已远乎?①

正是书院独立的学术追求,使书院具备了研究院的性质。

书院负责人名曰院长、山长、洞主等。在南宋、明末书院炽盛之世,山长均由学诣高深的学派领袖担任。他既是行政领导,更是学术导师。书院生徒,绝非童蒙,即书院不以识字诵经为任务。求学于书院的青年学子,必须具备一定的文化底蕴和学术素养,方有可能进行自学研究。书院的课程,通常是山长开列的读书目次。山长指示为学门径后,即由学子读书探求,随时请益问难,并无系统的知识传授。书院考课,亦多为检查读书笔记与心得;更高的检测标准,则是有无学术创见及相关论证。

书院的培养方式,除着重自学读书外,还重讨论辩难。除学友之间经常论辩外,师生之间的驳难亦屡见不鲜。书院更立有"讲会"之制,不同学派的书院约定论题、时间、地点及相关规约等,届时师生同往"会讲",荟萃一堂,自由发表见解,展开激烈论辩,使学理愈辩愈明。这有点像今天召开的学术性会议。

---

① 王夫之:《船山遗书·宋论·书院》卷三。

第 三 章

形态嫁接:清末学位与研究生
教育制度的构想

　　1901 年的清末政府,可谓山雨欲来风满楼。自 1840 年鸦片战争失败以来,各种丧权辱国的条约不断刺激着这个腐败的政权集团和处于水深火热中的广大民众,《南京条约》《瑷珲条约》《天津条约》《北京条约》《马关条约》等这些丧权辱国的条约如同一把把尖刀,深深刺进了这个民族的脆弱心脏。蛮横无理的外国入侵者将这个曾经辉煌无比、叱咤风云的封建王朝击打掠夺得就剩下一个偌大的空壳,肆无忌惮地回荡着他们的耻笑、欺凌和暗讽。彼时的清政府就像初冬枯树枝头悬挂着的树叶,在风霜雨雪的裹挟中,孤苦伶仃且摇摇欲坠。西方列强用坚船利炮震碎了"天朝大国"的美梦,在一次又一次的屡战屡败和一条又一条的不平等条约签署中,晚清政府名义上的最高统治者——光绪皇帝痛定思痛,于 1901 年 1 月 29 日发布了一道新政的上谕,这标志着清末新政的开始。当然,除去清末政府的试图自救,新政的实行在一定程度上也迎合了西方列强的心理,他们甚至要求清政府执行某些新政,毕竟一个固步自封的落后王朝是不利于他们"以华治华"计划的,也正是因为如此,才加速了清末政府与外界的交流和沟通,促使中国近代学位与研究生教育制度意向的萌芽。

　　的确,新政是世纪之交最重要的历史交合产物,它让许多有识之士看到了希望和光明,也让许多落后的贵族、大夫看到了自己的弱小和无能。因此,举国上下纷纷呼吁变法,试图找到一条强国之道,而在应诏而议论变法的诸多奏章中,最具有实际影响力的莫过于由当时两江总督刘坤一、湖广总督张之洞联名提出的"江楚会奏变法三折",其中第一条便是关于教育的改革措施,以"兴学育才"来作为变革政治的先决条件。它提出四项措施,第一是设文武学堂,第二是酌改文科,第三是停罢武科,第四是奖劝游学。以现代的视角审读之,亦可谓前所未有,惊天之举。纵在当时,这四项措施的提出着实让朝堂上下为之震惊。在这"三折"中,张之洞与刘坤一开宗明义地指出,人才的匮乏对改革行进的阻碍,他们要求建立从小学到大学的完整教育体制,改革科举考试内容,增加经世致用的时代文化,同时鼓励学生外出留学,缩短人才培养的周期。清末在高等教育改革方面取得的成就与此不无关联,也正是这封奏折让许多进步人士认识到教育改革的重要性,从此将中国的高等教育与学位制度带入近代化,开历史之先河,创天下之先事。

第一节　清末西方学位制度的变通与研究生教育的设想

一　科举考试的弊端凸显与西方学位制度的传入

20 世纪享誉世界的英国大哲学家、思想家罗素,在 1922 年撰写的《中国问题》的专著中,曾概括总结了中国文化的三个主要特征:"(1) 文字由表意符号构成,而不是字母;(2) 在受教育的阶层中孔子的伦理学说取代了宗教;(3) 政府掌握在由科举制度选拔出来的文人学士而非世袭贵族手中。"[1] 他进一步指出,这三点"是世界上其他国家过去都未曾有过而为中国所独有"[2]。作为中国历史上最有深远影响的考试制度,科举制度"是中国隋唐至明清所实行的一种全国性的人才选拔制度。它具有文官考试和高等教育考试的双重性质,在中国古代高等教育发展史上居于支配地位"[3]。始于隋,盛于唐,并一直延续到了宋、元、明、清等朝代,历经了 1300 多年。由朝廷开设考试科目,学子可以自由

---

① ［英］罗素:《中国问题》,学林出版社 1996 年版,第 24 页。

② 同上。

③ 张亚群:《科举革废与近代中国高等教育的转型》,华中师范大学出版社 2005 年版,第 7 页。

报名参加，最终结果以考试成绩决定优劣，彻底扭转了此前"上品无寒门""官阶靠出身"的贵族垄断官场的畸形的社会进阶机制，"具有相对的平等性、竞争性，量才录取具有一定的公开性、透明度和合理性的特色"①。科举取士的选官考试制度在长达1300多年的历史中，"作为一种中国传统的社会整合与社会凝聚机制，对中国社会的发展特别是对促进中国社会各阶层的流动起到了重要作用"②，不仅对封建王朝的政治、经济、文化等发展有着深远影响，同时也给西方建立现代文官制度提供了参考样板。可以说科举制在选拔人才，推动整个社会的重学之风，传承文化发展中起到了至关重要的作用，它让更多的人看到学习改变命运的希望，通过自己的努力实现平步青云的梦想，正如北宋汪洙在《神童诗》里写到的那样："朝为田舍郎，暮登天子堂。"尽管科举制度在中国文化历史洪流中起到了无可取代的推动作用，但是它根本的出发点和立足点是为了集天下有才之士于帝旁，维护封建王朝的统治。然而随着社会的进步，科举制度自身的局限性和落后性逐渐暴露，它严重阻碍了社会的近代化进程，尤其是在教育方面，它的弊端已经限制了社会的全面发展。

（一）考试内容单一，知识结构僵化

作为封建王朝统治的应试、选拔工具，科举考试的目的无疑具有较强的维护阶级统治的功能，故其考试内容多选用儒家经典，如《四书》《五经》、诗赋等，中心思想多为宣扬"仁、义、礼、智、信"和"忠君爱国"。儒家学说是科举考试的重中之重，所以诸多士子以期出人头地、飞黄腾达之心态，势必把学习的精力全部投入到儒家经典的吟诵上，而儒家经典历来都是重伦理纲常轻技术手艺，所以中国封建时期的自然科学知识并不发达，许多士子甚至是漠不关心。正可谓"自明科举之法兴，而学校之教废矣。国学、府学、县学徒有学校之名耳。考其学业，科举之法外无业也；窥其志虑，求取功名之外无他志也"③。尤其在科举制

----

① 刘海峰：《科举学的形成与发展》，载王俊义主编《科举学进展的重要标志》，华中师范大学出版社2009年版，第3页。

② 雷晓云：《中国高等教育制度变迁及其文化透视》，华中科技大学出版社2007年版，第107页。

③ 汤成烈：《学校编》（上），转盛康辑《皇朝经世文续编》卷六五，《礼政五，学校下》。

发展到了后期，明清的八股文考试更是出现了因为考试命题范围狭隘，考生都去揣摩试题，模拟时文写作，不去看书，不汲取新知识的现象。"士子自一经之外，罕所通贯……徒事末节。五经、诸子则割取其碎语而诵之，谓之蠡测；历代诸史则抄节其碎事而辍之，谓之策套。其割取抄节之人已不通经涉史，而章句血脉皆失其真。"① 长此以往，人们的知识结构愈发的僵化，思考维度和方式被禁锢，科举制度的重才能轻德行，重伦理轻技艺，逐渐使得人们目光短浅，思想迂腐，也让科举制度失去了选拔人才的意义。

（二）脱离社会发展，时代特色匮乏

自 1840 年鸦片战争以来，中国的大门被西方列强用坚船利炮轰然打开，国门由一缝而至洞开，社会发展历程被迫中断几千年来的递延，被动走上了近代化的途程——开始由愚昧、堕落的封建社会向开明、先进的现代社会转型。诚如马克思指出的那样："英国的大炮破坏了中国皇帝的威权，迫使天朝帝国与地上的世界接触。"② "在这场决斗中，陈腐世界的代表是激于道义原则，而最现代的社会的代表却是为了获得贱买贵卖的特权——这的确是一种悲剧，甚至诗人的幻想也永远不敢创造出这种离奇的悲剧题材。"③ 基于此种社会剧烈的反差和变迁，晚清政府进行了所谓经济上的图振。但是，新兴的近代工业需要极高的科学技术、科学管理经验作为支撑，而科举制的考核内容以儒家经典为主，多数士子为了仕途重纲常轻技艺，把自然科学知识自动的摒弃在认知之外，导致了中国当时自然科学技术的不发达甚至是落后。"唐代明算、医药、天文诸科，地位低下，录取人数亦少，主要是选拔相关部门的专职官员。五代、宋、元时期，算学、天文、医学因其实用性而偶被列入考试科目。明代科举尽管在策问中涉及一些天文、历法、灾异和乐律等'自然之学'，考生为了应试也许掌握相关专门知识与技能，但这些只是礼仪正统的组成部分。"④ "这种体制确保了皇朝、儒士和道学正统的主导地位，所以，儒

① 杨慎:《升庵全集》卷五二，《举业之弊》。
② 《马克思恩格斯选集》第 2 卷，人民出版社 2012 年版，第 3 页。
③ 同上书，第 26 页。
④ 张亚群:《科举革废与近代中国高等教育的转型》，华中师范大学出版社 2005 年版，第 16 页。

士不会成为'科学家'。"① 基于此种现状，自然难以培养出与经济发展相需求的人才，也无法使得经济近代化的脚步加快。在政治上，因为科举制是为巩固封建王权而存在的考试制度，所以它选拔出的人才大多有浓厚的封建色彩，目光短浅而且思想迂腐，教条主义倾向严重，他们多坚信祖宗之法不可变，这与当时政治制度的革新要求不相匹配，也与社会发展产生了脱节。在教育上，士子延续着通过科举考试入朝为官的思想，所学内容缺乏时代特色，没有与当时整个国际大环境相融合，考试内容依旧紧紧围绕着伦理纲常，士子缺少素质教育和技能培训，选拔的都是一些只会说不会做的官员，违背了近代教育的初衷。

（三）没有完全平等，仍有选拔不公

在科举制推行之前的世袭制、察举制、征召制、九品中正制等选官制度都存在一个突出的弊端，那便是贵族、豪门垄断了入朝为官的机会。为了解决这一问题，让更多的平民可以步入仕途，隋以后实行开科取士的方法，大大提高了公平程度。即使我们一再强调公平和公开是科举制的一大特点，但是以现代的眼光看来，科举制并非完全的平等，它仍不可避免地存在很大的不公平。在古代，虽说科举制是入朝为官的基本途径，但是也并非所有人都可以去参加科举考试，其中女性是很明显的不公平点。在封建社会"重男轻女"的思想牵绊下，女性始终是被科举考试排斥在外的，这一限制使众多优秀女士终其一生也不能走出闺房，只能在家相夫教子，聊聊度日。这与现代社会"男女平等"的观念背道而驰，因此也不为现代社会发展所认可。不仅如此，即使没有身份、性别的限制，部分寒门学子依旧踏不进考试会场。科举考试并非只需要投入大量的时间来学习，它还需要大量的财力来维持读书生计。所谓"十年寒窗苦读"，在剔除时间和努力的条件下，很多人因为家境贫寒根本支付不起学费，即使是自学成才，远赴京城参加考试的高额路费也让他们一筹莫展。"学而优则仕"这条在当时几乎是唯一的出人头地之路，很大程度上只为了富裕人家、官宦人家以及书香世家的子弟铺路。② 正可谓时人

---

① ［美］艾尔曼：《从前现代的格致学到现代的科学》，转刘东主编《中国学术》（第二辑），商务印书馆 2000 年版，第 18 页。

② 许静：《中国科举制度的利弊及影响探讨》，《现代商贸工业》2010 年第 6 期。

所言:"由他途而进者数倍于正途。持铨衡者,舍才学而验腰缠,舍功课而论门第,故大腹之肥贾势要之保荐,贵显之子侄,例皆速除得美仕,而科目之贫乏无力者,或终身不能得一职,吏治安得而不淆,庶事安得而不挫。"①

除了科举制度弊端的凸显,西方学位制度的传入也是清末对西方学位制度变通与研究生教育制度初创的关键。在中国国门被强行打开之际,西方学位制度借助西学东渐之风,通过各种渠道传入中国,使得中国的学位与研究生教育制度意向初露萌芽。当时从西方各国留学归来的学生,在各种工作岗位上表现出色并做出突出成绩,使得许多国人对学位制度的认识进一步加深。同时这些归国的留学生对西方各国关于教育法规和学位制度的书籍进行大量的翻译,让国人了解到学位制度的价值,再加上当时主流报纸杂志对学位制度进行的宣介,国内要求变通科举制来效仿西方学位制度的呼声越来越高。在社会各方的压力和要求之下,科举制度和学位制度在新式高等教育的"肌体"上实现了制度上的变通,奠定了科举制度退出教育体制的重要一步,也拉开了学位制度"中国化"的进程。②

二 洋务派实业救国与西方资本的介入带来经济发展

"唯物史观认为,社会的发展水平,究其终极原因是由生产力所决定的。教育绝不能超然于社会之外,而必须依存于一定的社会生活而存在,与一定的社会实践相一致。"③ 鸦片战争以后,中国的经济逐渐发展,并有了近代化的趋向,这为学位制度的萌芽及研究生教育的探索提供了必要的物质基础。而在经济近代化过程中,有两个经济因素我们必须重视,一个是洋务经济,另一个则是外资经济。

(一)洋务经济的艰难发展

鸦片战争的爆发,最终以清朝政府的完败而告结束,这种结局对于

① 宣统《项城县志》,卷一五《丽藻县志四》。

② 许德雅:《近代中国科举制度向学位制度演进的历史轨迹》,《商丘师范学院学报》2007年第8期。

③ 岳爱武、葛苏放、邱新法:《清末学位制度与研究生教育的内容考证及其评价》,《高教探索》2008年第6期。

一直以来妄自菲薄且目空一切的晚清朝野带来了"意想不到"的冲击。此后，"随着中西文化的剧烈碰撞、冲突、交流、融合与民族资本主义的产生和发展，近代中国的社会经济形态、阶级分野及阶层构成也与此前的封建社会有了明显的不同。"① 鸦片战争后，外国列强陆续在中国设立各种洋行，在东南沿海的通商口岸开设了一些新式企业，并由此衍生了依附于外国资本并为其服务的中国买办资本。而中国人自己着手创设并经营机器工业，则比外国人要晚十余年。自 19 世纪 60 年代起，清政府洋务派官僚，诸如曾国藩、李鸿章、张之洞等人，承继了龚自珍"师夷长技以制夷"的思想，之后率先创办新式军事工业，打着"自强""求富"的旗号，强调"自强以练兵为要，练兵又以制器为先"②。"洋务经济"是中国近代经济工业化的起点，洋务企业是中国经济近代化的第一步，它与以往的农业和手工业不同，机器化生产的近代工业开始在中国经济的产业结构中崭露头角。洋务派所办"洋务"以军工企业为先导，接着引入造船、采矿、铁路等工业，为中国的近代工业发展做出了贡献。"据统计，到 1894 年，清政府创办的洋务企业近 40 个，创办资本约 4500 万两，雇佣工人达 1.3 万—2 万人。民族资本企业共有 136 个，创办资本约 500 万两，雇佣工人 3 万人左右。"③ 以洋务派代表人物张之洞为例，他大力创办近代工业，在地方任重臣期间创办了数十家近代化的工矿企业，仅湖北便有 23 家近代化企业。近代工商企业的快速发展迫切需要高水平的技术人员来维持其运行，如此庞大的洋务企业数量让中国可资使用的高技能劳动力显得捉襟见肘，基于此，当时的中国亟须改革教育制度，创设高等教育机构，深化对高等教育的探索，尽快培养出与经济发展相适应的人才。洋务企业的兴起，秉承着"自强""求富"的心态，以发展军事工业以自救为重任，但却在不知不觉中对中国早期学位与研究生教育制度的萌芽起到了意想不到的"滋养"作用。

（二）外资经济的悍然入侵

外资经济在中国的出现，最早源于 1840 年第一次鸦片战争失败后，

---

① 李云峰、刘东社：《清末民初政治研究》，西北大学出版社 2008 年版，第 45 页。
② 中国史学会主编：《洋务运动》（三），上海人民出版社 1961 年版，第 466 页。
③ 孙毓堂：《中国近代工业史资料》（第一辑），科学出版社 1957 年版，第 566—567 页。

西方列强对华进行资本输出。虽然《南京条约》及其附属条约《望厦条约》并未明确说明允许西方列强在华建厂从事生产,但实际上外资经济早已在中国悄然入侵。据不完全统计,早在 1841 年,中国就有了 4 家外资企业。1895 年《马关条约》的签署,第一次明确允许外国人在中国开设工厂,但此时的外资企业已经达到 142 家之多。在此之前,由于西方国家在华设厂得不到"法律保护",所以他们多是以商品输出为主。在这场持续长达半个多世纪的侵略战争中,西方列强凭借自己坚船利炮的胜利,裹挟着在华获取的不对等的权利,不断在华投资设厂,掠夺中国的财富以扩大自己的资本。"据统计,到 1870 年,外商已在中国各通商口岸陆续兴办了约 43 家近代工厂,拥有 17000 多产业工人。至 1894 年,这类企业已达 100 家,拥有产业工人 34000 人"[①],"从鸦片战争后到 1894 年止的约 50 年时间内,外商在华投资总额约为 1.19 亿元,其中工业和航运业为 2750 万美元,占投资总额的 23%"[②]。从中国资本主义工业产生的历史角度来看,即使没有西方的侵略,中国也可以通过自己摸爬滚打的努力来发展近代工业,但是没有西方的侵略,中国的近代工业不可能这么早的产生,这是符合历史事实的。资本主义近代工业的产生对于中国的历史进程有着重要意义,它代表着新生产力的出现,预示着中国小农经济的落后,需要更强大的生产力来推动生产。这必然导致社会阶级关系和思想观念的深刻变革,许多有识之士在认识到科学技术是第一生产力之后,明显发现清末科举制的不足,中国缺乏系统、完善的高等教育体系,甚至在研究生教育上可以说是一片空白。外商在华投资设厂需要大量的劳动力来从事生产,但是当时国内绝大多数人缺少自然科学技术的培训,对于机器的使用毫不了解,根本不能满足工业近代化的诉求。再加上科举制自身的积重难返,国人想要通过科举考试来学习知识以提高自身劳动素质可谓天方夜谭。在这种因素的促使下,中国对西方学位制度的变通和研究生教育的确立显得尤为重要。纵然西方列强对华资本的侵略是中国近代血和泪的惨痛历史过程,但无形中点燃了中国学位与研究生教育制度领域一把星星之火,虽很孱弱,却也指明了努力的方向。

---

① 黄逸峰、姜铎:《旧中国民族资产阶级》,江苏古籍出版社 1990 年版,第 7 页。

② 孙健:《中国经济史(近代部分)》,中国人民大学出版社 1989 年版,第 133 页。

三 教育救国思潮的兴起提供了深厚的思想根基

"教育救国"是近代中国具有先进思想的知识分子为提高全民族文化素质、加强爱国主义思想和挽救国家危亡而提出的先进社会思潮。在深入比较中西实力以及深究中国积贫积弱、落后挨打的根本缘由后，当时中国的先进知识分子认识到，是长期的闭关锁国政策和不科学的科举制导致了中国与西方在文化上的巨大落差，清末的中国还在主张自给自足的自然经济，但西方早已凭借先进的自然科学技术进入了工业化时代。清末政府面对洋枪洋炮的无力反抗，并非是其内心的懦弱和胆怯，而是长期落后的教育制度和教育方式使得他们所拥有的知识和力量远不能与西方抗衡，这就是清末面临巨大民族危机的根源之一，而解决这一巨大危机的最佳方式莫过于发展高等教育。"教育救国"思潮的兴起，为清末研究生教育提供了深厚的思想根基。

（一）"教育救国"主张的提出

我们最早熟知的"教育救国"的思想是由林则徐和魏源提出的"师夷长技以制夷"，其实最早提出"教育救国"思想的是容闳，他在耶鲁大学求学期间便已萌生了此想法。他提出："已预计将来之事，规划大略于胸中矣。予意以为，予之一身既受此文明之教育，则当使后予之人，亦享此同等之利益。"[①] 洋务运动期间，先进知识分子对于教育的重要性也有了更为深刻的认识。中国近代著名文学家、思想家和实业家郑观应认为："学校者，人才所由出；人才者，国势所由强。故泰西之强，强于学，非强于人。"[②] 从郑观应的观点里可以看出，高等教育培养人才，人才又能增强国家实力，所以一个国家要想强大、不被欺负甚至沦丧，最主要的是要发展自己的教育事业，发展本国的高等教育。他希望借助学校这一中介将西方的学术灌输给国人，1892 年，他在《学校》一文中总结了西方学校教育制度时指出："……上学，以二十一岁，二十六岁上下为度，至此则精益求精，每有由故得新，自创一事为绝无仅有者。"[③] 此

---

① 容闳：《西学东渐记》，岳麓书社 1985 年版，第 62 页。

② 夏东元：《郑观应集》（上册），上海人民出版社 1982 年版，第 276 页。

③ 舒新城：《中国近代教育史资料》（下册），人民教育出版社 1981 年版，第 896 页。

处所言"上学",虽没有明确指明具体教育的层次,但略观即知,应该含有本科教育之上即研究生教育的意味。① 1895 年,严复发表了《原强》一文,他在文章中阐述了民力、民智、民德这三者对于国家盛衰强弱的影响,在中国历史上,第一次提出了人的全面发展这一观点,给中国高等教育研究中基于学生的发展提供了一个理论依据。再如梁启超,他从登上政治舞台以来,时刻关注国民的教育问题。1902 年梁启超创办了《新民丛报》,旨在提高全体国民的素质,改善国民精神面貌,宣扬新的价值观念,力图使国人具有现代人所具备的素质。除了新民思想,梁启超对于大学毕业生继续深造也提出了合适的主张:"大学卒业后,其尤高才者,或有精奇之思,博综之学,或着新书有成,或创新独出者,由大师几人公同保荐,除就业一年外,公家特给学士荣衔,别给俸禄三年,以成其绝学。"② 细品梁启超的这一番主张,我们不难发现这与我们当下实行的研究生教育理念基本契合。

（二）清末"教育救国"的发展阶段

"教育救国"作为清末一项重要的社会思潮,它不仅号召国民提高自身素质、完善劳动技能以适应近代化进程、拯救国家于水火之中,更对中国学位与研究生教育制度起到了不可磨灭的作用。先进知识分子通过提出各种教育制度改革与学位制度创新等想法来培养新型人才。不得不说,作为救国策略,虽然"教育救国"的思潮并没有达到预期效果,但它却成为中国研究生教育出现的契机。清末这种向西方学习新思想的思潮大致经过了萌发、高涨和勃兴这三个阶段,这三个阶段都不同程度地对中国学位与研究生教育制度进行了一定程度的阐发。

1. 洋务运动时期的萌发

在经过血与火的洗礼之后,人们对于西方的先进技术有了进一步的了解和认知。以"师夷长技以制夷"为中心思想的洋务派深刻意识到中西方的巨大差距是由中国落后的文化教育造成的,他们强烈要求改革教育模式,通过培养人才来强大国家,"教育救国"思想初露端倪。在这一

---

① 岳爱武、葛苏放、邱新法:《清末学位制度与研究生教育的内容考证及其评价》,《高教探索》2008 年第 6 期。

② 舒新城:《中国近代教育史资料》(中册),人民教育出版社 1962 年版,第 917 页。

阶段中最值得我们注意的是，洋务派对新式学校设置的主张。1862 年，洋务派的核心代表人物恭亲王奕䜣上奏朝廷，请求设立同文馆。在《奏请开设同文馆疏》中明确指出："是以臣等衡量再三而有此奏，论者不察，必有以臣等此举为不急之务者，……夫中国之宜谋自强，至今日而已亟矣。"① 1863 年，李鸿章上奏言："京师同文馆之设，实为良法，行之既久，必有正人君子奇尤异敏之士出乎其中，然后得尽西人之要领，而思所以驾驭之，绥靖边陲之原本，实在于此。"② 京师同文馆本着"中学为体，西学为用"的教育思想，通过"大力引进西学，培养新型人才，是两千多年以来第一次对封建体制下教育制度的改革，而且开了近代学校教育之先河，为新教育、新学制的产生奠定了基础"③。

2. 戊戌变法时期的高涨

"甲午战争的失败让中国再一次进入了动荡的时代，民族危机震痛着每一个国人的心，朝野有识之士，深知国势日绌，国难严重，欲振兴中国非从兴学与储才两方面着手不可。"④ 面对这一历史困局，不同阶级、不同阶层的人们不得不思考如何救亡图存这一现实窘迫。此期，"教育救国"思潮快速酝酿、发酵和传播，成为时下热议的话题。以康有为、梁启超、谭嗣同等为主要代表的资产阶级改良派迅然奋起，他们指出中国全面衰败的根本原因，全在于落后的病态的教育制度和不能跟上时事的学校教育，故此，救亡图存应该从改革教育制度着手。"嗣后中外大小臣工，自王公以及士庶，各宜努力向上，发愤为雄，以圣贤义理之学植其根本，又须博采西学之切于时务者，实力讲求，以救空疏迂谬之弊。专心致志，精益求精，毋徒袭其皮毛，毋竞腾其口说，总期化无用为有用，以成通经济变之才。"⑤ 维新派主张变通科举制，学习效仿德、日制，提出了较为系统的学校教育制度、内容和方法，对中国近代的教育产生了

---

① 恭亲王：《奏请开设同文馆疏》，载舒新城编《近代中国教育史料》，中国人民大学出版社 2012 年版，第 7 页。

② 舒新城：《中国近代教育史资料》（上册），人民教育出版社 1961 年版，第 257 页。

③ 陶春莉：《中国研究生培养模式的发展演变轨迹及其时代特征》，硕士学位论文，兰州大学，2006 年。

④ 朱有瓛：《中国近代学制史料》（第一辑下册），华东师范大学出版 1983 年版，第 360 页。

⑤ 舒新城：《近代中国教育史料》，中国人民大学出版社 2012 年版，第 41 页。

巨大推动力。"维新派'教育救国'的理论宣传和具体实践,均超越了洋务派所倡导的'技术教育'救国的范畴,而转向国民现代素质的培养,以从根本上救亡图存。"① 其中,作为戊戌变法的重大成果,京师大学堂的创办更是昭示了中国综合大学的诞生。康有为、梁启超、严复等维新派代表人物寄希望于变通科举、创办学校、大兴游学等措施来鼓舞人们振衰起敝、救亡图存,资产阶级改良派的主张实质上已经为近代中国高等教育学校和综合性大学的出现绘制了蓝图。

3. 清末新政时期的勃兴

1900 年,这个对于当代人有点遥远的历史时期,在当时的清末政府看来却是一段黑暗、惶惶不可终日的恐怖时期。光绪二十六年,在经历了鸦片战争、第二次鸦片战争、中法战争、甲午战争等战火洗礼的国土上,再一次被西方列强的铁骑所蹂躏和践踏。就如同龌龊阴谋所筹划的那样,八国联军集结好了队伍,从四面八方涌入中国,攻占北京、掠夺故宫、火烧圆明园……面对洋人的强悍,懦弱的清政府再一次做出妥协,于是又一份丧权辱国的不平等条约出现在国人的面前——《辛丑条约》。同年,除去八国联军侵华的外患,清政府还面临着义和团运动发展至高潮的内忧。从来没有一个时刻像这样让国人感到国破家亡的恐惧,在此民族存亡的时刻,国内救亡图存的呐喊愈发强烈,"教育救国"思潮也在此刻发展到了高潮阶段。八国联军侵华导致的溃败及《辛丑条约》屈辱的签订,让国人再次蒙羞,清末统治者在意识到此次的危机比以往来的更加严重,甚至会断送整个王朝的命运时,被迫宣布重行新政,以图苟延残喘。教育作为新政的主要内容,重点包括设文武学堂、酌改文科、停罢武科、奖励游学这四个方面,规划出了新政时期教育改革的基本路线。在这次教育改革中,有两部章程实为中国近代高等教育与研究生教育的开山之作,一部是《钦定学堂章程》,另一部是《奏定学堂章程》。《钦定学堂章程》是中国第一部近代教育史上比较系统的法定学制的文件,虽然它并未得到实施,但以其为基础而进一步完善和修正的《奏定学堂章程》,不仅建立了统一的教育行政体系,更是奠定了中国近现代教

---

① 韩景林、牛德昌:《教育救国思潮的发展历程探析》,《张家口职业技术学院学报》2005年第 12 期。

育的基础，可谓功勋卓越。作为清末"教育救国"思潮中最具有代表性的章程，《奏定学堂章程》的颁布也为科举制的废除创造了条件，让有识之士在西方列强蛮横侵略、封建王朝腐朽统治下高呼"教育救国"的同时看到了曙光和希望。

　　清末的先进知识分子面对国家危亡，及时提出"教育救国"的思想，在社会上引起巨大反响。他们期望用知识来改变人民、改变国家的命运，让更多的人站起来，给国家注入强劲的血液，扭转国破家亡的惨淡局面。希望总是美好的，事实上，"教育救国"的实践并没有让这个没落的王朝再次散发光芒，但在教育研究上，它却为中国近代学位与研究生教育制度提供了厚实的思想源泉，给中国在西方学位制度教育引进和研究生教育启蒙上做出了卓越贡献。

第二节　清末教会大学与近代学位制度的萌芽

　　"近代意义上的学位制度与研究生教育无疑源自西方。"[1] 帝国主义在用他们先进的武器迫使中国的国门洞开之后，凭借着各种不平等条约，不仅对中国进行着无情的资源掠夺和商品输出，而且在伴随他们经济侵略的同时，也相继的在中国以传教和办学的形式对国人的思想进行着腐蚀，他们试图通过文化输出来掌控国人的思想，以达到他们瓜分、控制中国的邪恶目的。可以说，近代中国高等教育的发展，是与教会高等教育的刺激与挑战相伴相生的。所谓教会高等教育，是指"在华外国传教士借助不平等条约的保护，在中国创办的不受中国政府管辖、以宣传宗教教义和西方文化为内容、以培养传教士及帝国主义在华代表为目的的高等教育机构"[2]。作为西方学位制度传入中国的一条重要途径，教会大学不仅对中国近代高等教育的产生，尤其是对近代中国学位与研究生教育制度萌芽起到了激励作用和示范功效，对中国近代的社会和文化产生了不可忽视的影响。

---

① 周洪宇：《学位与研究生教育史》，高等教育出版社 2004 年版，第 259 页。
② 应方淦：《清末教会大学学位制度述评》，《高等教育研究》2001 年第 5 期。

一　教会大学的悄然传入

早在两千多年前的中国,诸如中央官学、国子监这样的高层教育机构便已出现,所以中国的高等教育历史其实是远远优于西方发达国家的。然而当时出现的高等教育并不是现代意义上的我们所熟知的高等教育。真正具有现代意义的高等教育,是以大学的出现来作为衡量标准,与19世纪西方传教士的出现与教会大学有关。"从这个意义上说,中国大学完全是西方近现代大学制度中国化的产物。"① 作为清末西方殖民主义的附属品、渗透物及前哨站——教会大学,依仗不平等的传教条约,藐视中国法令,不受中国政府审核和监管,甚至夸耀已经在外国政府注册的"优越"和"便利",可以自由授予学位,为学生开出留洋的捷径,但却因此给予学生以轻看本国教育的印象。② 在《南京条约》《望厦条约》《黄浦条约》等诸多不平等条约的庇护下,教会大学开启了在近代中国的快速发展,同时因为各教会之间的相互竞争,这使得中国的教会大学如雨后春笋般出现在世人眼前,一时间这些教会大学的规模和声势达到了空前高涨的地步,办学的水平也逐渐有了提高和改善,逐渐打破了中国传统落后的封建教育体制的垄断地位,"实际上在一个时期内成为传播某种形式的现代知识的唯一机构"③。当然,教会大学在中国的出现和发展也并非一帆风顺,尽管有着不平等条约的荫蔽,但是当时国内许多激进的民族主义分子和团体对于教会大学的"敌意"深重,清末政府对教会大学也并不是十分的关注,再加上中国当时内忧外患深重,因此在战火中毁去的教会大学也不在少数,这让许多教会大学在演变成现在我们所了解的现代大学的过程中历尽艰辛。

"1868年中美'蒲安臣条约'的签订,准许美国传教士自由无阻地进入中国内地传教与办学。随着此时洋务运动的蓬勃兴起,西方传教士开始意识到通过教育灌输西方文化的重要性和迫切性,认为这是逐步

---

① 刘少雪:《中国大学教育史》,山西教育出版社2007年版,第1页。
② 李楚材:《帝国主义侵华教育史资料——教会教育》,教育科学出版社1987年版,第120页。
③ 王立新:《美国传教士与晚清中国现代化》,天津人民出版社1997年版,第212页。

'革新'中国文化，以使中国'基督教化'的社会基础。"① 1877 年 5 月，在华传教士举行来华 70 年来第一次大会。会上，美国传教士狄考文对当时流行的教会办学模式提出批评，他认为，过分强调直接为福音布道服务的办学模式是"片面和不完整的"，束缚了办学者的手脚和步伐。他指出："西方文明与进步的潮流正向中国涌来，这股不可抗拒的潮流将遍及全国，许多中国人都在探索，渴望学习使西方如此强大的科学。"② 在这一形势蜂拥下，"传教士要努力培养在中国这场……变革中起带头作用的人才"③，因此，"基督教的良机，就在于培养能够以基督教真理来领导这场伟大的精神和物质变革的人才"。④ 在 1890 年举行的在华基督教大会上，传教士李承恩指出："中国政府已觉醒到要有全面受过西方科学教育的人的重要，难道我们就缺乏远见吗？在西方各地，在不同教派的指导和资助下，到处建立学院和大学。教会的财富支持这些高等学校，学校的最有才干的人担任教授席位，难道在中国不该这样做吗？"⑤ 狄考文在这次大会上更是一针见血地指出："不论哪个社会，凡是受过高等教育的人都是有影响的人。他们会控制社会的情感和意见"，因此，"对传教士来说，全面地教育一个人，使他能在一生中发挥一个受过高等教育的人的巨大影响，这样做，可以胜过培养半打以上受过一般教育但不能获得社会地位的人"。⑥ 自此，19 世纪 70 年代末开始，教会大学逐步在中国建立并发展起来。登州文会馆作为中国最早的几所教会大学之一，由美国长老会在山东登州开办，起初它只是一所小学，后来逐渐升级为中学，在 1882 年正式成为学院，由狄考文担任校长，他也是中国第一所教会大学的校长。文会馆传授的课程与美国的多数大学相差无几，学校的正规化和专业化为其赢得了社会上的一致赞誉。在早期的中国高等教育中，文会馆更是代表了较高的学术水平，是早期教会大学的起跑者和标杆。

① 谭献民：《教会大学与中国高等教育的近代化》，《长沙水电师院学报》1995 年第 2 期。
② 王立新：《美国传教士与晚清中国现代化》，天津人民出版社 1997 年版，第 213 页。
③ 同上。
④ 同上。
⑤ 陈学恂主编：《中国近代教育史教学参考资料》（下册），人民教育出版社 1987 年版，第 43—44 页。
⑥ 同上书，第 15 页。

同时，美国卫理会 1888 年在北京创办的北京文汇书院，美国公理会 1889
年在通州兴办的通州华北协和大学，美国长老会 1893 年在杭州建立的杭
州长老学院等，这些都是西方传教士在华创办的最早一批的教会大学，
对 19 世纪末中国高等教育的发展起到了至关重要的作用。前期教会大学
在华的发展可谓是顺风顺水，然而好景不长，1900 年义和团运动于广西
爆发后，西方传教士的传教事业就受到了严重的打击，基督教在华开办
的许多教会大学也被迫停止工作，基督教在华的教育事业一下子进入了
冰封期。"据统计，到 1900 年，全国教会大学的学生规模还不到 200
人。"① 但义和团打压了洋人气焰的喜悦还未在国人心头盘桓良久，历史
竟如重演般再现，义和团运动被残酷镇压，《辛丑条约》签订，清政府完
全沦为洋人的朝廷。中国的国门进一步洞开，半殖民地半封建的社会性
质亦完全成型，当时社会的政治、教育都在进行着激烈的变革，这一切
又为教会大学的复苏创造了条件。"原有的大学经过合并、发展，形成新
的教会大学，同时西方传教士借此契机在华大办教会大学，许多新的教
会大学进入了人们的视线。早期的登州文会馆经过两次迁移、一次合并，
演变成山东基督教联合大学；通州华北协和大学与北京汇文书院及华北
协和女子学院合并发展为中国近代史上著名的燕京大学；杭州长老会学
院也发展成为杭州基督教学院；圣约翰书院在规模和质量上成长为圣约
翰大学。"② 作为中国近代高等教育最恢宏的时代，西方传教士在中国创
办各类教会大学的过程，也是中国对西方学位制度引进并发展为本土化
学位制的过程，更是为中国研究生教育的萌芽提供了蓝本和借鉴。

二　教会大学学位的变通授予

（一）引入学位制度

作为近代中国高等教育的先行者，清末教会大学并非近代中国对西方
学位制度认识的开端。早在清朝末年，西方高等教育便已经通过各种各样
的途径传入中国，进入当时高层统治者和平民百姓的视野，但是由于对西

---

① ［美］杰西·格·卢茨：《中国教会大学史》，曾钜生译，浙江教育出版社 1988 年版，
第 93 页。
② 余伟良：《二十世纪的中国学位制度研究》，博士学位论文，湖南师范大学，2008 年。

方学位制度的认识仅限于文字层面，没有一个实体可供参考，所以当时国内对西方学位制度也只是一种观望的态度，没有去实质性进行引入和实践。教会大学建立之初，中国的学位制度还没有成型，各教会大学考虑到学位授予的问题，不得不通过走弯路的方式间接获取，即通过向国外大学注册立案的途径申请对学位的授予权。毕业生学位制度的获得需要经过非常严格的考核，而且必须由专门的机构对他们进行学位的授予。对此，教会大学不仅在各自的学校规章中做了明确而又翔实的说明，而且实际履行着这些程序和规则。"从获得学位授予权到举行第一次学位授予仪式，从只授予学士学位到学士、硕士、博士三级学位的形成，从只有男子获得学位到女子享有同样权利，从学位门类只限于文、理、医等少数科目，发展到在多学科都设置学位授予点，学位制度在教会大学的不断努力下逐渐走向成熟。"① 其实从历史发展的角度来看教会大学学位制度的话，它本身的发展是稍落后于教会大学本身的发展的，教会大学建立的初始宗旨是为了在中国传播和深化近代西方文化，在西方文化传输过程中，基督教的宗教精神传播占了极大也是极重要的部分。西方传教士初到中国之时并没有把教育活动当做传教的一部分，个别传教士的教学活动甚至被西方的团体指责。所以学位制度并没有随着教会大学的出现而在中国确立，也正如圣约翰大学第一任校长卜舫济在回忆学校发展历史时所说："嗣大学程度逐步提高，始议及学生学位问题。"② 这在当时并没有违背教育规律，因为当时许多教会学校自命为大学，其实却没有开设或者很少开设大学课程，并不能称为大学，所以没有发展学位制度也是正常的。

教会大学学位制度的逐步建立和发展，为当时中国的教育事业提供了一个直观的学习样本，使国人在培养近代先进人才和发展本土化学位制度的实践过程中不至于盲目摸索，为近代中国的学位与研究生教育制度起到示范作用。在某些方面，教会学校成为现代化教育的样板，是中国教师们参观学习的场所，显示出中国人准备建立现代化学校的基本模

---

① 陈洁：《近代中国学位制度探析》，硕士学位论文，湘潭大学，2008 年。

② 朱有瓛、高时良：《中国近代学制史料》（第四辑），华东师范大学出版社 1993 年版，第428 页。

式。[①] 作为近代中国教育的一部分,教会大学在人才培养、管理理念、教学方式等诸多领域都给国人耳目一新的现实参照物。有了这么一个参考,显然比单纯的介绍西方学位制度更加的直观和贴近生活,直接推动了近代中国学位制度的萌动、发展和成型。

(二) 学位授予权

教会大学开始享有学位授予权的时间相对集中在 20 世纪头 20 年,但遗憾的是,这种学位授予权并不是晚清政府所授予,而是以一种"曲线救国"的味道,即通过直接向国外著名学府或政府机关立案注册获取的。"之所以如此,一方面是试图借此提高自己的学术标准及其在中国高等教育领域中的威望"[②],另一方面,是客观上受当时中国官僚体制的多重迫压——"当本校创始之际,中国教育行政机关尚未有大学授予学位的规定,而私立大学之立案尤无明文可遵。故当时本校董事会议决暂在美国纽约省立案,并由该省政府授予学位。本校毕业生今日所得之外国学位,实系过渡办法,一俟中国教育当局规定授予学位办法时,当即遵照办理。"[③] 北京汇文大学是国内最早获得国外机构授权具有授予学生学位资格的教会大学,1890 年该校在美国纽约创立了董事会,在获得纽约州政府特许状后开始享有学位授予权。有了北京汇文大学为鉴,国内其他许多教会大学也通过此法获得了学位授予权,具体见表3—1。

表3—1　　　　清末主要教会大学学位授予权获取情况概览[④]

学校名称	组建时间、地点	向国外立案注册及学位授予权获取情况
北京汇文大学（1919 年与通州华北协和大学合并为燕京大学）	1885 年,北京	1890 年汇文大学在纽约成立董事会,获纽约州政府特许状,有授予学位权

---

① 黄思礼、秦和平:《华西协和大学》,珠海出版社 1999 年版,第 13 页。

② 徐以骅:《中学与西学——作为西学输入渠道的圣约翰大学》,湖北教育出版社 1998 年版,第 39 页。

③ 李楚材:《帝国主义侵华教育史资料——教会教育》,教育科学出版社 1987 年版,第 167 页。

④ 朱有瓛、高时良:《中国近代学制史料》（第四辑）,华东师范大学出版社 1993 年版;郑登云:《中国高等教育史》（上册）,华东师范大学出版社 1994 年版;吴洪成:《中国教会教育史》,西南师范大学出版社 1998 年版。

续表

学校名称	组建时间、地点	向国外立案注册及学位授予权获取情况
岭南大学	1904 年，广州	1893 年 3 月向美国纽约大学董事部立案，获特许状，有授予与美国大学同等的学位之权力
东吴大学	1901 年，上海、苏州	1900 年 5 月由美国卫理公会国外宣传部核准，田纳西州州政府立案，获得颁发学位证明的许可证
圣约翰大学	1906 年，上海	1906 年获美国董事会同意，依美国哥伦比亚州法律特许为大学，得授予与美国大学同等的学位权
文华大学（后更名为华中大学）	1871 年，武昌	1907 年在美国纽约州立大学注册，获授予学位的证书
金陵大学	1910 年，南京	1911 年向美国纽约州教育局和纽约州大学立案，特许授予学位权
震旦大学	1903 年，上海	1908 年开始设置学位课程，1911 年获学位授予权

可以看出，清末教会大学对于学位授予权的获取相当重视，毕竟只有获得了学位授予权，才能与国外大学具有等同的竞争权，也才能在激烈的教育竞争中免于被淘汰的命运。基于此，众多教会大学都把获取国外学校学位授予权作为其办学的阶段性目标和发展的动力基础。当然，作为教会大学在教育领域竞争、炫耀的资本，从学位授予权中获益的不仅有学校本身，而且还有从教会大学毕业的学生。这些获得由国外专门机构监督和考核下授予学位的毕业生，一方面展现了学校的办学实力，另一反面彰显了毕业生的卓越，架起了学生出国深造的桥梁。有了学位制度作为媒介，清末教会大学避开了清政府不授予学位的尴尬，而与外国大学直接挂钩，一批又一批的人才在这样的教育制度下被培养出来，对于当时高等教育体制尚不完善、教育目标尚不明晰、教育方法尚不得力的中国来说，犹如一股清风，吹起了一湖涟漪，确实是一大幸事，避免了让诸多学子永远沉寂在这黑暗、腐朽的旧时代。教会大学给莘莘学子提供了一条求学的捷径，为他们进入国外大学深造储备了难得的机遇。毫不夸张地说，这一不得已而为之的做法，间接地拯救了那个年代所有

渴求知识的青年，若说人们在清末还能看到一点希望和亮光的话，教会大学无疑是最夺目的一束。

教会大学推行的与国外大学挂钩的学位授予制度，一方面提高了自身的竞争资本，另一方面却也不自觉地推进了中国近代化教育前行的脚步。众多教会大学在国外立案注册，并与国外大学挂钩，其毕业生可以免试直接进入与之相挂钩的国外大学求学，同时可以获得国外大学颁发的学位证书，例如东吴大学就明确规定:所有学生毕业后即授予法学学士学位，在学校的介绍推荐下可以留美深造，甚至直接进入美国法律学院研究部门从事科学研究，1 年后颁发法学硕士学位，2 年后即可颁发法学博士学位。在这一政策的驱使下，东吴大学的毕业生赴美留学，并取得硕士、博士学位的人不在少数。"教会大学在中国的现实存在，客观上成了中外高等教育交流的媒介和载体，学位制度作为其引进的一项高等教育制度，自然地成了促进双方交流的工具。"① 这样一来，教会大学的学位授予制度不仅提高了办学质量，也促进了中国留学事业的发展，为近代中国学子走出国门，学习西方先进科学文化知识提供了难得的契机。

（三）学位授予要求

清末的教会大学往往都热衷于获取学位授予权，除了与其他教会学校在高等教育竞争中有自我夸耀的资本，更重要的是为了更多地招揽生源，排挤国内高校的发展，限制其生存。自汇文大学通过在国外立案注册的途径获得学位授予权之后，其他教会学校纷纷效仿。但是由于受学校本身发展水平和教育培养周期的影响，教会学校在获得学位授予权与首次授予毕业生学位的间隔，往往有若干年之久。而且在清末教会大学首次授予的学位中，存在两个基本特征:一是学位层级低，一般是学士级别;另一个则是学位科目单一，一般只涉及文、理、医三科，具体见表 3—2。

即便授予学位级别较低，但是真正获得学位也不是一件容易之事。首先毕业生必须符合学校参加国外大学标准执行的入学要求，其次在求学期间，必须达到学校对学生获得学位所制定的要求，一般要求学生完成对其所有大学课程的研习，通过大考，并且平时没有严重的违纪现象。

---

①　陈洁:《近代中国学位制度探析》，硕士学位论文，湘潭大学，2008 年。

表 3—2　　　　　　　清末主要教会大学首次授予学位情况概览①

学校名称	授予首批学位时间	学位授予人数	学位授予类别
北京汇文大学	1892 年	5	学士
圣约翰大学	1907 年	4	文学士
东吴大学	1907 年	11	文学士
文华大学	1911 年	9	学士

单从字面来看，教会大学对学生获得学位的规定不算严苛，但是，学校日常紧张的上课课程、严格的考试要求、残酷的淘汰机制都是相当高的，在升级考试中几乎是一票否决——成绩不合格的学生面临退学风险。在这样一层层严格的制度筛选下，最后能够顺利毕业的学生比入学时要缩减很多，诚如震旦大学法学院院长安烈·邦尼康教士所言："这是教会大学在中国授予学位所需付出的代价。"② 此外，学生除了必须完成学校规定的课程和考试之外，要想获得学位证书还需支付一笔"凭单费"用于制作学位证书，因为清末教会大学普遍实行有收费政策的学位制度，具体各校需缴纳的金额不同。教会大学因其学位授予制度备受国内学子青睐，这对中国本土高等教育机构的生存和发展构成了巨大挑战，但同时也坚定了国内大学建立本土化学位制度的决心，为中国近代学位与研究生教育制度的启蒙创造了机会。

三　教会大学学位制度的发展：以圣约翰大学为视角

清末的教会大学为近代中国学位制度的发展提供了借鉴，其中始创于 1879 年的圣约翰大学属于其中的佼佼者，它可以说是清末中国教会大学的典型，其学位制度从无到有，从残缺到完善的过程给中国的高等教育事业开启了一扇新的大门。

圣约翰书院的创始人施若瑟，是一名美国基督教圣公会的传教士，

---

① 朱有瓛、高时良：《中国近代学制史料》（第 4 辑），华东师范大学出版社 1993 年版；郑登云：《中国高等教育史》（上册），华东师范大学出版社 1994 年版；吴洪成：《中国教会教育史》，西南师范大学出版社 1998 年版。

② 章开沅：《社会转型与教会大学》，湖北教育出版社 1998 年版，第 288—302 页。

他于 1879 年创办于上海的圣约翰书院起初只是一所中学，尽管施若瑟早在 1875 年就曾向美国圣公会申请过在中国建立一所大学，但由于他本身并不擅长于管理，直到 1888 年退休，圣约翰书院也只是扩展到"初级部""学院部""神学部""医学部""英文部"这五个部，没有将圣约翰书院升格成真正的大学。而将圣约翰书院升级为大学的梦想则是等到卜舫济升任为书院院长之后才得以实现的。卜舫济与施若瑟一样，同为美国圣公会的传教士，他在担任院长一职之前，曾在圣约翰书院教授英语课程。1888 年卜舫济受命掌校之后，立即着手把书院打造成一所正规的大学。1892 年学校增设正馆，开始教授大学课程，这是圣约翰书院向圣约翰大学迈进的第一步。1896 年，卜舫济传信于美国圣公会差会部，申请在圣约翰书院增设大学部，开设文理、医学、神学三科，美国圣公会批准了他的申请。同年，卜舫济用从美募得钱款 15000 美元及中国所捐的 4000 银两建成了一所大学校舍，至此，圣约翰书院初步形成了以文理科为主，兼设医学、神学、预科的教学模式。20 世纪之初的圣约翰书院已经基本走上大学的道路，在社会上广受好评。1905 年科举制的废除让卜舫济认识到这对教会学校而言是一个千载难逢的机遇，他同时对圣约翰书院在美国注册的可行性进行研究，提出学校在美注册立案的申请。他认为此举对圣约翰而言至少有三点好处："一是提高学校的声望；二是得以颁发学位，提高学校水准；三是为学生出国创造条件。"① 同年 11 月，圣约翰书院顺利在美国注册，并获得学位授予权，正式改名为圣约翰大学。圣约翰大学在美国的注册使得毕业生的学位被西方多数大学和机构所认可，让出国留学成为许多学生为之奋斗的目标。同时在卜舫济的不懈努力下，美国许多知名大学如耶鲁大学、哈佛大学、哥伦比亚大学、密歇根大学等都承认圣约翰大学毕业生的学位，让他们可以免试继续进入这些大学深造。有了这些优越条件，圣约翰大学在清末的声誉日隆，成为学子趋之若鹜的名校。

1907 年，对于圣约翰大学来说是激动、骄傲的一年，第一批 6 名学生从学校毕业，其中有 4 人获得了文学士学位，这在中国的教育史上是史无前例的，中国人第一次在自己的土地上获得了具有现代意义的学士

---

① 贲玛丽：《圣约翰大学》，珠海出版社 1996 年版，第 162 页。

学位，曾经为了学位要远赴重洋的尴尬已不复存在。

第三节　清末教会大学学位制度的影响

一　促进中外高等教育文化交流

清末教会大学在华的客观存在，自然而然地成了当时中西文化交流的承载体，西方传教士在教会大学中引进西方学位制度的过程中，让国人看到了更真实的高等教育实施经验，也在无形中推动了双方的交流和沟通。

清末的教会大学由于自身条件的限制和当时中国整个社会环境的影响，几乎所有的教会学校都选择在国外注册立案，那么他们的学位授予权都需要国外专门的机构考核、批准，还包括约束。以现在的眼光看来，这样的约束并不利于学校的自我发展和扩大，甚至它所带来的不便让一些学校在发展的过程中举步维艰。但是，清末的中国社会处于半殖民地半封建性质的态势之下，在这样水深火热的整体社会状况中，清政府甚至已经失去了对整个中华大地的控制，在政治、经济、文化等诸多方面都被西方国家超越甚至遥遥领先，中国本身也没有形成具有近代意义上的学位制度，所以教会大学想要参考、建立其自己的学位制度几乎是不可能的。除了这个，清末的中国根本无法与西方多数国家平起平坐，那么教会大学在中国注册立案建立的学位制度并授予的学位很可能就不被国外的高校所认可，这会严重阻碍毕业生进一步的深造。在这几重条件的限制下，清末的教会大学唯有选择在国外注册立案以获取学位授予权，这样学位制度的实施就完全可以与国外大学相挂钩，在高等教育体制不完善的中国，这不啻为一条较好的出路，为一批莘莘学子提供了出国深造的机会。教会大学由于在国外注册，让许多毕业生可以不通过考试的形式直接进入国外的大学或者研究机构进行进一步的深造，这不仅提高了教会大学的办学声誉，还促进了中国留学事业的发展。抛开教会大学办学的初衷不谈，它至少让中国的近代教育与西方高等教育在形式上有所接轨，不至于完全脱节。更何况，那些有机会走出国门学习西方先进科技文化知识的学生，也有不少成了当时中国所缺乏的人才，如医学、法律、教育、新闻、农业等诸多应用领域。

交流作为一个双方互动的过程,教会大学通过学生留学的方式给中国引进了许多稀缺的人才,那么它也自然的在文化渗透中汲取了中华文化的精髓,在办学理念上融入了中国韵味。但教会大学毕竟源自西方,要想在中国的土地上生根发芽以至茁壮成长,务必有凸显出不同于中国本土大学的特色。这不仅需要其外部授予学位的来源特色,更需要强化课程内容的特色,即根据现实需要,更多地设置一些有别于清政府经典史籍、人文学科之外的课程,以加强其实用性特征,在法政学科、工程学科、医药学科、农林学科等诸多方面均有涉及,同时,在教材的选择上,亦多采用自己国家所谓的"原版教材",倾向于用英语进行教学,给国人笼罩出一种完全"高大上"的幻觉。"但为弱化中国民众的排斥心理,适应中国社会的本土需求,教会大学也加入了'中学'课程。"① 教会大学在发展的过程中对于中国传统文化的汲取越来越多,教会学校教学的重点也慢慢向国学倾斜,国外高校对于中国文化的研究也逐渐重视,他们希望从中国的发展史看到兴衰交替的历史原因,避免以后步人后尘。

二　诱发近代中国学位制度机械模仿

在前文我们提到过,近代中国对于西方学位制度的认识肇始于教会大学,早在清朝末期,西方的学位制度就通过各种渠道进入中国,只不过当时人们对于它的了解还只是局限在文字这一层表象上,没有一个实际的案例摆在面前,国人对于学位制度的重要性不能完全熟稔。所以,教会大学实际上在中国学位制度发端的过程中担当了启蒙者和示范者这么一个角色,它让国人在进行人才培养上有了耳目一新的感觉。

教会大学通过在国外注册立案、与国外大学挂钩的途径获取学位授予权,学生必须通过认真的学习和严格的考核才能取得学位,教会大学对此在各自的学校章程中都有着明确规定。"教会大学学位制度对近代中国学位制度建设和发展的推动,还体现在它逐步从原来的'游离'状态转而走上了融入中国近代教育体制的必然之路,缩短了中西学位制度之间的差距,也节约了中国自身探索学位制度的各方面成本,加快了中国

---

① 周谷平、应方淦:《近代中国教会大学的学位制度》,《浙江大学学报》(人文社会科学版) 2004 年第 1 期。

学位制度的建设进程。"① 从学位授予权的获得到首次授予学位，从单一的授予学士学位到学士、硕士、博士三级学位制度的形成，从只授予男子学位到男、女平等享有此项权利，从只教授文、理、医等少数学科到发展成为综合性的具有现代意义的大学，教会大学日渐走向完善的过程给中国发展本土学位制度的探索提供了一个样板，对此进行探索的先进知识分子们利用教会大学作为样本，依照他们学位制度形成、发展、实施的流程，结合中国的传统文化，让中国学位制度的出现可以跳过理论模型建构这一过程，减少了许多困难和阻碍，让制度的确立直接从理论研究飞跃到实际操作，极大地促进了近代中国学位制度的发展，使西方学位制度真正贴近了中国人的生活。

三 开拓清末高等教育改革视野

尽管清末中国社会出现的教会大学数量有限，但是这些学校培养了大量与社会发展需要所适应的人才，他们大多数在社会上担任着重要职务，成为各行各业的领军人才。"他们是西方先进教育活生生的'产品'，他们不仅用自己的科学知识和专业技能为社会、为政体服务，而且成为西式教育理念和西方先进文化的传导者。特别是教会大学为中国近代高等教育的起步提供了一大批管理人才和教学人才，他们利用在教会大学所获得的经验、学识及西方高等教育的先进理念，成为中国近代和现代高等教育初创与改革的身先者。"② 这些先进知识分子的出现开阔了清末高等教育研究的视野，深化了中国近代高等教育的改革。例如西方传教士在华开设女子学校，培养了大批知识女性，对促进中国近代女子教育的起步和女子解放运动做出了卓越贡献。同时在教会大学的影响下，清末政府着手完善教育行政体制，"清廷终于在 1905 年设立学部，将国子监并入，任命荣庆为学部尚书，位在礼部尚书之前，执掌国家教育法令，管理全国学校事务。"③ 同时裁撤各省学政，设学务处，总理全省学务，

---

① 周谷平、应方淦：《近代中国教会大学的学位制度》，《浙江大学学报》（人文社会科学版）2004 年第 1 期。

② 洪拓夷：《清末教会大学对中国高等教育的积极影响》，《湖州师范学院学报》2006 年第 5 期。

③ 孙杨：《中国早期研究生教育：1902—1935》，硕士学位论文，苏州大学，2008 年。

转府厅州县的教育行政机关为劝学所，成为以后民国各地教育局的前身。① 教会大学为清末的高等教育改革拓宽了视野，它为近代中国教育体制、学制和教育行政改革做足了铺垫，为此后的教育近代化奠定了基础。

第四节　清末学位与研究生教育制度意向的确立

一　废科举、兴留学、复办京师大学堂

（一）科举制的废除

科举制是中国古代传统社会重要的选官、任官制度，它创始于隋朝，经过唐、宋两朝的发展而趋于成熟，是一项集政治、经济、文化三者为一体的封建王朝用以维护统治的制度工具，诚如美国学者吉尔伯特·罗兹曼认为："科举制在中国传统社会结构中居于中心地位，是维系儒家意识形态和儒家价值体系正统地位的根本手段。"② 但科举制自创立之初便饱受争议。鸦片战争后，中华大地可谓是风云突变，内忧外患的不堪局面积压在每一个国人的心中。当时众多有识之士逐渐认识到中国的积贫积弱在很大程度上是因为教育的落后，所以人们把一切仇恨的矛头都指向了科举制，认为是科举制的落后导致了如今国势衰微的结果。尽管科举制可以较为科学的选拔官员，给平民提供入朝为官的机会，造就重学之风，可它的最终目的还是要维护清朝统治，在整个历史的近代化过程中不可避免地面临着被淘汰的命运。它在 1300 多年绵延的历史进程中逐渐形成的考试模式内容单一，知识结构僵化，脱离时代精神与社会发展，选拔没有完全平等等弊端日渐扩大，再加上国内的纷乱状况，对于科举废除的呼声此起彼伏。终于，迫于国内外等多重的压力，1905 年清廷上谕宣布废除科举制，至此在中国经历了 1300 多年历史的科举制走向了它的末路。

"科举制在 1905 年废止，从而使这一年成为新旧中国的分水岭；它

---

① 洪拓夷：《清末教会大学对中国高等教育的积极影响》，《湖州师范学院学报》2006 年第 5 期。

② ［美］吉尔伯特·罗兹曼：《中国的现代化》，江苏人民出版社 1988 年版，第 335 页。

标志着一个时代的结束和另一个时代的开始，其划时代的重要性甚至超过辛亥革命；就其现实的和象征性的意义而言，科举革废代表着中国已与过去一刀两断，这种转折大致相当于1861年沙俄废奴和1868年日本明治维新后不久的废藩。"① 严复也认为，废科举后，"意欲上之取人，下之进身，一切皆由学堂"；"此事乃吾国数千年中莫大之举动，言其重要，直无异古之废封建、开阡陌"②。科举制的废除标志着中国古代封建文化和政治的结束，学生进学校学习和考试不再与入朝为官相勾连，他们可以自由选择自己想要研习的科目，不只局限于封建王朝规定的儒家经典，为中国近代文化、教育的发展提供了思想根源。同时，由于考试与为官的脱节，封建王朝在一定程度上失去了大量忠实的拥护者，并且在封建统治的对立面与统治者们进行着殊死搏斗。有了科举制的废除和思想上的保障，新式学堂在发展道路上的最大阻碍被剔除，一时间新式学堂在全国各地兴起，江苏、安徽、广东、四川等省纷纷奏请兴办新式学堂。"据统计，到1909年在长江流域各省中，最少数之安徽也有学堂865所，最多数之四川学堂多达10661所。"③ 学校的相继出现让学生的数量也大大增加，1909年，各类新式学堂在全国已有52650所，在校学生多达1525172人，具体见表3—3。

表3—3　　　　　1909年全国学校数及在校学生数情况概览④

学校类别	校数	学生数
初等小学堂	44558	1170852
两等小学堂	3487	199018
高等小学堂	2038	11159
中学堂	438	38881
师范学堂（包括初级、优级及传习所讲习科）	415	28572
高等学堂	21	3387

① ［美］吉尔伯特·罗兹曼：《中国的现代化》，江苏人民出版社1988年版，第635页。
② 张丹、王忍之：《辛亥革命前十年间时论选集》（第二卷上册），生活·读书·新知三联书店1963年版，第367页。
③ 王笛：《清末新政和近代学堂的兴起》，《近代史研究》1987年第5期。
④ 孙培青：《中国教育史》，华东师范大学出版社2000年版，第379页。

续表

学校类别	校数	学生数
大学堂	2	549
专门学堂（包括文科、理科、法科、医科及艺术）	81	14703
农业实业学堂（包括初等、中等及高等）	95	6028
工业实业学堂（包括初等、中等及高等）	64	4835
商业实业学堂（包括初等、中等及高等）	28	1748
实业预科	67	4038
其他类（包括蒙养院、半日校及女学堂）	1356	41402

这些新式学堂所教授的大多为经世致用的科目，其中一些高等学堂甚至传授一些国外大学的授课内容，先进知识分子在对教育有了新的体会的同时，更加渴望深层次的学习。在国内新式知识分子的大力支持下，中国对更高层次的研究生教育开始进行探索，可以说科举制的废除虽然没有直接的将中国的研究生教育带入时代洪流中，但是却间接地给研究生教育的出现铺平了一条路，一条风险更小、基础更牢的"康庄大道"。

（二）留学热潮的掀起

"废科举改变了中国高等教育发展的导向，它对留学教育发展、学校考试制度和学位制度的变革以及高等学校的办学实践，均产生直接而巨大的推动作用"①，"科举制的废止，为留学教育扫除一大障碍。出国留学人数骤增，留学国别分布更广，学科构成发生显著变化。持续不断的'留学热'，对中国近代高等教育的发展产生了深远的影响"②。众所周知，中国的学位制度作为一项舶来品，它的出现一方面有西方列强在对清末中国进行文化侵袭时带入的原因，另一方面，是因为中国派遣了大批的留学生进入西方学习深造，在他们学成归来之时把这一学位制度移植到中国的高等教育体制中。20世纪初的中国，随着清末政府自我挽救的重行新政，举国上下都认识到了教育的重要性，尤其是高等教育领域。

---

① 张亚群:《科举革废与近代中国高等教育的转型》，华中师范大学出版社 2005 年版，第152 页。

② 同上书，第153 页。

当时的清末政府，可以说改革已经进入到了"深水区"和"艰难期"，体制上的缺陷让这个没落的王朝在改革的道路上举步维艰，唯有派人外出取经。"立政首在储材，储材必资游学"①，所以 20 世纪初出国留学，已成为一种时尚而渐成气候。1903 年，张之洞奉命拟定了《奖励游学毕业生章程》，此章程对于留学生的奖励措施有了具体实施规划，是当时学生选择留学的规范和动力所在。"由于清政府以积极姿态推动官费和自费留学，采用学业考试和授官考试的办法对回国留学生实行出身或官职奖励，这无疑是对鼓励青年学生出国、吸引留学生回国具有相当的诱惑力。"②加之，1905 年清政府宣布废除科举制，出国留学自然是被当作了步入仕途的终南捷径。此后留学掀起高潮，留学生人数急遽上升，留日学生人数 1905 年冬为 2560 人，1906 年夏为 12909 人，年底达 17860 人，为留日学生人数的最高峰。③ 清末学子留学的国家大都为日本、美国、英国、法国、德国等当时较为先进的国家，其中日本因其便利的交通和相似的风俗传统等因素，使得留日学生人数远超其他国家留学人数。在此期间，中国高等教育对日本的学位制度开始关注起来，1903 年张之洞拟定的《癸卯学制》在学校教育系统设定上与日本有着极大的相似，这个曾经被国人所不屑的"蕞尔小国"却是真正的为中国近代研究生教育提供了一丝助力。1908 年 5 月，"美国国会决议减收庚子赔款 1078 万多美元，作为中国派遣留美学生的费用。规定每年退还款额由 48 万美元到 138 万美元不等，三十二年中退款总额超过 2898 万美元。自拨还赔款之年起，前四年每年派遣学生约 100 名；自第五年起，每年至少续派 50 名。该计划从 1909 年实施，清政府当年考虑 47 名留美学生。其后两年相继派遣 70 名和 63 名。"④ 美国这一政策吸引了一批又一批中国学生，许多学生纷纷把留学方向转向了美国，与此同时，中国研究生培养模式也开始转向美国，中国在近代高等教育的道路上又迈进了一大步。清末留学潮的掀起

---

① 《驻比杨钦使上学务处论各省留学学费亟应妥筹办法书》，《大公报》1905 年 11 月 22 日。

② 李绮：《晚清教育改革的历史考察》，《学海》2000 年第 5 期。

③ 余伟良：《二十世纪的中国学位制度研究》，博士学位论文，湖南师范大学，2008 年。

④ 张亚群：《科举革废与近代中国高等教育的转型》，华中师范大学出版社 2005 年版，第 156 页。

推动了中国近代化的进程，加深了国人对学位制度及其价值的认知，更是让国人对研究生教育的模式设定有了一个基本轮廓，为此后研究生教育意向的确立打下一定的基础。

（三）京师大学堂的复办

京师大学堂始创于 1898 年，是维新变法运动中唯一的幸存物，亦是今日北京大学和北京师范大学的前身。作为中国近代高等教育肇始的标志之一，京师大学堂在对中国近代学位与研究生教育制度的模仿构建中具有重要的参考作用。甲午战争后，帝国主义再一次掀起了瓜分中国的恶潮，为了救亡图存，康有为、梁启超、谭嗣同等人发起了一场变法革新的资产阶级改良运动，他们认为，要救亡，只有学习外国，实现变法维新，而维新，必须从废科举、立学校开始。1896 年 6 月，刑部左侍郎李端芬首先奏请朝廷，建议设立"京师大学"。1898 年年初，随着变法维新运动日益发展，康有为在《应诏统筹全局折》中再次提出在京城设立高等学校的主张。在康有为、梁启超的推动下，1898 年 6 月，清光绪帝下《明定国是诏》，正式宣布变法，诏书中强调："京师大学堂为各行省之倡，尤应首先举办。"① 7 月 4 日，光绪皇帝正式下令准许建立京师大学堂。1900 年，义和团在北京大肆开展运动，导致时局动荡，学生多不进学校学习，8 月 3 日慈禧太后下旨要求停办京师大学堂，学堂因此被迫停办。同年 8 月 14 日，八国联军悍然入侵北京，给这个古老而又饱受战火摧残的民族再一次带来了灾难，政府面对如此动荡时局，不得不宣布重行新政，以缓和国内矛盾。在重行新政的背景下，被迫停办的京师大学堂再次走进了人们期待的目光中，中国需要一批有新科学、文化头脑的知识分子为其服务，那么京师大学堂的复办自然就成了情理之中的事，历史也证实了京师大学堂的复办的确为中国近代高等教育事业做出了卓越贡献。

1902 年，京师大学堂开始了重建工作，清廷派遣吏部尚书张百熙为管学大臣，吴汝纶和辜鸿铭任正副总教习，严复和林纾分任大学堂译书局总办和副总办，重建工作各个方面开始步入正轨。张百熙在担任管学大臣之后，为了早日达到"朝廷兴学育才之至意"，"悉心考察，夙夜构

---

① 朱有瓛:《中国近代学制史料》（第一辑上册），华东师范大学出版社 1987 年版，第 633 页。

思"①，在京师大学堂的重建中对中国未来高等教育进行了大胆的改革与创新。在京师大学堂重建规划初期，张百熙等人就对外国学校教育制度进行过考察，他们发现无论哪国的学校，教育制度都是从启蒙学堂开始，逐次升级，形成一种由低到高的人才培养模式。针对当时没有从小学到中学的学堂系统以及没有能够直接进入京师大学堂的高级中学毕业生的情况，张百熙主张采取变通的办法，先设一个高等学堂为大学之预备科，同时催办各省高等学堂创立。② 预备科的毕业生同其他各省高等学堂的毕业生一样由大学堂考核录取，解决当时生源不足的问题。同时，为满足清廷对人才的迫切需要，张百熙提出在大学堂预备科之外，单独设立速成科，并将速成科分为仕学馆和师范馆，对这两馆的入学资格分别加以限定，并对毕业生的待遇做出了详细的规划。③ 除了对学堂的教育制度进行规划，张百熙等人在重建期间还增建了校舍，设立了翻译机构，扩大了学堂规模。京师大学堂的建设关系着未来中国教育的发展，学堂未来还会陆续设立工业、医学等学科，原本的规模根本不足以容纳未来的学生人数，因此张百熙大扩学堂规模，向世界展示其变革图强的决心。在复办京师大学堂的过程中，张百熙还奏请重建藏书楼，得到清廷批准。藏书楼从全国各地征集到大量书籍，其中不乏西方书籍和大学堂所需的学科教科书，许多西学教材也通过此举被引进中国，不仅满足了学堂日常的教学工作，也在一定程度上加快了中国教育近代化的步伐。

京师大学堂的复办，是中国高等教育近代化的标志，其最大特色是在继承中国传统文化的基础上引进西方资本主义文明和近代科学文化。京师大学堂所设的"预备科"和"速成科"使得中学堂没有与大学堂脱节，解决了当时中国存在的生源不足的问题，学子在国内或者说国人开办的大学中就能习得先进的科学文化，避免被西方列强所洗脑，保障了国人思想的"纯正"。在满足清廷对先进知识分子需要的同时，京师大学堂为中国本土学位制度的创立提供了肥沃土壤，不断增多的学生人数和开设的科目要求，以及拥有被外界所承认的学位和更高层次的研究生教

---

① 陈元晖：《中国近代教育史资料汇编》，上海教育出版社 2007 年版，第 67 页。
② 王晓勇：《张百熙与京师大学堂的恢复重建》，《石家庄学院学报》2009 年第 4 期。
③ 同上。

育，京师大学堂的管理者在认识到这一点后，逐渐把办学重心向学位制度上倾斜，使京师大学堂成为一所初具现代规模的大学。也正是有了这些思想上的转变，复办京师大学堂后，始具新型综合性大学性质的中国学位制度及高等教育，至此方开始孕育。

二　《钦定学堂章程》与大学院的设想

清末中国的学位与研究生教育制度起源于一个"自强图存"的时代，受西学东渐的影响所致。19 世纪下半叶，资产阶级改良派发起的维新变法运动被慈禧太后无情地镇压，光绪皇帝因此遭遇软禁，社会上怒气滔天。面对内忧外患的生存环境，人民的情绪分外高涨，要求改革和变法的呼声也是一浪高过一浪。在如此剑拔弩张的局面下，慈禧太后不得不"低头服软"，在西安宣布"重行新政"。在重新实行的新政中，教育是重中之重，国内大兴教育改革，主要包括兴办新式学堂、废科举、创设中央教育行政机构——学部等措施，其中最为瞩目的便是由当时担任管学大臣的张百熙制定的《钦定学堂章程》。

1902 年，清廷发布一道上谕："与学育才实为当今急务。京师首善之区，尤宜加意教育，以树风声。从前所建大学堂，应急切实举办。著派张百熙为管学大臣。将学制应如何裁定章程并悉心妥议随时具奏。"[1] 张百熙在接到这一道圣旨之后，悉心考究国外学校教育制度，根据当时的国情，不负圣望，成功制定出了《钦定学堂章程》，因公布于壬寅年，故又称之为"壬寅学制"。《钦定学堂章程》共分为六个部分，分别为《京师大学堂章程》《考选入学章程》《高等学堂章程》《中学堂章程》《小学学堂章程》《蒙学堂章程》。该章程在纵的方向上划分为三段七级：初等教育为第一阶段，其中包括了蒙学堂、寻常小学堂和高等小学堂这三级。中等教育为第二阶段，只包含了中学堂这一级。高等教育为第三阶段，这一阶段也划分为了三级：高等学堂或者大学预科，分成政、艺两科；大学堂，即本科教育，分为政治、文学、格致、农业、工艺、商务、艺术这七门科目，每一科目下还有若干专业类目；在大学堂之上还设有大学院，即我们现代意义上的研究生教育，不设置学习年限，不设立课程，

---

[1]　陈宝泉：《中国近代学制变迁史》，文化学社 1987 年版，第 22 页。

不注重讲课，以研究为主要任务。具体见图3—1。

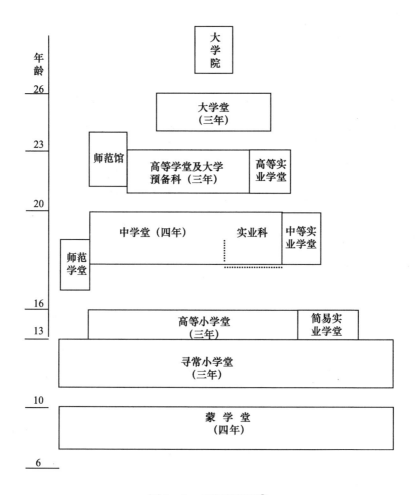

图3—1　壬寅学制图①

总体来看，《钦定学堂章程》具有以下几个特点：第一，学制以纵向的初等、中等、高等学堂为主，辅以横向的实业学堂、师范学堂，将中国整个教育体系连接在一起，整个教育时长为20年；第二，对修身、伦理、经学的教育格外注重；第三，抛弃了以往人才培养的教育观念，关注国民义务教育；第四，实业教育和师范教育的兴起；第五，没有给予

---

① 孙培青：《中国教育史》，华东师范大学出版社2000年版，第420页。

女子教育应有的地位；第六，合并了教学机关与教育行政机关。《钦定学堂章程》是近代中国第一个学制章程，亦是第一次在大学堂之上拟设置"大学院"的章程，但是也是没有正式实施的章程，因为这一章程只是机械照搬日本学制并无任何创新之处。尽管《钦定学堂章程》仍有不完备之处，但是它对当时中国学校教育的规定和对高等教育的探究是值得我们思考和借鉴的，尤其是该章程中对具有现代研究生性质的大学院的设定，标志着研究生教育有了形式上的出现，且得到国家法制意义上的确认，为日后研究生教育的探索指明了前进方向。

三　《奏定学堂章程》与通儒院的构想

《钦定学堂章程》的设计在中国近代教育史上具有划时代的意义，但遗憾的是由于守旧派的阻挠，此部学制并未得到正式施行，在颁布一年之后就被张之洞等人制定的《奏定学堂章程》所取代，因当年为农历癸卯年，所以又称"癸卯学制"。《奏定学堂章程》共有22个部分，分别为《学务纲要》《各学堂考试章程》《各学堂管理通则》《各学堂奖励章程》《任用教员章程》《实业学堂通则》《蒙养院及家庭教育法章程》《初等小学堂章程》《高等小学堂章程》《中学堂章程》《高等学堂章程》《大学堂章程》《进仕馆章程》《译学馆章程》《初级师范学堂章程》《优级师范学堂章程》《实业教员讲习所章程》《实业补习普通学堂章程》《艺徒学堂章程》《初等农工商实业学堂章程》《中等农工商实业学堂章程》《高等农工商实业学堂章程》。光从内容上来看，《奏定学堂章程》的22个部分远比《钦定学堂章程》的6个部分要丰富得多，即使是《钦定学堂章程》原有的6个部分，《奏定学堂章程》对其的阐述和制定也有很大的改进，更加具体和人性化。

《学务纲要》是对全国学堂和教育行政机构进行教育活动的一般指导，主要内容有对各级各类学堂总的教育宗旨进行规定、对各级各类学堂各自的教育宗旨进行规定、对《奏定学堂章程》的效力进行规定，总起纲举目张的作用。在《蒙养院及家庭教育法章程》《初等小学堂章程》《高等小学堂章程》《中学堂章程》《高等学堂章程》《大学堂章程》《进仕馆章程》《译学馆章程》《初级师范学堂章程》《优级师范学堂章程》《实业教员讲习所章程》《实业补习普通学堂章程》《艺徒学堂章程》《初等农工商实业学堂章程》《中等农工商实业学堂章程》《高等农工商实业学堂章程》等部分中，则是对各级各类学堂进行了具体的规划，主要有以下几个方面：

第一，设立各自教育宗旨。这是对《学务纲要》中"设学宗旨"的具体化做法，例如大学堂设学宗旨是："谨遵谕旨，端正趋向，造就通才，以各项学术艺能之人才足供任用为成效。"①

第二，规定学堂设置要求。主要规定了初等、中等、高等学堂和师范学堂所设学堂的处所和数目。

第三，划分学堂种类、科目。把学校依照资金来源划分为官立、公立、私立三种，同时把学校依照所传授科目进行划分，如把大学堂分为八种分科大学，依次为经学科、政法科、文学科、医科、格致科、农科、工科、商科。

第四，限定入学资格和学习年限。如七岁入初等小学堂进学，五年后毕业。高等小学堂毕业生入中学堂进学，同样五年后毕业。

第五，细述学科教育程度。详细规定了各学堂的教授科目、学年程度及每星期授课时刻等。对每个分科大学的每个学门都规定了学年程度、每星期授课时刻等。②

《奏定学堂章程》建立的学制比《钦定学堂章程》更加完备、具体，从纵的方向上看，它分为三段七级：初等教育为第一段，包含有蒙养院、初等小学、高等小学这三级。中等教育为第二段，只有中学堂一级。高等教育为第三段，分为高等学堂及大学预科、分科大学、通儒院三级。从横的方向上看，实业补习普通学堂、初等农工商实业学堂、艺徒学堂与高等小学堂平行存在，初级师范学堂、中等农工商实业学堂与中学堂平行存在，优级师范学堂、实业教员讲习所、高等农工商实业学堂与高等学堂平行存在，具体见图3—2。

与《钦定学堂章程》比较发现，《奏定学堂章程》具有以下几个特点：第一，它把整个教育体系严谨的结合成一体，整个教育时长为25学

---

① 舒新城：《中国近代教育史资料》（中册），人民教育出版社1962年版，第628页。

② 陈绍方：《论清末教育立法》，《暨南学报》（哲学社会科学版）1997年第2期。

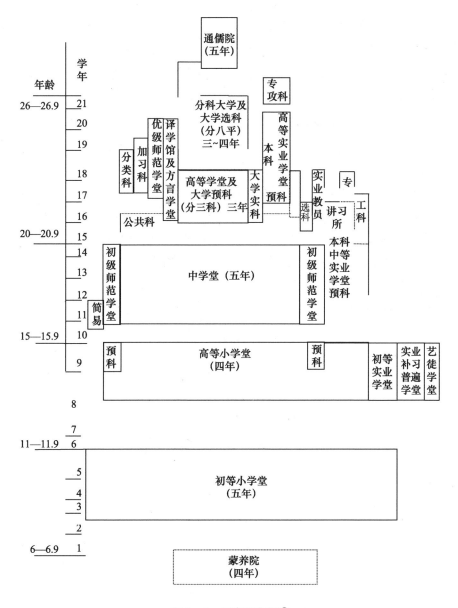

图3—2 癸卯学制图①

年,是近、现代中国最长的学制;第二,它把学制系统与教育行政系统进行了分离;第三,对修身、伦理经学的教育格外注重;第四,关注国

---

① 孙培青:《中国教育史》,华东师范大学出版社2000年版,第456页。

民教育和贫民教育；第五，师范教育自成体系，备受注重；第六，关注实业教育，给予实业教育独立地位；第七，注重补习教育；第八，女子教育仍未获得独立地位；第九，仍受科举制度影响。这部学制基本上结束了清末全国各地兴办形式学堂、各自教育立法为政的混乱局面，虽然在某些方面它还有着缺陷和漏洞，没有完全消除教育上的不平等，但是它在整个教育系统中提出的现代学制和义务教育的观念对后世影响颇深，尤其是《奏定学堂章程》中对"通儒院"的设计，真正地把中国的学位与研究生教育制度从意识带向了形式，可谓功不可没。

《钦定学堂章程》中提出的"大学院"具有我们现代意义上的研究院性质，作为其完善、升级版的《奏定学堂章程》同样提出了具有研究院性质的"通儒院"，虽然性质相同，但是两者在具体的规定上还是截然不同的。《奏定学堂章程》中对"通儒院"的宗旨、招生、管理、教学上都有较为详细的规定。

奏定大学堂章程·通儒院①

1904 年 1 月 13 日颁布

第一节　凡某分科大学之毕业生，欲入通儒院研究学术者，当具呈所欲攻之学艺，经该分科大学教员会议呈由总监督核定。

第二节　非分科大学毕业生，而欲入通儒院研究某科之学术者，当经该分科大学教员会议所决定，复由总监督考验，视其实能合格者，方准令升入通儒院。

第三节　凡通儒院学员，视其研究之学术系属某分科大学之某学科，即归某分科大学监督管理，并由某学科教员指导之。所研究之学术，有与其他分科大学之某学科实有关系必应兼修者，可由本分科大学监督申请，大学总监督令分科大学之某学科教员指导之。

第四节　通儒院学员之研究学期，以五年为限，能以发明新理着有成书；能制造新器足资利用为毕业。

第五节　通儒院学员无须请人保结，并不征收学费。

第六节　通儒院学员为有研究学术，必欲亲至某地方实地考察者，

---

①　舒新城：《中国近代教育史资料》中册，人民教育出版社 1962 年版，第 917 页。

经大学会议所议准,可酌量支给旅费。

第七节　通儒院学员每一年终,当将其研究情形及成绩具呈本分科大学监督,复由本科大学监督交教员会议所审察。

第八节　通儒院学员如有研究成绩不能显著,或品性不端者,经各教员会议,可禀请总监督饬其退学。

第九节　通儒院学员在研究二年后,如有欲兼理其他事务,或迁居学堂所在都会以外之地者,经本学科大学监督察其于研究学术无所妨碍亦可准行。

第十节　通儒院学员至第五年之末,可呈出论着,由本分科大学监督交教员会议所审查,其审查合格者,即作为毕业报明总监督咨呈学务大臣,会同奏明将其论着之书籍图器进呈御览,请旨给以应得之奖励。

从"通儒院"章程中不难看出,"通儒院"的学生以研究为主,"研究学期,以五年为限",所招收的生源主要来自于大学堂毕业考试成绩在中等及以上且愿意深造的学生,由"分科大学教员会议所决定,复由总监督考验,视其实能合格者,方准令升入通儒院",学生在校研究期间"无须请人保结,并不征收学费","有研究学术,必欲亲至某地方实地考察者,经大学会议所议准,可酌量支给旅费"。这样看来,"通儒院"的研究生平时的工作并不固定,也没有具体的课程设置,只是由其所在的分科大学"监督管理","由某学科教员指导之",当然,"如有研究成绩不能显著,或品性不端者,经各教员会议,可禀请总监督饬其退学",所以即使平时学业并不紧张,学生依旧不能松懈,一旦不符合通儒院的标准,将会面临被退学的风险。这些研究者若"能以发明新理着有成书",或者"能制造新器足资利用",便能够毕业,同时审查合格的人将得到毕业奖励。"这实际上是一种学徒式的研究生培养模式,这一模式一直影响到了'中华民国'成立之后的研究生教育。"①

此外,《奏定学堂章程》一个很重要的做法,便是单独建立了师范教

---

① 岳爱武、葛苏放、邱新法:《清末学位制度与研究生教育的内容考证及其评价》,《高教探索》2008 年第 6 期。

育体系，分为初级师范学堂和优级师范学堂。由于师范生不用缴纳学费的规定，吸引了大批贫寒学子，不仅解决了寒门子弟上学困难的问题，更是为各类新式学堂的兴起提供了足够的师资力量，为教育的普及夯实了基础。《奏定学堂章程》在实施过程中，因时势与社会发展的需要，对内容进行了一些增添与修改。最主要的是对女子教育规定的修改，1907年，学部拟定、奏请批准的两个章程《女子小学堂章程》和《女子师范学堂章程》让女子教育获得合法的地位。古代重男轻女的不平等思想一直将女子束缚在家庭中接受教育，而且这种教育只是一些肤浅知识的组合，没有系统、深厚的教育体系来支撑，导致旧社会女子的知识结构粗浅。自这两个章程颁布之后，女子教育从家庭教育中脱离出来，她们可获得的知识范围扩大，可接纳的身外视野拓宽，显而易见具有划时代的意义。

研究现代化理论的学者布莱克说过："在任何社会内，一切比较现代的特点都是由以前的特点变革而来的。特别是对参加现代化行列比较晚的国家来说，这些变革更有可能是在旧的形式继续存在的情况下发生的结果，而不是由旧到新的直接变化的结果。"① 平心而论，《奏定学堂章程》中不少内容是为了挽救清廷而制定的，封建色彩浓厚，它所制定的学校教育系统并不完备，对于高级别的研究生教育只是出于草创阶段，"通儒院"严格意义上讲也并未设立，但是《奏定学堂章程》中所提出的那些具体可行的改革方案，在推动整个中国教育进步和历史进程的过程中，可能有着更为持久的效果，在中国早期的教育史中占有极其重要的一席之地，可以说，《奏定学堂章程》的颁布是清末政府这盏残烛在走向湮灭时绽放的最后一丝亮光。

四 清末西方学位制度变通与研究生制度探索的历史评价

"风雨飘摇"，这个带着凄风苦雨和山河血泪的词语，总是在描述清末历史时被不经意地提及和闪现。自1840年鸦片战争以来，西方侵略者们用他们的坚船利炮将中华儿女从天朝大国的迷梦中惊醒。一时间，中华大地掀起腥风血雨，正如李鸿章所述那般：清政府遭遇了"数千年未

---

① ［美］西里尔·E. 布莱克：《日本和俄国的现代化》，商务印书馆1984年版，第23页。

有之强敌"和"数千年未有之变局"①,"变局"的结果,是一条又一条丧权辱国的不平等条约接踵而至,国人视之为生命的尊严在洋人的嬉笑怒骂中被一次次的践踏。"以《南京条约》为代表的第一批中外条约,标志着中国闭关自守的破产"②,"以前是中国处于命令的地位去决定国际关系的局面发生了根本性转变"③,列强由此启动了用"'条约制度'将中国纳入它们的'统治范围'的进程,确定了对华关系的真正的不平等"④。当时国内的先进知识分子如康有为、梁启超、谭嗣同等资产阶级改良派认为清政府之所以如此不堪一击,究其根源是落后的科举制导致了中国整个教育界的势衰,国内知识分子对于先进科学文化知之甚少,没有自然科学思想作为生产力的后续力,国人的生产技术水平和对新式机械、武器的研发自然远落后于西方。落后必遭挨打,这一条亘古不变的真理使得国人明白,要想自强,必须优先发展教育事业,习得先进知识,方能驱夷自保。此后,清末政府开始了对西方学位制度的移植、变通,探索本土化的研究生教育,确保国内的高等教育不弱于西方。当然,以现在的视角来看,清末对于西方学位制度的变通和研究生教育的探索是一项并不成熟的社会创新。但是作为特定历史时期的产物和应急之策,应当将其放入彼时的历史环境中进行客观公正的评价。

(一)清末对西方学位制度的变通与研究生教育的探索局限性较大

清末中国教育界对于西方学位制度的变通、移植和对研究生教育的初探可谓是开了中国近代教育之先河,第一次让中国的高等教育和西方有了接轨迹象,不至于落于人后。虽然清末对于西方学位与研究生教育制度的探究是一项积极的社会创新,但是由于历史条件等因素造成的局限性也值得我们思考。

1. 指导思想以"中学为体,西学为用"为纲,具有浓厚的封建性

清末高等教育探索中所表现出来的局限性,第一个便体现为对学位

① 李鸿章:《筹议海防折》,转史仲文编《中国近代名人思想录:建业者号》,中国物资出版社1997年版,第105页。

② [英]菲利浦·约瑟夫:《列强对华外交》,胡滨译,商务印书馆1959年版,第3页。

③ [美]马士:《中华帝国对外关系史》(第1卷),张汇文译,商务印书馆1963年版,第696页。

④ 李传斌:《基督教与近代中国的不平等条约》,湖南人民出版社2011年版,第2页。

与研究生教育制度的探索无论从理论还是实践层面，都具有浓厚的封建色彩。首先在教育宗旨和人才培养上，多主张"中学为体，西学为用"，对于"忠君""尊孔"的封建教育思想仍然顽固坚守。张之洞、张百熙与1904年拟定的《重订学堂章程折》中对教育宗旨有明确界定："无论何等学堂，均以忠孝为本，以中国经史之学为基。俾学生心术壹归于纯正，而后以西学渝其智识，练其艺能，务期他日成材，各适实用，以仰副国家造就通才，慎防流弊之意。"① 《学务纲要》第一条也开宗明义规定："一、全国学堂总要，京外大小文武各学堂均应钦遵谕旨，以端正趋向、造就通才为宗旨，正合三代学校选举德行道艺四者并重之意。各省兴办学堂，宜深体此意。从幼童入初等小学堂，为教员者，于讲授功课时务须随时指导。晓之以尊亲之义，纳之于规矩之中。一切邪说诐词，严拒力斥；使学生他日成就，无论为士为农为工为商，均上知爱国，下足立身，始不负朝廷兴学之意。"② 张之洞则进一步称道："臣谓中国教育宗旨，智能必取资欧美，而道德必专宗孔孟。凡经籍所传义理，秦汉唐宋明以来，儒家之论说，必择其精密切要者，以立德育之本，以为修己治人之法。"③ 由于长期的闭关锁国，清末的统治者思想已经僵化，天朝大国的念头早已根深蒂固，因此在对学位与研究生教育制度进行立法时，将"忠君""尊孔"确立为指导教育、教学的宗旨和根本，并在一系列拟定的章程中得以体现。1906年4月，清政府发布一条上谕，把"忠君""尊孔""尚公""尚武""尚实"确立为教育宗旨和清末大学教育的指导思想，这与现代大学的教育精神是背道而驰的。

2. 没有完全脱离科举制的窠臼，尤其注重经学教育

清末新政重行之初，对科举制的态度是改良而非废除，因此新学堂刚兴起之时是与封建科举制相存的——即新学堂"学校之课程有定，必

---

① 璩鑫圭、唐良炎：《中国近代教育史资料汇编》（学制演变），上海教育出版社1991年版，第289页。

② 朱有瓛：《中国近代学制史料》（第二辑上册），华东师范大学出版1987年版，第79—80页。

③ 潘懋元、刘海峰：《中国近代教育史资料汇编》（高等教育），上海教育出版社1993年版，第30页。

累年而后成材,科举之诡蔽相仍,可侥幸而期获售"①,因此"人见其得之易也,群相率为剽窃抄袭之学,而不肯身入学堂,备历艰苦"②。所以即使当时有了新式学堂传授先进的科学知识,但学生们仍以科举考试为正途,对于八股的研习也未曾停止。1902年京师大学堂开学,来入学的学生可谓济济一堂,但到第二年癸卯会试开考之时,请假参加会考的学生不在少数。直至1905年科举制度被废弃,依靠读书做官的念头依旧盘桓在士子们的脑海里,久久不能消解。就教育内容而言,新式学堂的开办并没有摒除经学的教育,甚至经学教育在高等教育中还占有着重要地位,并通过教育立法给予了着重规定。清末的大学堂设立了经学分科大学,对于经学的研究更加系统、深入,而且清末政府针对当时许多大学堂移植西方学位制度,大量引进西学而忽视经学教育的现象,屡次做出警示,申明经学教育之不可弃。1907在张之洞的倡议下,各省和京师为弘扬经学、保存国粹,陆续建立了一些存古学堂,把经学作为主要教育内容,以免被废弃。经学的主要核心思想是宣扬"伦理道德"和"三纲五常",自古以来就被历代帝王奉为国粹,《奏定学堂章程》中有言:"中国之经书,即是中国之宗教。若学堂不读经书,则是尧舜禹汤文武周公孔子之道,所谓三纲五常者尽行废绝,中国必不能立国矣。"③可见清末社会仍没有抛弃过去守旧的思想。中国被迫进入近代化以后,社会各方面都有了翻天覆地的变化,对于先进科学知识和技术急切需要,这就是为什么要引进西方学位制度和确立研究生教育的缘由,但是清政府在进行高等教育改革与探索时,始终不肯改变经学在教育中的主导地位,仍以经学为主,以西学为辅,是对历史潮流的逆从,封建色彩浓厚。

3. 对女子教育仍存有偏见和歧视

从封建教育开创之始,女子教育一直饱受偏见,由于古代女子地位低下,她们所受教育多为家庭教育,与男子所受教育程度相距甚远,导致古代女子大多见识浅薄。自清末中国引进西方学位制度之后,女子教

---

① 朱寿朋、张静庐:《光绪朝东华录》(五),中华书局1958年版,第4998页。

② 同上。

③ 璩鑫圭、唐良炎:《中国近代教育史资料汇编》(学制演变),上海教育出版社1991年版,第498页。

育的歧视依旧存在，甚至通过立法的设定来对女子教育进行限制。《奏定学堂章程》规定："中国男女之辨甚谨，少年女子断不宜令其结队入学，游行街市，且不宜多读西书，误学外国习俗，致开自行择配之渐，长蔑视父母夫婿之风。故女子只可于家庭教之。"① 而所谓的家庭教育只是"或受母教，或受保姆执教，令其能识应用之文字，通解家庭应用之书算物力，及妇职应尽之道，女工应为之事，足以持家教子而已。其无益之词概不必教，其干预外事，妄发关系重大之议论，更不可教。"② 这样的女子教育根本无时代气息可言，完全违背了男女平等的现代教育观点。

从这些局限性中不难看出，清末政府对西方学位与研究生教育制度的探索，其根本目的还是为了巩固封建统治。原有的教育制度已不能适应社会的发展，为了保住这个已经满目疮痍的破败王朝，不得已才盲目试行西方学位与研究生教育制度，但同时他们又害怕青年学生在西方思想的长久熏陶下逐渐接受了西方自由民主的思想，反抗清廷的统治，所以以"中学为体，西学为用"的教育方针来管理学生，并把西学中的"民主""科学"精神完整的分割开来，强行与中学融合，显得不伦不类。而且在颁布的《钦定学堂章程》和《奏定学堂章程》中提出的具有研究生院性质的"大学院"与"通儒院"只是在形式上的确立，基于主客观条件欠缺尤甚，研究生教育并未付诸实践，能够"救亡图存"的社会"良医"自然也就没有培养出来。

（二）清政府运用立法手段，巩固新式教育成果，是积极的创新实践

"社会创新是达到目标的新的途径，特别是那些改变社会变迁方向的新的组织形式、新的控制方法和新的生活方式，它们能比以往的实践更好地解决问题，因此值得模仿和借鉴，应对其制度化。"③ 清末利用立法的手段，对学位与研究生教育制度进行规定，绝对可以说是一项积极的社会创新，具有顺应历史潮流的进步性，它的创新性和进步性主要体现在以下几个方面。

① 朱有瓛：《中国近代学制史料》（第二辑下册），华东师范大学出版1987年版，第573页。

② 同上。

③ 岳爱武、葛苏放、邱新法：《清末学位制度与研究生教育的内容考证及其评价》，《高教探索》2008年第6期。

1. 基本废除了封建科举制，初步建立了近代中国的教育制度

清末科举制严重影响了中国教育近代化的进程，清政府通过立法，建立起新的教育制度，巩固西方学位与研究生教育制度的地位。《钦定学堂章程》和《奏定学堂章程》的颁布给学堂设定了一套完整、系统的制度，从蒙养院到通儒院，环环相扣，形成严密的学校体系。这是一项史无前例的创新，旧的学校制度只有儒学和国子监这两系，不适合发展高等教育，而新的体系不仅有从蒙养院到通儒院的"直系体系"，更是兼有师范教育和实业教育的"旁系体系"，两者相辅相成，紧密结合，构成一套完整的学校体系，利于学位制度的发展，为研究生教育奠定了基础，保障了生源。除了学校制度的改革，教育行政制度也有所不同，"1905 年学部成立后，教育行政制度从学校教育中正式独立出来，在中央和地方逐步建立起了崭新的教育行政体制，从府州县的劝学所，到省的提学使司，再到中央的学部，层层相连，各有专职，统隶分明"①。

2. 引进西方先进科学知识，注重实用之学

旧的封建教育制度最大流弊在于内容的僵化和空洞的说教，缺乏近现代以来经济社会发展所急需的实用人才。所以清政府在教育立法时特别强调实用二字，大力引进西方先进自然科学和社会科学知识，防止学位与研究生教育制度被封建旧思想弱化，《大学堂章程》中有言："大学堂内设分科大学堂，为教授各学科理法，俾将来可施诸实用之所。""通经所以致用，故经学贵乎有用。求经学之有用，贵乎通，不可墨守一家之说，尤不可专务考古，研究经学者务宜将经义推之于实用，此乃群经总义。"② 从中可见，清政府对"中学"的态度是要贵在实用，但是单以经学为主的教育是无法做到实用的，所以在教育立法中对教育内容同样进行了规定，要求在继承"中学"的基础上，大力引进西方先进自然科学、社会科学及体操、图画、手工、外国语等体现近代意义的课程。如《奏定学堂章程》中对教学内容的规定，大学堂设有政治总义、各国政治史、各国近世外交史、各国行政机关学、东西各国法制比较、各国宪法、民法、商法、刑法、诉讼法、全国人民财用学、国家财政学、各国理财

---

① 陈绍方：《论清末教育立法》，《暨南学报》（哲学社会科学）1997 年第 2 期。

② 舒新城：《中国近代教育史资料》（中册），人民教育出版社 1962 年版，第 628 页。

史、全国土地民物统计学、教育学、西国科学史、世界史、政治地理、商业地理、海陆交通学、人种及人类学、气象学、博物学、海洋学、生理学、病理总论、胎生学、卫生学、微分积分、函数论、理论物理、天体物理学、数理结晶学、电磁光学论、球函数、有机化学、无机化学、分析化学、植物学、寄生动物学、古生物学、岩石学、晶象学、肥料学、土壤学、农艺物理学、森林算学、地震学、地质学、银行论、货币论、关税论等课程，都是旧教育中没有或不常见的科目。这些知识的引用，大大促进了中国近代学位制度的发展进程，促进了教育内容的更新。

3. 国民教育和义务教育的普及

在新学制制定之前，清朝及以往各朝都是遵循着尖端人才培养的观念，只有少数人能够得到高等教育的机会，普通民众的教育被完全忽视。而学位与研究生教育制度的发展自然需要源源不断的生源为其作为保障，只培养尖端人才的理念显然不符合实情，那么清末进行教育立法时便开始关注国民的整体教育和普及义务教育。法律要求在各地普设中、小学，并分为官立、公立和私立三等，同时兴建艺徒学堂、半日学堂和简易识字学塾，免费对贫寒学子开放，普及义务教育，让人人都可以有学可上。有了这层保障，那么学位与研究生教育制度在实施过程中就不会面临找不到人和人数稀少的尴尬，其进步意义不言而喻。

清末新政时期对西方学位制度的变通和对研究生教育意向的确立既是清廷无奈的选择，也是近代中国教育演进的必然结果，抛开其根本目的不谈，新式高等教育制度培养了中国人合理的世界观，结束了以往孤立外界而存在的教育方式，转变了对人才培养的教育观念，标志着中国的教育制度从此走上了与世界接轨的道路。诚如陈学恂、田正平所言："癸卯学制的颁行，正式结束了近代以来新式学堂各自为政、不成体系的无序状态，标志着近代意义上的学校教育制度正式诞生，在中国近代教育发展史上具有重大意义。"[1] 同时，我们还要清楚地认识到，清末的研

---

[1] 陈学恂、田正平主编：《中国教育史研究》（近代分卷），华东师范大学出版社 2009 年版，第 231—232 页。

究生教育仍只是形式上的确立，并没有真正走进中国人的生活中，不过清末对高等教育的探究让我们从理论上意识到了可行性，为日后学位与研究生教育制度的发展方向指明了道路。

第 四 章

多重效仿：北洋政府时期学位
与研究生教育制度的创建

　　1911 年的辛亥革命，犹如暗夜中的一道闪电，不仅撕裂了晚清的挣扎，而且还结束了长达两千余年的君主专制政体。1912 年 1 月 1 日，中华民国政府在南京宣告成立。此后，"南北和议"成功，末代皇帝溥仪退位，袁世凯掌权、称帝，护国运动、护法运动接踵而至，军阀割据、南北对峙、政局纷乱。但是，在此期间兴起的新文化运动，却使教育理论繁荣并矢志于自主追求，研究生教育则由定制转为试点，而对于学位制度的设计，也彻底摆脱了科举的影响。

第一节　北洋政府时期学位与研究生
教育制度创建的背景

一　变乱多端的社会背景

（一）激荡社会的政治诉求

　　"社会变革的需要，现实的召唤，是推动教育改革的根本动力。"[①]
1911 年，伟大的革命先驱孙中山先生发动和领导了一场轰轰烈烈的革命运动——辛亥革命，不仅推翻了统治中国 260 多年的清王朝，结束了延续中国两千多年的封建专制帝制，建立了第一个现代性质的民主共和政体，缔造了亚洲第一个民主共和的中华民国，使中国社会发生了前所未有的

[①]　陈学恂、田正平：《中国教育史研究》（近代分卷），华东师范大学出版社 2009 年版，第 233 页。

变化,中国的历史由此翻开了崭新的一页。"封建专制政体的瓦解,使得由它所支撑的价值观念、社会心理、道德规范以及与此相适应的传统封建教育的各个层面统统失去了依托,处于前所未有的备受冲击和挞伐的境地。"① 由孙中山先生主导撰写的《临时大总统宣言书》和《告全国同胞书》随即发出。《临时大总统宣言书》指出:"临时政府,革命时代之政府也。"它的任务是:"尽扫专制之流毒,确定共和,以达革命之宗旨。"② 此后,中华民国临时政府成立,确立了中国历史上第一个资产阶级民主共和政体——"中华民国"。既而一系列改革措施,政策法令陆续颁布,使得民主共和的理念愈益深入人心。新的政体、新的社会形态、新的经济发展态势呼唤着新的教育。随后一系列教育法令的相继颁布,这些都为民国初期的教育改革创造了良好的社会氛围,为学位与研究生教育制度的创建提供了积极的政治条件。

但好景不长,以袁世凯为代表的北洋军阀窃取了辛亥革命的胜利果实,各派军阀争权夺利,护国运动、护法运动接踵而至,军阀割据,南北对峙,政局动荡。加之北洋政府财政困难,控制能力较弱,无力顾及教育的发展,虽颁布了一系列教育行政法令,但很多时候成了一纸空文。学位与研究生教育制度未能成型。"从 1912 年到 1928 年北洋政府在 16 年间更换了 47 届政府;1912 年至 1926 年这 14 年间教育总长更动 50 次,更换了 38 个教育次长。"③"人存政举,人去政息"乃至"朝令夕改"被演绎得淋漓尽致。政局之动乱,政府之无效,可以略见一斑。学位与研究生教育制度举步维艰,在这种局面下,各省各校多自行探索教育发展之道,在实践和创新方面做出了很大的贡献,给各种模式的学位教育提供了空间。很多大学的教育改革,研究生教育的试行都是在这一时期发生的。

(二) 快速发展的经济使然

辛亥革命后,尽管战乱频仍、兵祸酷烈,中国的民族产业资本仍得到了持续的发展。"从 1840 年到 1911 年的 72 年中,历年所设创办资本额在 1 万元以上的工矿企业总共 953 家,创办资本额总计 203805 千元。而

---

① 田正平、商丽浩:《中国高等教育百年史论》,人民教育出版社 2006 年版,第 92 页。

② 《临时政府公报》第 1 号。

③ 田正平、商丽浩:《中国高等教育百年史论》,人民教育出版社 2006 年版,第 117 页。

从 1912 年到 1927 年的 16 年间，历年所设创办资本额在 1 万元以上的工矿企业总数达 1984 家，创办资本总额约为 458955 千元。无论创办企业总数抑或创办资本总额，后 16 年均超过了前 72 年的一倍以上。"① 1914 年肇始的第一次世界大战，众多西方资本主义大国忙于战事，无暇东顾，又为中国产业资本的发展注入了新的活力，正如时人所指出的那样："这些年的难得机会，使上海的工业迅速发展，中国的资本家开始认识到在中国按西方的路子办工业的可能性。"② 仅 1914 年至 1918 年 5 年中，新设企业就有 539 家，创设资本达 119340 千元。这种发展势头一直持续到 20 世纪 20 年代中后期。中国民族产业资本的迅速发展，对教育无疑产生了深刻的影响，辛亥革命后初步建立起来的新教育体系，在经历了袁世凯复辟帝制的摧残之后，正承受着经济结构变动和新生产力发展的巨大冲击，各种矛盾突出、尖锐以至深化了。

首先是需才孔亟和无才可用这一矛盾凸显。民族资本主义的发展，大批近代工矿企业的出现，不仅在数量上，而且在质量上对职工的文化程度、专业知识、职业训练等都提出了一定的标准和要求。与此形成鲜明对比的是，辛亥革命后普通教育的大发展造就了一批又一批并不具备一技之长的中小学毕业生。正所谓"在失业者方嗟叹活计之难寻，在事业界方忧虑需要人才无多"③。急需人才和无才可用的矛盾，毕业即失业的威胁，非常突出地显现了出来。民族资产阶级迫切地感受到人才缺乏对实业经济发展的严重制约。

其次是学校教育与社会需求矛盾的尖锐。人才问题的迫切感，反映了学校教育与社会需求的脱节。"社会所需要的是做事的人才，学堂所造成的是不会做事又不肯做事的人才。"④ 民族资本主义快速发展的现实，使知识界、教育界从一种新的角度提出和考虑现实的问题。即"新事业需灵活之子弟，吾国之教育则重循规蹈矩。新事业需思力，吾国教育则重记忆。新事业需适应力，吾国教育则重胶固之格式。新事业需技能，

---

① 杜恂诚：《民族资本主义与旧中国政府》，上海社会科学出版社 1991 年版，第 106 页。

② 徐雪筠等：《上海近代社会经济发展概况》，上海社科院出版社 1985 年版，第 207 页。

③ 陈学恂、田正平：《中国教育史研究》（近代分卷），华东师范大学出版社 2009 年版，第 197 页。

④ 欧阳哲生：《胡适文集》（第 2 卷），北京大学出版社 1998 年版，第 474 页。

吾国教育则重纸上谈兵"①。这种"新事业"要求学校为社会培养大批各级各类专门人才,要求教育授予个人谋生做事的一技之长。显然,学校里仅仅添读几本"理化国文""农业国文""商业国文"等课程,绝对是无济于事的。

(三)西方教育理论的实际影响

在中国教育近代化的历史进程中,西方教育的影响,始终是一个极其重要的因素。教育近代化跨出的每一个步伐,都伴随着西方教育不同层面实际影响的扩大和加深。如果说,在中国教育近代化的启动阶段,传统教育的改革主要以增设新的课程、引进新的教学内容为标志,更多地受西方教育物质层面的影响,而19世纪末20世纪初传统教育的改革集中地体现在近代学制的建立,更多地受西方教育制度层面的影响的话,那么在新文化运动中兴起并得到蓬勃发展的教育改革运动,则主要受西方教育理论、教育思想影响的推动。人们在探讨导致中西教育差别的本质内涵、寻求中国教育根本出路的过程中,把形形色色的西方教育理论、学说、思潮统统拿了过来。正如时人慨叹的那样:"今之所谓新教育者亦多端矣。曰练习主义之教育、曰实验主义之教育、曰实用主义之教育、曰勤劳主义之教育、曰人格主义之教育、曰新理想主义之教育、曰自学辅导主义之教育、曰杜威主义之教育、曰蒙台梭利主义之教育、曰爱伦凯之教育。纷纷呈说,各有优异。如临百戏斗巧之场,如入万花争妍之圃。"② 这种多姿多彩、众说纷呈的思想氛围,不仅为人们提供了批判旧教育、发展新教育的新的理论武器,而且,从根本上锻炼和提高了中国教育界的理论素养。

基于以上分析可以看出,这一时期民族资本主义的大力发展,经济建设取得的一定成果,加之西方教育理论的多重影响,为这一时期学位与研究生教育制度的实践与探索提供了良好的理论和现实基础。

二 渐次发展的高等教育

民国建立后中国高等教育开始了新的发展阶段,《壬子·癸丑学制》

---

① 陈学恂、田正平:《中国教育史研究》(近代分卷),华东师范大学出版社2009年版,第198页。

② 姜琦:《何为新教育》,《新教育》第1卷第4期。

和《壬戌学制》的相继颁布推动了中国高等教育的发展。

表4—1　　　　　　　北洋政府时期高等教育发展概况①

学校数＼年份	1912	1913	1914	1915	1916	1917	1918	1919
公立大学	2	3	3	3	3	3	3	3
私立大学	2	2	4	7	7	7	6	7
合计	4	5	7	10	10	10	9	10

学校数＼年份	1920	1921	1922	1923	1924	1925	1926	1927
公立大学	3	5	10	19	30	34	37	34
私立大学	7	8	9	10	11	13	14	18
合计	10	13	19	29	41	47	51	52

关于民国前期的高校统计情况教育部调查数据只到1916年，除中华教育改进社零星统计了一部分外，其余已无案可查。1922年至1923年专门学校及大学在校学生数为34880人，师范学校38277人，师范讲习所为5569人；1925年至1926年大学及专门学校在校学生数为43161人，师范学校32335人，师范讲习所及专修科5567人。②

根据以上材料，可以看出民国前期高等教育的发展大体上以1922年《壬戌学制》的颁布为界分，前后分为两个阶段。1912—1922年为第一阶段，当时因军阀混战、政局动乱等，教育经费奇绌，大学教育处于停滞不前的状态，一度几乎面临绝境。如民国初年，袁世凯窃取大总统后，京师大学堂接连数月领不到经费，学校只好靠借债维持。如表4—1所示，1913—1920年全国公立大学一直仅有3所，1915—1920年全国私立大学也只有7所。高等教育不管是在学校数目上还是在学生数量上都比不上后一阶段。1922年后，在五四新文化运动的影响下，在新学制的刺激下，高等教育蓬勃发展，繁荣一时。到1927年，全国有公立大学34

---

①　中华民国教育部：《第一次中国教育年鉴》（丙编：第一教育概况），第22—23页。
②　中国第二历史档案馆：《中华民国史档案资料汇编》（第三辑教育），江苏古籍出版社1991年版，第927、933页。

所，经政府批准的私立大学 18 所。这一时期高等教育的发展虽几经波折，但是已有了很大的进步。从高等教育机构的创立、高等教育体制的发展到高校学校数目、硬件设施、师资力量、课程建设、学科设置、学生数量等方面都已具相当规模，这为学位制度的建立及实施提供了良好的基础，使学位制度能够从构想变成现实。

三　逐级递延的认知观念

人们对学位的认识从 1854 年第一个留学生容闳获耶鲁大学文学学士学位到 1912 年已有半个多世纪了，清末教会大学创建的学位制度，为中国教育界提供了实实在在的案例和实证，它一方面在认知层面上，直接使中国教育界人士目睹和亲历了西方高等教育的学位制度授予及其具体操作，另一方面在视野层面上，进一步拓宽了时人的教育视野，加深了对西方学位制度的了解，同时，也在实践层面上为日后学位制度在中国的探讨和施行起到了难以估量的示范效应。1905 年废科举后，参阅西方学位制度而变通的"奖励出身制"，则是对学位制度的进一步融通和接纳。不过，这种做法只能起到应时之景，裹挟着时间的流逝，愈益散发出难以适应时代需求的不相容性，势必强烈呼唤现代意义上的学位制度的喷薄而出。

1912 年中华民国既立，推翻了在中国统治良久的封建君主专制统治，国家遂走向民主共和，这开辟了教育近代化的历史新纪元。"封建专制政体的崩溃，使得由它所支撑的价值观念、社会心理、道德规范以及与此相适应的传统封建教育的各个层面失去了依托，处于前所未有的备受冲击和挞伐的境地。"[①] 涉及学位方面，正如蔡元培所说："前清时代承科举余习，奖励出身，为驱诱学生之计，而其目的，在使受教育者皆赋予服从心保守心，易受政府驾驭。现此种主义，已不合用，须立于国民之地位，而体验其在世界在社会有何等责任，应受何种教育。"[②] 这实际上蕴含了改革现行教育体制的初步意向。这一切推动了民初教育万象更新，

---

① 田正平、商丽浩:《中国高等教育百年史论》，人民教育出版社 2006 年版，第 92 页。
② 朱有瓛:《中国近代学制史料》（第三辑上册），华东师范大学出版社 1990 年版，第 7 页。

与政体相适应的资产阶级教育体制确立，学位制度的建设也由此开始。

民国初年人们对于学位的认识相较前人已有了很大的变化。我们可以看一下当时的一篇文章《论大学学位及学凭之颁给1912年》一文对学位的论述：

临时教育会议于大学卒业生之学位仅略及之，现闻教育部将以原议案与在京教育家商榷办法，此案诚不可缓。盖中国大学虽无卒业生，不觉此案之紧要，然自外国大学毕业而归者，有人大率各取其所爱戴之名，遂有具同一之学业而用绝不相类之名者，其害首在混目，使见之者不知其学之究竟。举其一二端言之，则近来之自号大律师者是也，自号技师者是也。夫律师则律师矣，何从而大之？按律师者，于英文为 Lawyer，于法文为 avocat，而愿为 avocat 者，必有律学士之学位，而设誓于大审院。技师，本日本名，日本所定汉名多不可依。按其所谓技师者，即英文之 Engineer、法文之 Lngenieur，英文此字由其 Engine（机器）字来，然决不可谓 Engineer 曰机器师，因其义太狭也。法文此字之根为 S'ingenier，由拉丁字 Ingenium 来，其义为精神、为智巧，岂一技字可以括之？即就其所具而言，则 Engineer 固有专门之学问，而学与技二字不可作一解也（中国旧译为工程师，亦不合）。今宜按西文名，定为汉名。除小学、高等小学、中学无学位外，其实业学校，按教育会议决案实业学校令第三条，甲种高等小学毕业者得入之，乙种小学毕业者得入之，故此种学校首在技能，次为学识，在使由此种学校毕业者得一生活之具，亦不得有学位。由师范及高等师范学校者，得任为小学及中学教员，亦无学位。所应得学位者，惟专门学校及大学毕业生耳。然大学可并专门而概之，故一言以蔽之，惟大学毕业生应得学位，而学位颁给之法，在视其曾否完习所定课目。凡完习而应试及格者，均得其应得之学位，而考次前后无关也。大学除农、工二科外，凡按章毕业者，应分为学士及博士。农、工二科之毕业生曰硕士。除私立校外，学凭均由校长及各授课教员核定，遇有不画押之教员，则其凭不能有效。核定后由所在之区域之行政长官加押证实，呈教育部总长加印颁发之。按教育会议决案大学令第八条，各科学生毕业者均得学士学位，则较之各国学章，实差一级，而我大学之毕业生，遂不能与各国大学之毕业生有相当之名。其弊何在？曰大学毕业生须出而问世，为重要之事，苟无与人相当之名，则不能无行事上之妨碍。故定学位，当与各国所已定者协合，此余所以欲按西文定汉名也。至于大学研究生，则固不必尽大学学生而为之且各科有须实地研究者，万不能圄之于一院。否则必此院尽备商场、医院、农田、矿山、电厂不可，故研究生当特别定制，其学位亦宜慎重之，此学位即进士是也。证学位者为学凭，大学学凭之式，可假定之如下：（1）凡不在北京之大学照改；（2）应按分数分及格、逾格、大逾格、极格等。①

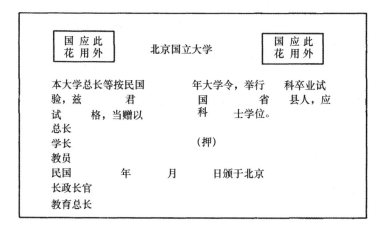

图4—1　学位与他国文之相当名称

汉文	英文	法文	德文
学士	Licentiate,Bachlor	Licencie,Bachelier	Licentiat,Baccalaureus
博士	Doctor	Docteur	Docteur
硕士	Enginneer	Ingenieur	Ingcnieur
进士	—	—	—

① 潘懋元、刘海峰：《中国近代教育史资料汇编》（高等教育），上海教育出版社1993年版，第831—833页。

由上可见，时人对学位制度的认识，已经开始从感性认识向理性认识跃升，开始由过去的形态嫁接向真实的学位引进变革，而不仅仅是比照西方学位制度进行形态上的变通——"给出身制"。这其实暗含着时人不仅从思想上接纳了来自西方的学位制度，而且在教育实践中予以真正付诸实践，这是一个了不起的进步。这为学位制度的建立奠定了坚实的认知基础。

综上所述，历经半个多世纪的风风雨雨，人们对西方学位与研究生教育制度，由完全处于懵懂状态到逐渐认知，再到被动接受，由物质层面到制度层面设计。民国建立，中国社会的发展为学位制度的建立创造了必备的条件：经济的迅速发展、政治的多方改革、高等教育全面推进、认知条件逐渐成熟等。学位制度与研究生教育的建立和实施已是大势所趋、人心所向。

第二节　北洋政府时期学位与研究生教育制度的构想与创建

一　1912—1919 年学位制度的法令构架

（一）《壬子·癸丑学制》的出台及相关法规的设计

1912 年民国成立后，临时政府对教育极为关注，孙中山明确指出："学者，国之本也。若不从速修旧起废，鼓舞而振兴之，何以育人而培国脉。"① 民国成立的第三天，即任命深孚众望的蔡元培担任第一任教育总长，以除旧布新之勇气，统筹负责高等教育改革的方方面面。在百废待举、万业待兴的时局紊乱时期，教育部面临的最急迫任务即是拟定新的学制系统，"经纬万端，必先以规定学校系统为入手之方法"②，早在教育部颁发《普通教育暂行办法》的通电中就曾指出"民国既立，清政府之学制，最必须改革者"③，"至于完全新学制，当征集各地方教育家意见，折衷厘定，正式宣布"④。蔡元培及其同僚们在革故鼎新的重大历史转折

---

① 《孙中山全集》（第 2 卷），中华书局 1982 年版，第 253 页。
② 《教育杂志》，1912 年第 12 期。
③ 高平叔：《蔡元培全集》（第 7 卷），中华书局 1989 年版，第 130 页。
④ 同上。

时期,为顺应社会发展潮流,给"教育立一个统一的智慧的百年大计",他们破旧立新、博采众长、融贯中西,在教育领域进行了一系列大刀阔斧式的开山工作。1913 年(农历癸丑年)颁行的《壬子·癸丑学制》就是其心血的见证,是民初教育改革的一个集中体现和重要成果,为新时期教育发展开辟了道路,为民国以后的教育改革奠定了基础,为学位制度的建立和发展奠定了法律依据。

从 1912 年蔡元培力主教育部到 1913 年《壬子·癸丑学制》的颁布,任教育总长或兼署、代理教育总长的有范源镰、刘冠雄、陈振先和董鸿社。蔡元培(1868—1940),浙江绍兴人,字鹤卿,号孑民。1892 年中进士,被授为翰林院庶吉士,1908 年自费留学德国,在莱比锡大学学习深造。此次是在结束了四年留德生活归国后受命担任教育总长的。"担任其副手的是景耀月(1882—1944),山西芮城人。1904 年奔赴日本留学,在东京加入同盟会,1912 年初被任命为教育次长,3 月 22 日辞职。接替景耀月任次长的是范源濂(1874—1927),湖南湘阴人。1898 年自费赴日留学,毕业于东京法政大学,回国后任学部主事、参事官。1912 年 7 月蔡元培辞职后,被任命为第二任教育总长。担任其副手的是董鸿祎,浙江仁和人。1901 年赴日留学,毕业于早稻田大学政治经济科。1906 年参加学部游学毕业生考试,录取中等,授政治科举人。继范源濂兼署教育总长一职的是刘冠雄,福建闽侯人。1885 年远赴英伦学习海军知识,1912 年被任命为海军总长,1913 年 1 月兼署教育部。第四任教育总长由陈振先兼署。陈振先(1877—?),广东新会人,早年留学美国,攻读农学。民初任农林总长,1913 年 3 月,继刘冠雄后,兼署教育总长。第五任教育总长是由次长升任的董鸿祎。"① 这五位总长中,有欧美留学经历者三人:蔡元培、刘冠雄、陈振先。刘冠雄的专业是海军,陈振先攻读的是农业,且二人担任总长均属兼署,时间短暂,权力有限,故很难找到与之有关的教育大政方针方面的施政良策。因此,可以假定,刘、陈二人对民初教育改革在理论层面的影响极小。有留日经历者二人:范源濂、董鸿祎。董鸿祎主要负责教育部内部的协调组织工作和具体事务,对教

---

① 陈学恂、田正平:《中国教育史研究》(近代分卷),华东师范大学出版社 2009 年版,第 176 页。

育改革在理论层面上也没有什么具体影响。对民初学制有影响的是蔡元培和范源濂。四年的留德生活，使蔡元培对西方近代文化教育有了深刻理解，而且近代意义上的学位制度最初就产生于19世纪德国的"新大学运动"，这些在有形无形之中影响着他的言行和思考问题的方式。范源濂留日近十年，又曾在学部任职，有着丰富的实践经验和理论素养，有自己的教育理想和主张。实际上民初教育部70多位部员，据蔡元培讲："一半是我所提出的，大约留学欧美或日本的多一点；一半是范君静生所提出的，教育行政上有经验的多一点。"① 这样，民初的教育部事实上成为东西洋归国留学生的大本营，在蔡元培"能者在职"思想指导下，聚集了一大批思想新、有学识、积极肯干、朝气蓬勃的热心教育人士形成了民主、高效、廉洁、认真的办事作风。在民初的教育宗旨、教育方针、学制体系中既有蔡元培的思想体现，也有范源濂的理想融入。正是在以蔡元培、范源濂为首的一大批教育精英的努力下，适应民初政体转换和社会变迁需要的具有资本主义性质的《壬子·癸丑学制》出台了。

　　1912年7月10日，由蔡元培主持的全国临时教育会议在北京召开，其主要任务就是对学校系统及相关条令进行讨论。"至于完全新学制，当征集各地方教育家意见，折衷厘定，正式宣布。"② 为了广泛征求全国教育界之意见，会议历时一个月，经反复磋商，最终于同年9月3日公布了民国第一个《学校系统令》，因该年为壬子年，故称《壬子学制》。随后，教育部又陆续颁布了小学、中学、专门学校、实业学校、师范学校及大学的有关法令规程。1913年（农历癸丑年），将《壬子学制》与这些法令规程的内容相互补充，综合起来形成了《壬子·癸丑学制》。该制亦为"三段三类"的学制系统，主干学程则为"7·4·7"，修业年限较《癸卯学制》缩短了2—3年。"作为民国后颁布的第一部统领全国的学制，《壬子·癸丑学制》的基本框架一直延续到1922年。"③

　　该学制关于学位制度方面的设置实际上基本确立了高等教育的第一

---

① 高平叔：《蔡元培全集》（第7卷），中华书局1989年版，第306页。
② 高平叔：《蔡元培全集》（第2卷），中华书局1989年版，第130页。
③ 陈学恂、田正平：《中国教育史研究》（近代分卷），华东师范大学出版社2009年版，第175页。

级学位——学士学位制度；设计了研究生教育设施——大学院，并拟定了与该教育层次相适应的高一级学位制度的构想。

该学制的高等教育包括大学、专门学校、高等师范学校。1912 年 10 月 22 日教育部公布的《专门学校令》规定："专门学校得设预科及研究科"，"专门学校之修业年限、学科、科目，别以规程定之"①。关于专门学校各科之修业年限，根据教育部公布各科专门学校规程可知：法政、农业、工业、商业、药学、外国语等科："本科之修业年限为三年""得设置预科，修业年限为一年""得为本科毕业生设研究科，其年限为一年以上"；医学、商船："本科之修业年限为四年"、预科与研究科同上；其他专门学校略。② 根据 1913 年 2 月的《高等师范学校规程》规定："高等师范学校分预科、本科、研究科""研究科公费生由校长在本科及专修科毕业生中选取之。在本国或外国专门学校毕业及从事教育有相当之学识经验者，经校长认可得以自费入学""高等师范学校之修业年限：预科一年，本科三年，研究科一年或二年，专修科二年或三年，选科二年以上、三年以下"③。专门学校和高等师范学校都设有本科和研究科，而且基本上达到了获取学位的学历水平，特别是研究科从规定上看具有研究生教育的性质，但学生正常毕业后只授予毕业证书，没有关于学位证书方面的规定。这不能不说是学位制度初创期，考虑不周的遗憾，同时也反映了制定者的眼界学识和时代偏见。

1912 年 10 月 24 日《大学令》公布，明确规定了大学的宗旨、规模、学生入学资格、修业年限、学位授予等情况。这是中国有史以来第一个明令授予学位的法令，其意义不言而喻。该令规定"大学以教授高深学术，养成硕学闳材，应国家需要为宗旨"，"大学分为文科、理科、法科、商科、医科、农科、工科"七科，"大学以文理二科为主，须合于（1）文理二科并设者；（2）文科兼法商二科者；（3）理科兼医农工三科或二科、一科者各款之一，方得名为大学"；大学设预科，大学各科学生入学资

———————————

① 潘懋元、刘海峰：《中国近代教育史资料汇编》（高等教育），上海教育出版社 1993 年版，第 461 页。

② 朱有瓛：《中国近代学制史料》（第三辑上册），华东师范大学出版社 1990 年版，第 611，第 658—672 页。

③ 舒新城：《中国近代教育史资料》（中册），人民教育出版社 1985 年版，第 718—719 页。

格，"须在预科毕业，或经验有同等学力者"；大学各科的修业年限没有固定划一，"法科及医科之医学门为四年，预科一年"，其余各科为三年；关于学位的授予是这样规定的："大学各科学生修业期满，试验及格，授以毕业证书，得称学士"，没有很详细的细则说明，所以，后来不同的学校在实践中对于学位的授予有一定的差异。① 对于私立大学虽有限制，但也承认其可以按规定授予学士学位。关于外国学生入中国大学亦有规定："外国学生之领有毕业证书者，得与本国本科生一律称学士"，② 这是1916 年教育部公布的《大学分科外国学生入学规程令》中的第三条。关于学士学位的设置，在整个北洋政府时期虽有一些变化，但是最终没有超出《壬子·癸丑学制》规定的范畴。

《壬子学制》与清末《癸卯学制》相比，重大的变化是删除了学前教育设施蒙养院和研究生教育设施通儒院。关于删除通儒院的原因，从教育部提交的《学校系统草案》中作了说明："日本制大学校以上有大学院（研究生教育的实施机关），清制有所谓通儒院（研究生教育的专门设施），欧洲各国学制多无之。盖大学校中本有各种专科之讲习所，为教员及生徒研究之所。大学生毕业以后尚欲极深研几（究）者，仍可肄业其中。如有新发明之学理或重要之著述，即可由博士会承认而推为博士。初不必别设机关也，今仿其例。"③ 显然，这是竭力摆脱模仿日本学制的设想。正如蔡元培在临时教育会议上所说的："至现在我等教育规程，取法日本者甚多，此并非我等苟且。我等知日本学制，本取法欧洲各国，惟欧洲各国学制，多从历史上渐演而成，不甚求其整齐划一，而又含有西洋人之习惯；日本则变法时所创设，取西洋各国之制而折衷之，取法于彼，尤为相宜。然日本国体与我不同，不可不兼采欧美相宜之法；即使日本及欧美各国尚未实行而教育家正在鼓吹者，我等亦可采而行之。我等须从原理上观察，可以则行，不必有先我而为之者。"④ 蔡元培这样想的也是这样做的。当时蔡元培主张仿德国大学学制，"即在大学中分设

---

① 中国第二历史档案馆：《中华民国史档案资料汇编》（第三辑教育），江苏古籍出版社1991 年版，第108—110 页。

② 同上书，第164 页。

③ 朱有瓛：《中国近代学制史料》（第三辑上册），华东师范大学出版社1990 年版，第24 页。

④ 同上书，第8—9 页。

各种研究所，并规定大学高年级学生必须入所研究，俟所研究的问题解决后，才能毕业。"① 这正是蔡元培教育理念的体现，直接追溯现代学位制度的源流"取法于上"——也就是说中国的学术研究制度开始了学习欧洲（主要是德国）的意向，并力求与当时国情相适应，而不是盲目模仿。一代教育大家高屋建瓴的气度展现无遗。但是在 1913 年颁布的《壬子·癸丑学制》中还是仿日本学制多一点，又恢复了以前的设计。日本学制的深刻影响不是一时就能转变过来的，而且在该学制的制定过程中，从主持者、参与者到执行者，其主力和骨干多为留日学生，他们的思维定势、学识和阅历，都直接或间接地影响到他们所从事的工作。蔡元培已于 1912 年 7 月 14 日辞职，接任者是次长范源镰，熟悉日本学制。1912 年 10 月公布的《大学令》明确规定"大学为研究学术之蕴奥，设大学院"，"大学院生入院之资格，为各科毕业生，或经试验有同等学力者，大学院不设年限"。此外，也有建立与该教育层次相适应的学位制度的法令规定："大学生在院研究有新发明之学理或重要之著述，经大学评议会及该生所属某科之教授会认为合格者，得遵照学位令授以学位。"②

　　研究生教育及相关学位规定，1913 年 1 月教育部公布的《大学规程》将"大学院"专列一章为"第四章"。其内容有：

　　　　（1）"大学院为大学教授与学生极深研几（究）之所"。大学院之区分为哲学院、史学院、植物学院等，"各以其所研究之专门学名之"。

　　　　（2）"大学院以本门主任教授为院长，由院长延其他教授或聘绩学之士为导师"。

　　　　（3）"大学院不设讲座，由导师分任，各类于每学期之始提出条目，令学生分条研究，定期讲演讨论"，"大学院之讲演讨论，应记录保存之"。

　　　　（4）"大学院生经院长许可，得在大学内出席担任讲授或实验"。

① 马征：《教育之梦——蔡元培传》，四川人民出版社 1995 年版，第 128 页。
② 中国第二历史档案馆：《中华民国史档案资料汇编》（第三辑教育），江苏古籍出版社 1991 年版，第 109 页。

（5）"大学院生自认研究完毕欲授学位者，得就其研究事项提出论文，请求院长及导师审定，由教授会议决遵照学位令授以学位"，"大学院生如有新发明之学理或重要之著述，得由大学评议会议决，遵照学位令授以学位"。

但是遗憾的是一直到北洋政权覆亡，望眼欲穿的《学位令》也没有出台。不过，一些有关研究生教育的设想却一直沿用到今天，如导师负责制，研究生担任助教，获取学位必须有学位论文或特殊贡献并经过一定机构的审评，等等，这足以证明该制度的前瞻性和设计者的高瞻远瞩。该制中有关学位制度的法令虽然不很详细，但是学位名称、学位授予资格、学位被授予者与授予者直至审查机构等方面都做了明文规定，并且为与高级学位相适应的教育层次——研究生教育做了详细的法令设计。这是有史以来中国官方最早的有关学位制度方面的法令规定。

（二）袁世凯时期硕士、博士学位的构想及高等教育的起伏

任何新事物的发展都会遭到旧势力的抵抗，特别是在传统观念根深蒂固的中国，这一斗争显得尤为激烈，学位制度的发展亦是如此。袁世凯主政北洋政府时期，政治上紧锣密鼓复辟称帝，教育上推行尊孔复古。袁世凯先后下令"尊崇伦常"《尊崇孔圣令》《祭孔令》等，并规定大、中、小学祭孔读经，而教育部对此积极响应。这一时期先后主持教育部部务的有汪大燮、汤化龙、张一麟、张国淦、孙洪伊等。其中，张国淦、孙洪伊在任不足两个月，而以汤汪二人主持工作时间为最长。汪大燮（1859—1929），浙江钱塘（今余杭）人，字伯唐、伯棠。光绪举人，曾任清政府驻英、日等国公使。在任期间"最大的贡献"就是把孔子又请回了学校，尊孔祭孔颇为积极。汤化龙（1874—1918），湖北蕲水（今浠水）人，字济武，光绪进士。1906年留学日本，专攻法律。1913年当选为众议院议长，1914年5月出任教育部总长。上任伊始，写下了那篇著名的《上大总统言教育书》，主张中小学采取经训，大学院添设经学院，并获得袁世凯的赞誉与批准。民初蔡元培主持部务时教育部那种朝气蓬勃、积极向上的氛围不见了，取而代之的是一股没落气息。正是在这一段时间教育上出现了许多复古逆流。如"学位考试奖励法"的提议、重新颁定教育要旨取代民初教育宗旨、颁布《特定教育纲要》等。

1914 年 8 月，北京政府国务卿徐世昌令法制局拟定"学位考试奖励法"，主要内容包括:"（1）小学毕业生。每年在各县会考一次，品端学优者，给以秀士名衔。（2）中学毕业生。每年在各道会考一次，品端学优者，给以俊士名衔。（3）高等毕业生。每年在各省省垣会考一次。品端学优者，给以国士名衔。（4）大学毕业生。每三年在北京及各大学所设之地点会考一次。学有专长，品端学优者，给以学士名衔。学士有专门著述，经大学院评认，可授以博士衔。"① 这一违背历史发展规律，意在使教育回到科举取士老路的提议引起了教育界的一片嘘声，最终不了了之。此后在颁布的《特定教育纲要》中不得不重申学位授予原则，特别说明学位奖励在性质上不同于学校考试奖励法的复活。但是袁世凯并未罢手，在称帝过程中，为实现自己的复辟计划，曾在学位称号上大做文章，"令政事堂拟定毕业留学生归国考试办法，依照科举制，规定了卿、大夫、士的等级差别"②。但这也只是螳臂挡车，随着袁世凯复辟帝制的失败，这一规定也烟消云散。学位制度依然在正常的轨道上不以个别人的意志而前行。

尽管该时期，受复古逆流的影响，学位制度险些遭遇严重挫折，但是因为教育界对复古逆流的强烈抵制，以及对学位制度的力主推行，总体上，该时期的学位制度的建设还是有所创新和发展的。当时为严格学位制度运行，教育行政机构中也设置了相关的职权行使部门。1914 年 7 月在确定教育部管制的大总统令中，将"博士会事项"和"授予学位事项"规定为专门教育司所掌事务之一。③ 1915 年 2 月袁世凯发布《特定教育纲要》（当时教育总长为汤化龙），分总纲、教育要言、教科书、建设、学位建设五个部分。一方面试图对中国教育进行全面改革，另一方面在学位制度方面又有新的建设——首次有了关于硕士、博士学位的构想。第一条为:"学位除国立大学毕业，应按照所习学科给与学士、硕士、技上各字样外，另行组织博士会，作为审授博士学位之机关，由部

① 周谷平、应方淦:《近代中国教会大学的学位制度》,《浙江大学学报》（人文社会科学版）2004 年第 1 期。

② 李华兴:《民国教育史》,上海教育出版社 1997 年版，第 548 页。

③ 朱有瓛:《中国近代学制史料》（第三辑上册），华东师范大学出版社 1990 年版，第 81 页。

定博士会及审授学位章程暂行试办。"并附有特定说明，其内容为："按学位所以证明学问之成就，与科举出身视为授官之阶梯者，性质微有不同。故各国惟专门大学方有学位。其普通学校只认为有普通之知识技能，不足以言学问，故不予以学位。现在国立大学已有学士学位之规定。其高等专门毕业取法日本制，不授学位，倘与事实相合。惟博士学位尚未规定，现宜依照东西各国成法制定博士会章程，并组织博士会（此与学术评定会办法不同）作为审查学术及授予学位之机关，以期奖进高等之学术。"第二条："学位规定后，政府应颁布学位章服，以表彰其学迹。"①这项规定值得注意的是：（1）力图摆脱科举功名与学位的关系，学位制度建设由政治性的"选官制"向学术性或技术性的"选才制"转变；（2）学士、硕士、技士可能是属于同一级别的学位，这是当时人们的理解，高级学位只有博士学位这一层级，对于硕士学位人们尚缺乏清晰的认识；（3）对于和学位相关的服饰也有了一定的关注，这向学位制度规范化又前进了一步。可惜的是因为同年 9 月汤化龙辞去教育总长之职，次年 6 月袁世凯政府即垮台，所以"纲要"未能全面实施，"博士会"并未组织，"审授学位章程"也未及拟定颁布，关于"学位章服"亦没有下文。

　　综上可知，上述法令虽以袁世凯名义发布，但实际上却是中国教育界在学位制度方面进行探索的经验结晶。这些规定厘清了中国近代学位制度的基本思路和主体框架，可谓是中国近代学位制度发展史上的里程碑。

　　（三）1916—1919 年学位制度的法令构架

　　袁世凯政府垮台后，中国进入军阀混战时期，政局更加动乱。因复辟不得人心，民主共和的招牌被历届政府所标榜。从 1916 年 7 月到 1919 年 5 月主持教育部部务的先后有范源濂、袁希涛、傅增湘。范源濂，1916 年 7 月至 1917 年 12 月在任。袁希涛（1866—1930），字观澜，江苏宝山（今属上海市）人，生于杭州，光绪举人。1904 年秋，与沈恩孚等东渡日本考察教育。致力于教育救国，有实践经验。1915 年至 1919 年间任教育部次长，并于 1917 年、1919 年两度代理部务。傅增湘（1872—1949），字润沉、沉

---

① 中国第二历史档案馆：《中华民国史档案资料汇编》（第三辑教育），江苏古籍出版社 1991 年版，第 45 页。

叔,四川沪州江安人,光绪进士。曾任直隶提学使,有办学实践经验。1919 年 4 月接任。这些人都比较热心新式教育,一度低迷的教育开始回转。经袁世凯、张勋两度复辟后给教育造成的混乱在此期间趋向正常化,高等教育改革在北大等校开始试行,在学位制度方面有了新的建树。

1917 年 1 月,北洋政府召开了"国立高等学校校务讨论会",在这次会议上,"设单科大学(蔡元培之议)"和"更改大学修业年限"被北洋政府教育部所接受。同年 9 月 27 日教育部公布《修正大学令》(是对1912 年 10 月颁布的《大学令》修正)。① 修正涉及学位制度的有三个方面:(1)"设二科以上者,得称为大学;其但设一科者,称为某科大学。"中国近代高等教育史上设单科大学的规定即始于此。这种体制上的突破,刺激了大学的兴办,为学位制度的实施提供了条件。(2)"大学本科之修业年限四年,预科二年"。大学修业年限的改变,明确了预科与本科的关系,更符合西方大学对学位获得者学习年限的规定。(3)"大学本科学生修业期满,试验及格,授以毕业证书,称某科学士"。这一条确定只有经本科学习合格者才能得学士学位,同时不再笼统地称为"学士",而是"某科学士",这已非常接近现代大学对学士学位的规定。② 该令仍设有研究生教育机构——大学院,但是对与此教育层次相适应的学位制度则没有更多的提及。关于学位制度的授予机关有新的构想:1919 年 3 月教育部公布《全国教育计划书》乙第三条为"设立中央评定学术授予学位之机关",并认为"此项机关亟宜筹设,用昭宏奖"③。这一规定把学位授予之权从大学转向了专门授予机关,这是一种完善,但是最终没有实行。这一时期的法令建设是学位制度走向规范化的又一步伐。

二　1919—1927 年学位制度的法令构架

(一)《壬戌学制》的出台及相关法规的设计

1922 年的《壬戌学制》,与其说是由政治家推动的,倒不如说是由教

---

① 郑登云:《中国高等教育史》,华东师范大学出版社 1994 年版,第 140—141 页。
② 中国第二历史档案馆:《中华民国史档案资料汇编》(第三辑教育),江苏古籍出版社1991 年版,第 168 页。
③ 朱有瓛:《中国近代学制史料》(第三辑上册),华东师范大学出版社 1990 年版,第 66 页。

育家进行的。众所周知，自袁世凯称帝之梦破灭后，北洋军阀的统治陷入群龙无首的状态之中，"你方唱罢我登台"，直、皖、奉三系军阀为争夺北京政权，撕打得不亦乐乎，根本无暇顾及教育。教育总长、次长的人选，像走马灯似地在十几年间更迭近40人次，仅1922年一年之内，总长、次长即各换了7次。在中央政府对全国教育大局失去控制的局面下，地方力量、民间组织蓬勃兴起，自发地开始了自下而上的教育改革。民初学制自身的不足，社会发展对新型人才的需求，新文化运动的批判与反省，西方教育理论、教育思潮的影响，都是改革的动因。

1915年以后，中国教育界逐步形成了一支为数可观的、具有多元化色彩、知识结构比较合理的教育理论人才和实践人才的基础队伍。这支队伍的组成大致可分为三个层面：一是出身于封建士大夫营垒，在维新运动时期实现了自我转变的老一辈文化教育界人士。如张謇、严修、熊希龄、张元济、袁希涛、沈恩孚等，他们大都站在时代前列，紧追时代步伐，更新观念，为教育献策献力。二是民国肇始，参与废旧立新的一批知识分子。如蔡元培、范源濂、蒋维乔、陈宝泉、黄炎培、张伯苓等。在新形势下，他们锐意进取，不断追求，不居功，不护短，以积极的姿态，呼唤新的改革高潮。三是1915年以后陆续回国的欧美留学生，如郭秉文、蒋梦麟、胡适、陶行知、廖世承、晏阳初、孟宪承、陈鹤琴、郑宗海、任鸿隽、张准、陆志韦、张耀翔、刘廷芳等。他们的年龄大多在25—35岁，留学少则二三年，多则五七载，师从名家，学有专长，受过全面的西方教育熏陶和科学方法训练，取得了学士、硕士、博士学位。这批人血气方刚，视野开阔，承袭的包袱少，思想敏锐，富有朝气。他们同气相求、此呼彼应，成为推动教育改革，左右中国教育方向的主力军。民间组织、地方力量积极参与成为一大特色。最典型的代表是全国省教育会联合会，它是全国性民间教育组织，从1915年到1922年共召开八届年会，对新学制的制定贡献尤大。

1922年11月1日，"新学制"以"大总统令"的形式正式颁行，是为《壬戌学制》（1922年为农历壬戌年）。该学制从1915年议改学制始到1922年的颁布，前后历经7年，是中国近代教育史上最完备的学制。它明显具有美国色彩，正如当时香港的一位教育学教授兰西洛特·福斯特（Lancelot Fosrer）写的那样："中国人在教育观念上如此大地受惠于美国,以致一个长期住在中国的人,会倡导实用主义的教育宗旨。中国教育体系受着哥伦比亚大学的控制和指导。"① 该学制主干学程以"6·3·3制"取代原先的"7·4·7制",首重基础教育,兼重职业教育,以"适应社会进化之需要""发挥平民教育精神"等作为设学标准,其中中学的分级设置,被公认为是"新制的精粹"。此制将大学预科教育下放交由高级中学完成,使四年制的大学本科教育成为高等教育的主体。而且这是中国第一个不分性别的学制,为女子接受高等教育并最终获得学位提供了机会。

该制高等教育包括大学院、大学校、专门学校。在大学本科之上,沿用前设计,依旧设大学院。在 1922 年大总统公布的《学校系统令》中对大学院的诠释仅有一项:"大学院为大学毕业生及具有同等程度者研究之所,年限无定。"② 关于大学校,主要有两点:(1)重申设立单科大学。"大学校设数科或一科均可,其单设一科者称某科大学校。如医科大学校、法科大学校之类。"这刺激了大学兴办,全国形成了兴办大学的热潮;(2)"大学校修业年限四年或六年(各科得按其性质之繁简,于此限度内斟酌定之)。医科大学校及法科大学校修业年限至少五年。师范大学校修业年限四年。""依旧制设立之高等师范学校,应于相当时期内提高程度,收受高级中学毕业生,修业年限四年,称为师范大学校"。③ 此令一出,高等师范学校纷纷改制易名。如南京高师改办为东南大学,武昌高师改办为武昌大学,沈阳高师改办为东北大学,成都高师改办为四川大学,广东高师改办为广东大学。这强化了综合性大学办理的势头,有利于大学的学术化,从而为研究生教育的施行提供了可能。

1924 年 2 月 23 日,教育部公布《国立大学校条例令》,与新学制相适应。该令对于大学校学生入学资格、修业年限等做了相关规定:"国立大学校收受高级中学校毕业生或具有同等资格者。国立大学校录取学生,以其入学试验之成绩定之","国立大学校修业年限,四年或六年,其课

---

① 〔英〕兰西洛特·福斯特:《中国的新文化》,生活·读书·新知三联书店 1986 年版,第 90 页。

② 中国第二历史档案馆:《中华民国史档案资料汇编》(第三辑教育),江苏古籍出版社1991 年版,第 106 页。

③ 同上书,第 105 页。

程得用选课制（并实行学分制）"。涉及学位制度的有两条：（1）"国立大学校学生修业完毕试验及格者，授以毕业证书，称某科学士"；（2）"国立大学校设大学院，大学校毕业生及具有同等程度者入之。大学院生研究有成绩者，得依照学位规程给予学位。学位规程另定之。"① 这些规定和1917年的《修正大学令》基本相同，除了有设置学位规程的意向外。但是这个学位规程直到北洋政府被推翻，也没有制定出来。

（二）关于女子高等教育与学位授予设想

中华民国成立时，除教会大学开设一些女子大学课程外，其他学校几乎是空白。1919年以前，没有中国自办的女子高等教育，女子的学位问题也就无从谈起。随着1915年的议改学制运动，女子的高等教育问题被提上了议事日程。1919年3月12日教育部公布的《女子高等师范规程》是第一个关于女子可以接受高等教育的政府法令。关于女高师的学科是这样规定的：女子高等师范学校"设预科、本科。前项预科、本科外，得设选科、专修科、研究科"，"本科分文科、理科、家事科"，"研究科就本科各部之一科目或数科目专攻之"。至于学额和修业年限：预科、本科学生之总额，须在"六百名以下"，选科、专修科及研究科名额，"由校长定之"；修业年限，"预科一年、本科三年、研究科一年或二年，专修科、选科二年或三年"。关于入学资格：预科及专修科入学资格，"须身体健全、品行端洁，在女子师范学校或中学校毕业者，由各省区长官送校试验收录"；"本科由预科毕业生升入"；"研究科由本科毕业生入之；但有相当学力者，经试验后亦得入学"。② 该法令虽然没有明确规定女子可以获得学位，这与当时国内教育界认为师范类学生不应授予学位有关，但是这种状况正在改变，有关人士已大声呼吁应该授予师范类学生学位。该法令开启了女子高等教育的大门，为女子以后的深造奠定了法律依据，使女子有可能按照正常渠道获得学位。而且本令中女子已有本科教育，所设的研究科教育已相当于研究生教育，只差一个名号了。这是中国女子高等教育史上的一大可喜可贺之事。

---

① 中国第二历史档案馆：《中华民国史档案资料汇编》（第三辑教育），江苏古籍出版社1991年版，第174页。

② 同上书，第170—171页。

　　根据此法令,1919 年 4 月 23 日,北京女子师范学校改为国立北京女子高等师范学校,这是中国第一所女子高等学校(除教会大学外)。1922年《壬戌学制》允许高等师范学校升格为大学校,于是该校于 1924 年 5 月改为国立北京女子师范大学,而大学的毕业生是可以授予学位的。虽然没有很明确的字眼,但我们可以把 1924 年《国立大学校条例令》中的"国立大学校学生修业完毕试验及格者,授以毕业证书,称某科学士","国立大学校设大学院,大学校毕业生及具有同等程度者入之。大学院生研究有成绩者,得依照学位规程给予学位。学位规程另定之"规定作为女子获得学位的法令依据。而且在 1920 年,北京大学首开女禁,之后东南大学、北京师范大学、南开大学、厦门大学等校相继开始招收女生。这些在法律层面和实践意义上为女子接受高等教育和获取学位奠定了基础。

　　(三) 高等师范学校学位制度的构想与师范大学学位制度建设

　　关于高等师范学校在《壬戌学制》的酝酿过程中有升格改办为师范大学校的议案,后来《壬戌学制》明文规定可以改办为国立师范大学校。关于师范学校学位的问题,在 1920 年以前的各种法令中虽规定设置"本科、研究科",但一概不授予学位。自 1915 年以来,改议学制的浪潮席卷全国,涉及学校建设的方方面面,关于师范学校授予学位的问题也被提及。

　　我们来看看云甫在 1921 年写的《高等师范应改师范大学之理由及办法》中的"授予学位问题"。在他看来师范毕业生应授予学位原因有三:(1) 世界潮流之所趋:凡属大学,都有授其毕业生以学位之制,这是世界各国通例;西洋各国如英、法、德、美等国对于师范毕业生皆有授学位之制,特别是英国对于女子师范毕业生也规定授予学位;中国学制博采众长,当然应该制定授予师范毕业生学位之制,以期与世界各国同步。(2) 国内现状之要求:教育为名誉事业,教员重感化人格,只有崇尚其地位,尊重其名誉,才能收感化之效,博得社会信仰;但是中国学制,对于师范生,不但不特别尊崇其地位名誉,就连一区区学位也不肯授予,致使许多英才俊杰不愿投身教育事业,教育人才日见匮乏,形势堪忧。(3) 制度建设关乎国家大事:设一法,立一制,要为普通大众着想,不是为一二特别人物所设,区区名器之学位授受对于真正大教育家无可无不可，但对于大众则另当别论；学位之有无，无关教育家个人，关系到社会一般的信仰；学位之设，"非为学位者之个人，而为社会所关之教育也"。所以"兹事虽小，所关甚大"，应仿欧美成例，制定学位制度，与世界各国并驾齐驱。他对于学位制度的构想也相当合理，他认为中国应将"本科修业年限定为四年而废预科，研究科二或三年，之上设大学院"，"毕业本科者授学士学位，毕业研究科者授硕士学位，在大学院研究而有得者，授博士学位"。在他看来，"如此，则富有余力之学子，尽可由本科而入研究科或大学院，作长期或无限制之研究，以资深造；而资力不足之学生，亦得四年毕业，即出而谋事，谋事数年，居积有余，又可归而求学，两不相妨，各竭其力，岂不比现制较胜一筹乎？"① 这种理论设计，在今天看来，也是比较合理，切合当时中国实际，意义可谓重大。而且在社会上有的学校如北京高等师范学校已开始实践，当然实践和设想是有出入的，如研究科学位之授予，北京高等师范学校授予的是学士学位。虽然他的设想在《壬戌学制》中没有明确体现，但是已经含蓄地暗含了这一思想。因为高等师范学校被允许升格为国立师范大学校，按规定，大学校毕业生是可以获得学位的。所以，今天我们暂且认为，1924 年颁行的《国立大学校条例令》应该是作为师范大学毕业生获取学位的法令依据。

和民国初年学位制度的法令建设相比，1922 年后的学位制度建设有了可喜的新变化：（1）突破了师范学校不设学位的思维局限，师范大学和其他大学一样，都被纳入了学位制度的建设体系，这更符合国际惯例；（2）女子高等教育——国立北京女子师范大学出现，非女子大学已开女禁，中国的女子也可以被授予学位了（教会大学和留学教育除外）。经过十几年的发展，学位制度建设得到了进一步完善。

综上所述，北洋政府时期学位制度的建设，第一级学位——学士学位制度的设计相对而言比较全面；研究生教育设施——大学院也有明确规定，只是与该教育层次相适应的硕士、博士学位制度只有设置的意向，仅仅做了构想，没有细则规定，学位规程或者说是学位章程只是提及，

---

① 潘懋元、刘海峰：《中国近代教育史资料汇编·高等教育》，上海教育出版社 1993 年版，第 694—705 页。

并没有制定出来。

三 北洋政府时期学位制度实践的探索

（一）学士学位的授予

根据民初《大学令》中"国立大学毕业生除授予毕业证书外，得称学士，后又修改为称某科学士"的规定，各大学在实践中纷纷授予学位。但是民国前期的16年间大学本科毕业生实际获得学士学位的数量并不是很多，这与当时国情有关。1912—1920年，全国公立大学一直只有3所，私立大学从1915年起到1920年也仅7所且变幻不定；1923年到1927年虽然公私立大学增加，但质量不过关，再加上动乱无常，所以民国前期学士学位授予数量非常有限。

1. 国立大学偏少的羁绊。民国元年，国立大学仅北京大学1所，其前身为1898年创办的京师大学堂。民国成立后，1912年5月改名为北京大学校，严复为第一任校长。根据1912年的《大学令》，大学各科之修业年限"预科三年，本科三年或四年"之规定，北京大学到1916年方有第一批本科毕业生，人数为66人，1917年和1918年毕业人数分别为204人和161人，故此期获得学士学位的人数也仅此而已。[1] 据《北京大学校史》记载，从1921年到1927年的7年间，北京大学共毕业了3105名学生。毕业生最多的1925年，也只有472名；最少的1927年，仅有128名。[2] 而且由于国家动乱，每年毕业的人数并不多。以1922年为例，德国文学、法国文学两个系都各只有1名毕业生，而英国文学、国中文、化学和史学各系，都分别只有3—5名毕业生，最多的法律学系也只有57名毕业生。[3] 由此可以推定，民国前期的15年间，获得北京大学学士学位者不足4000人。

设于北京的国立北京师范大学，前身为1902年创设的京师大学堂师范馆，1912年改名为北京高等师范学校，1923年根据《壬戌学制》升格

---

① 潘懋元、刘海峰：《中国近代教育史资料汇编·高等教育》，上海教育出版社1993年版，第381—382页。

② 《北京大学校史（1898—1949）》增订本，北京大学出版社1988年版，第233—234页。

③ 同上书，第234页。

改办为国立北京师范大学。该校原为大专性质，为提高毕业生程度，于1920 年在本科之上开办了"教育研究科"，学生修业两年可授予教育学士学位。1921 年增设数理、博物、理化三部的研究科；1923 年又续办了国文、英语、史地三部的研究科；修业两年亦授予学士学位。这是中国师范学校授予学位之始。1920 年的《国立北京高等师范学校组织大纲》明确规定："本校六年科毕业者授以学士学位"；学位的授予机关也有规定："该校评议会有赠与学位之资格"。① 关于师范类学校，政府并没有明文规定授予学位，该校之规定是学校本身在发展的过程中根据社会需要而在实践中探索制定的，是政府对教育控制不力的一个表现。教育研究科招收高师和专门学校毕业生及大学三年级的学生，这是中国近代高等学校招收研究生的开始。不过这些研究生毕业后授予的是学士学位而不是硕士学位。1921 年教育研究科开学时有 32 人，其中以北京高师毕业生居多，但也有成都高师、武昌高师、奉天高师的毕业生，还有北京大学、金陵大学、北洋大学等学校的三年级学生和毕业生。原定学习两年，而实际上学习了两年零三个月。学习科目有哲学、美学、心理学、教育学、教育史、教授法原理、生物学、社会学、教育卫生、教育统计、教育行政、心理测量、社会问题、道德哲学、实用心理、各国德育制度、教育调查法等 24 门。当时所聘教师除本校教师如黎锦熙、李建勋、林砺儒、张耀翔等人外，还邀请了国内专家和在中国讲学的外国专家，如蔡元培、胡适、陈大齐、陶履恭、邓萃英、肖友梅、杜威、杜威夫人、费特、丁恩等。1922 年 4 月研究生毕业，这一期教育研究科研究生实际毕业的有 16 人。北京高等师范学校为教育研究科第一期研究生举行了隆重的毕业典礼，授予毕业生常道直、王卓然、薛鸿志、殷祖英等 16 人"教育学士"学位。此为中国高等师范学校研究生授予教育学士学位之始。改为师范大学后，本科开始授予学士学位。"本科修业年限为四年，暂设预科二年。本科毕业者授予学士学位。学生的学习采取学分制，本科生修完 150 学分才得毕业。"②

　　设于天津的北洋大学，前身为 1895 年创设的天津中西学堂，1903 年升格改办为北洋大学堂，民国成立后，改名北洋大学校，1914 年改国立，

---

① 吴惠玲：《北京高等教育史料》，北京师范学院出版社 1992 年版，第 64、66 页。
② 郑登云：《中国高等教育史》，华东师范大学出版社 1994 年版，第 161 页。

并于次年正式开设本科。1917 年院校调整后，法科并入北京大学，而北京大学工科并入该校，遂成专门工科大学。该校本科毕业生自 1919 年起，便开始授予学士学位。

设于山西太原的山西大学，前身为 1902 年创设的山西大学堂，若再溯其渊源，则为李提摩太所设之"令德堂"。该校为民国初年仅有的 3 所公立大学之一。依《壬子学制》先办者为预科，1915 年续办本科 2 班。1919 年首届本科毕业生即授予学士学位。

设于上海的南洋大学，前身为 1897 年创设的上海南洋公学。1905 年升格改办为上海高等实业学堂后，先后隶属商部和邮传部。中华民国建立后，先后更名为南洋大学、上海工业专门学校，改隶交通部。1921 年改组升格为交通大学。该校本科毕业生可获学士学位。

设于南京的最高学府为东南大学，其前身先后为两江师范学堂、南京高等师范学校（1915 年开办）。1921 年升格改办为国立东南大学（受改议学制影响），并于次年招收本科生。1922 年 4 月东南大学制定《国立东南大学与南高师教授会章程》规定教授会有"赠与名誉学位之决议"的职权。[①]1926 年国立东南大学《组织大纲修正稿》公布，规定该校"大学本科毕业生称为学士"，教授会有"审定本科学生毕业资格"[②] 之权。据此 1926 年后，该校对于本科毕业生，除授予毕业证书外，还授予学士学位。

2. 此期私立大学有所发展，并陆续依照有关规定开始授予学位。中华大学、中国公学、复旦大学、南开大学、厦门大学等学校，在依序开设大学本科后，均对毕业生授予学士学位。不过，教育行政部门对私立大学毕业生的资历审查显然较严，条件也相对较高，毕业生中最终能获得学士学位者则相对较少。

设于上海的复旦大学，其前身为复旦公学，1905 年由著名教育家马相伯创办，1917 年升格为大学。其时任校长为李登辉，美国耶鲁大学毕业，获学士学位。该校升格为大学后，学生人数逐年增多，1922 年大学部第一学期为 316 人；1925 年增为 790 人。复旦的学位授予比较严格，《复

---

① 中国第二历史档案馆：《中华民国史档案资料汇编》（第三辑教育），江苏古籍出版社 1991 年版，第 249 页。

② 同上书，第 251—252、255 页。

旦大学章程》规定："大学分预科、本科两级，预科二年毕业，升入本科，本科两年毕业，可得学士，再继两年，可得硕士"；同时在授凭规则里又规定："凡学生在本校大学部按照规定课程、肄业完毕、考试及格者，均得领受毕业文凭。其毕业考试于国文、英文、算学有一科不及格者，不得领凭。凡学生于国文一科，至少须学完本级四年程度，方授与大学文凭。"①

表4—2　　　1908—1929 年复旦公学及复旦大学初期毕业人数统计

学科 年份	高等 正科	大学 预科	大学 正科 文科	大学 正科 商科	大学 正科 理工 科	大学 正科 心理 学	大学 正科 社会 科学 科	大学 正科 生物 学科	大学 正科 中国 文学 科	总计
1908	8									8
1909	16									16
1910	21									21
1911	12									12
1915		7								7
1916		8								8
1917		7								7
1919			7							7
1920			11							11
1921			8	15						23
1922			16	25						41
1923			12	20						32
1924			20	41						61
1925			15	52	8	4	9			88
1926			26	96	11		17	8		158
1927			29	87	11		38	6		171
1928			38	77	14		27	5	3	164
1929			54	104	42		44	1	11	256

资料来源：复旦大学校史编写组：《复旦大学志》（第 1 卷），复旦大学出版社 1985 年版，第 306 页。

---

① 复旦大学校史编写组：《复旦大学志》（第 1 卷），复旦大学出版社 1985 年版，第 118 页。

　　但是获得学位的人数则少于毕业人数,我们以商科为例来看一下。复旦商科 1917 年创立,到 1921 年才有第一届本科毕业生。1917—1925年共有本科毕业生五届 153 人,能得商学士学位者共 147 人。[1] 复旦商科采用选科制与学分制,本科要毕业除共同必修学程外,本科生须习完"必修学程 74 分及选修学程 12 分共 86 学分方得毕业",我们来看一下学分的规定情况,具体见表 4—3。[2]

表 4—3　　　　　　　　　　　　　必修学程 74 学分

课程	应用国文	英文	会计学	经济学	货币银行学	工商管理	经济地理	民法总则	统计学	高级统计学	统计制图	社会调查与统计	统计应用数学	经济统计	统计实务	实习
学分	6	6	6	6	6	3	3	3	6	6	4	3	4	6	3	3

选修学程于下列学程中选修 12 学分

课程	审计学	成本会计	财政学	国际汇兑	国际贸易	社会学	行政学	社会问题	国势调查	生命统计	生物统计	农业经济
学分	3	3	3	3	3	3	3	3	3	3	3	3

　　复旦的严格是国际上公认的。20 年代,复旦学生进入美国"加尔福尼亚大学、华盛顿省立大学、康奈尔大学、芝加哥大学、密西根大学、士丹佛大学、伊利诺大学、哥伦比亚大学等都不须怎样考试……入了学都和其他大学学生一样,不见得有所不知。由此,许多大学便承认了复旦的地位,凡复旦的学分一律可以承认"。[3] 在复旦历史上曾经授予过荣誉学位,1923年复旦为表彰金通尹教授在土木工程学系的贡献,授予他名誉理学硕士学位。[4] 这就是复旦,非常严格,毕业证书与学位相得益彰,交相辉映。

---

[1]　复旦大学校史编写组:《复旦大学志》(第 1 卷),复旦大学出版社 1985 年版,第 357 页。

[2]　同上书,第 364—366 页。

[3]　同上书,第 395 页。

[4]　同上书,第 469 页。

厦门大学由爱国华侨陈嘉庚独资创办，1921 年正式成立于福建厦门集美。厦大成立之初即在《厦门大学大纲》中规定："本大学预科修业年限约二年，本科修业年限约四年。用单位制，以各学部各科所定之单位学习满数为毕业。在本科毕业者，得授该科毕业证书及学士学位。"厦大创立后，即于 1921 年 3 月分别在厦门、福州、新加坡招取预科学生，结果录取新生 112 名（其中，商学部 28 人，师范部 84 人，内预科生 101 人，特别生 11 人），开学到校者共 98 人。8 月继续招取，结果录取学生 61 人（其中预科生 44 人，特别生 10 人，旁听生 7 人），秋季开学到校者 56 人。连旧生返校者 80 人，合计 136 人。按其学制计算厦大到 1926 年才有第一届本科毕业生。1926—1927 年厦大共有本科毕业生 58 人，获得学士学位的人数至多也就这么多。①

（二）研究生教育的试办

1. 北京大学率先举办研究生教育

北京大学是中华民国成立后唯一的一所国立大学，严复、马相伯、何燏时、胡仁源先后主掌该校，依《大学令》《大学规程》对学校进行改制，增聘教员，添购设备，整理图书，改进教法，使学校面貌有所改变。不过在蔡元培任北大校长之前，北大仍是一座封建思想浓厚，官僚习气熏染的学府。1916 年 12 月 26 日蔡元培被正式任命为北京大学校长，这是北大校史上值得一书的大事和幸事。从此，北大的面貌焕然一新，而蔡元培也开始了他一生中最有建树、最有作为的一段辉煌历程。

蔡元培，生也逢时：世纪之交，正需要他锐意进取，大刀阔斧；经历丰富：少年科举，中年游欧，可谓是学贯中西，处在中西文化交流的旋涡里；机遇偏爱：一长民初教育部，但牵涉面过多，宏愿难以实现，二长北大，在一所学校里可以牵绊较少且相对轻松，能够比较顺利实施自己的教育理念和搭建实践的舞台。蔡元培的兴趣正如他本人所说的："我的兴趣，偏于高等教育。"② 北大校长一职对他来说实在是再合适不过了。而他对于大学教育的贡献从理论到实践是同时代人无法望其项背的。

---

① 厦门大学校史编委会：《厦大校史资料》（第一辑），厦门大学出版社 1987 年版，第 118—119 页。

② 高平叔：《蔡元培全集》（第 3 卷），中华书局 1984 年版，第 197 页。

他关于大学"有容乃大"的思想;他坚持的"思想自由,兼容并包"的办学方针;他推行的"教授治校"的体制改革;他实施的选课制以及沟通文理科的机构调整等,皆是开拓中国近代大学教育新篇章之创举。他的改革使北大一改旧貌,成为真正意义上的中国近现代最高学府。他的"大学者,研究高深学问者也"① 的思想,最终使北大开中国研究生教育之先河,科研与教学并重,对中国大学影响深远。

蔡元培留学德、法多年,深受西方近代教育思想影响,尤其是"洪堡精神"。德国柏林大学模式(洪堡模式)对 20 世纪前后全球的高等教育产生了深刻的影响,正如英国教育史学家所言:"柏林大学的建立不只是增加了一所大学而已,而是创造了一种体现大学教育的新概念。重点在于进行科学研究而不在于教学和考试"②,这对蔡元培的震撼也是不言而喻的。任北大校长后,蔡元培希望把北大办成以文、理两科为主的德国式的研究型大学,实现他的教育救国之梦。而当时的北大缺少学术研究的氛围,蔡元培的改革由此而起。"我们第要改革的,是学生的观念。"他反复强调大学是研究高深学问的地方,因此"大学学生,当以研究学术为天职,不当以大学为升官发财之阶梯";对各派学术,主张兼收并蓄,兼容并包,"令学生有自由选择的余地"③;对教员,他"囊括大典,网罗众家",以引起学生研究的兴趣。当时的北大有陈独秀、李大钊、鲁迅、胡适、夏元瑮、杨昌济、马寅初、徐悲鸿等,可谓是名师云集、名家荟萃。接下来要营造学术气氛,为师生研究学问创造条件。在蔡元培的亲自带动和鼓励下,各类学术研究团体纷纷兴起,学术刊物相继创办,中外知名专家相继进行学术讲演。一时间北大可谓风生水起,学术讨论、思想争辩之风极盛,学术消沉的局面被彻底打破。

蔡元培开始了他心心念念的大学研究所的举办。正如他本人所说:"民国元年,我长教育部,对于大学有特别注意的几点(其中第二点):大学应设大学院(今研究院),为教授、留校的毕业生与高级学生研究的

---

① 高平叔:《蔡元培全集》(第 3 卷),中华书局 1984 年版,第 6 页。

② [英]威廉·博伊德、埃德蒙·金:《西方教育史》,任宝祥、吴元训译,人民教育出版社 1985 年版,第 330 页。

③ 潘懋元、刘海峰:《中国近代教育史资料汇编·高等教育》,上海教育出版社 1993 年版,第 401—402 页。

机关。"① 当时为国势所迫，理想流于一纸空文，今日再掌北大，天赐良机，蔡元培当仁不让。他多次论及大学设立研究所或研究院之必要："凡大学必有各种科学的研究所"。他说："大学无研究院，则教员易陷于抄发讲义不求进步之陋习。而开展科学研究，搜集材料，购置设备仪器，参考图书，或非私人之力所能胜；若大学无此设备，则除一二杰出教员之外，其普通者，将专己守残，不复为进一步之探索……则学风可知矣!"他又指出研究院的好处："自立研究院，则凡毕业生之有志深造者，或留母校，或转他校，均可为初步之专攻。""惟大学既设研究院，以后高年级学生"有造诣者可被接纳，"此亦奖进学者"的办法之一。自 1917 年北大各科研究所初创到 1922 年北大研究所国学门正式挂牌成立，中国研究生教育完成了从草创到规范化的历史进程。

在蔡元培的主持下，1917 年年底，北京大学文、理、法 3 科各学门都分别成立研究所，到 1918 年形成了初步的章程。这体现在 1918 年订立的《国立北京大学规程》中的《北京大学研究所总章》一项里。该"总章"的内容可概述如下：（1）"各分科大学中之各门，俱得设研究所"。（2）"研究所以各门之教员组织之，遇有特别需要，得另聘专门学者为研究所教员"，并由校长在其中推一人为研究所主任。（3）入研究所的资格为：凡本校毕业生或高年级学生以及外校毕业、同等程度的学生经校长和研究所主任批准，可进入研究所研究；"本国及外国学者志愿共同研究而不能到所者，得为研究所通信员"。（4）"各研究所研究办法，分研究科、特别研究及教员共同研究三项"。此外，又有专款对"特别研究"的程序予以规定："研究员得自择特别之论题请教员审定，或由教员拟定若干题让研究员择之。择题既定，由各员自行研究，随时得请本所各教员指示参考书及商榷研究之方法，即以所得结果，以一年之内作为论文，文成后由本门研究所各教员共同阅看，其收受与否由各教员开会定之。论文收受后，由本校发给研究所成绩证书，并将所收受之论文交付大学图书馆保存，或节要采登月刊。其未经收受者，由各教员指出应修改之处，付著作者自修正之。"该"总章"还对研究科、教员共同研究、通信

① 潘懋元、刘海峰：《中国近代教育史资料汇编·高等教育》，上海教育出版社 1993 年版，第 400 页。

研究、大学月刊及职员任务等细则进行了规定。当时只有研究生教育,至于学位制度则没有提及。

　　研究所的成立,极大地推动了学术研究的发展和科研队伍的壮大。据统计,1918 年学校教员总数达 217 人,其中教授 90 人;学生总数达 1980 人,其中研究生 148 人,另有通信研究人员 32 人。这里所言研究生(总章中的研究员),大多系进行"特别研究"者,且为本校"高级学生"。至于各科研究所的主任教员,则分别为:"文科:哲学,胡适;中国哲学,胡适;心理学,陈大齐;伦理学,章士钊;国文,沈尹默;古文,黄侃;文字学,钱玄同;国语,钱玄同;英文,黄振声;文学,辜汤生;理科:数学,秦汾;物理,张大椿;化学,俞同奎;法科:法律,黄右昌;宪法,王宠惠;政治,张耀曾;经济,马寅初。"① 可见,文科导师的阵营相对强大。1920 年,增设地质研究所后,理科导师阵营遂得到较大充实。

　　1921 年,为了适应新形势的发展,蔡元培对原有研究所进行进一步的整改。他于 11 月 29 日向校评议会提出了《北京大学研究所组织大纲》提案,12 月 24 日,评议会通过了此提案。《大纲》指出:本校为预备将来设大学院起见,决定改组原来的研究所,作为毕业生继续研究专门学术之所。该《大纲》规定的内容,可概述如下:(1)将原设各科研究所合而为一,由校长兼任研究所所长。(2)研究所下设自然科学、社会科学、国学、外国文学 4 门;各门设主任一人,由校长于本校教授中指任之,任期 2 年,经理本门事务。(3)各门研究之问题与方法,由相关各系之教授共同商定。(4)规定每门设立奖学金学额 2 名,助学金学额 6 名,以奖助研究有得或家境清贫者。② 这次改制,是使研究生教育走向正规化所迈出的重要一步,但仍没有涉及学位制度方面的内容。

　　1922 年 1 月,北京大学研究所国学门正式挂牌成立。同时设立"研究所国学门委员会",作为筹划和领导机构。蔡元培以校长兼任该委员会委员长,委员有顾孟余、沈兼士、李大钊、马裕藻、朱希祖、胡适、钱

----

① 潘懋元、刘海峰:《中国近代教育史资料汇编·高等教育》,上海教育出版社 1993 年版,第 394 页。

② 《北京大学校史》(1898—1949),北京大学出版社 1988 年版,第 223 页。

玄同、周作人等。国学门主任为沈兼士。研究所国学门内设编辑室（分辑、编、译三部分）、考古研究室、歌谣研究会、风俗调查会、明清档案整理会、方言调查会等机构，并在图书馆内开设供研究使用的特别阅览室，延聘名师为教。据1927年记载，受聘为国学门导师的有：王国维、陈垣、钢和泰、伊凤阁、陈寅恪、柯劭忞等，1922年还聘请罗叔蕴为通信导师。

当时对研究生的培养基本上是自由放任的，研究题目、研究方向和研究范围完全由教授自由选定，指导上也没有严格的责任制。从下述国学门研究规则中，可以看到当时研究生的培养制度。

（1）凡本校毕业生有专门研究之志愿者及能力者，未毕业之学生及校外学者曾作特别研究已有成绩者，皆可随时到本学门登录室报名，填写研究项目，有著作者并送交著作，一并由本学门委员会审查；其审查结果合格者，得领研究证到所研究。

（2）凡本校毕业生及外校学者不能到校而有研究之志愿者，得通信研究；其报名及审查手续均照上条办理。

（3）研究生须将关于研究之经过及其成绩随时报告，以便在本学门所办之杂志发表，或刊入丛书。

（4）研究生遇必要时，可要求本学门主任与有关系之各学系教授会代请本校教员及国内外专门学者指导研究。

（5）本校教员可以自由进研究所。

（6）本校教员可以提出问题，召集研究生入所指导，或共同研究。

（7）本学门随时聘请诸国内外学者为专门讲演；其公开与否，临定之。

这种研究生培养制度虽然自由主义色彩比较浓厚，但是这与当时中国国情还是相适应的，比较切合实际。

研究所国学门成立后即于1922年春招收了第一批研究生。如郑天廷、容庚、冯淑兰（女）、罗庸、商承祚、张煦、魏建功等，都是这一期的研究生。正如上面所规定的，研究生的入学和培养是甚为宽松自由的。一种培养模式为"师徒式"。通常由导师提出研究书并公布,有志趣者直接与导师联系,只需导师同意即可入研究所从事研究。郑天廷晚年在自传中忆及:"北大研究所国学门(后改为文科研究所)成立,我和张煦、罗庸都入所作研究生。我的研究题目是'中国文字意义起源考',由钱玄同先生指导。当时研究所很自由,不必常来,也可以在外工作,在校也只是看书而已。每隔一段时间,研究生和导师集会一次,大家见见面,谈谈。当时陈垣先生也是导师之一。"① 另外还尝试了"研究班"的培养模式。1924 年秋,林语堂开设《中国比较发音学》研究班,招收 20 人,每周研究 2 小时,目的为考定中国重要方言中所有的音声。同时,他还在国学门主办《标音原则》班,讲解以国际音标注国语及方言的方法。根据普及的性质,反响较好,对提高研究者兴趣很有帮助。其他还有诸如伊凤阁的西夏文字与西夏国文化、王静安的古字母之研究、诗书中成语之研究、古文学中联绵字之研究、共和以前年代之研究等。1926 年后,还规定每月 5 日为专门学术讲演会,定名为研究所国学门月讲,由导师轮流报告研究所得,全校学生均可自由选听。研究生研究论文的评定分甚优、优良、合格三等,不合格者不给证书。看来,对于研究生的管理,主要是目标管理,即审定最后提交的学术论文是否合格。

值得一提的是,北京大学曾经授予过荣誉学位。1920 年 8 月 31 日北京大学在第二院举行授予法国前总理、法国里昂大学校长二人以理学名誉博士学位典礼。10 月 17 日北京大学举行第二次授予名誉博士学位典礼。授予杜威(John Dewey,美国学者)以哲学博士学位、芮恩施(前美国驻华公使)以法学博士学位。而北大校长蔡元培在 1920 年至 1921 年欧美考察教育期间曾被法国里昂大学和美国纽约大学分别授予荣誉博士学位。②

北京大学研究所国学门的创办是中国比较规范的研究生教育的正式起步,影响了当时其他大学的研究生教育,如清华大学的国学研究院、厦门大学的国学研究院等。北大研究所是当时较早成立的学术研究机构,受到各方面的重视。"国学"是一个含义不明确、十分笼统的概念,国学门的研究对象,几乎包括了中国的文学、史学、哲学、语言学、考古学

---

① 《郑天廷纪念论文集》,中华书局 1990 年版,第 687 页。

② 吴惠玲:《北京高等教育史料》,北京师范学院出版社 1992 年版,第 380—381 页。

等方面。当时国学的研究取得了很大的成绩，不仅出版了一大批厚实的成果：如导师陈垣编著了《中西国历对照二十四史朔闰表》，为研究二十四史提供了重要工具书；研究生商承祚著有《殷墟甲骨文字汇编》、罗庸著有《尹文子校释》、容庚著有《金文编》等研究著作，而且也培养了大批造诣很深的国学人才。但是可惜的是，因经费和人力条件所限，其他研究所久久未能成立。但是国学研究所的成果说明研究生教育取得了很大的成效，使人们清醒地认识到研究生教育不仅是高等教育不可或缺的组成部分，而且更要大力发展。这为学位制度的最终创设提供了很好的基础。

2. 清华大学"国学研究院"的成立与研究生教育

清华大学，其前身为清华学堂，创建于 1911 年，是清政府用美国"退还"的一部分庚子赔款创办的一所留美预备学校。中华民国成立后，于 1912 年 10 月改称清华学校。该校完全依照美国模式办学，尤以注重教学质量而闻名国内。1922 年《壬戌学制》颁行后，清华学校便酝酿升格改制。1925 年，始设大学部。

清华大学研究生教育始于 1925 年，但是早在 1922 年，就有设立研究院的意向。当时曹云祥接任清华学校校长，他不仅赞同前校长周诒春将清华学校扩充为大学的意见，而且主张设立研究院，为"高深学术机关，为大学毕业及学问已有根柢者进修之地，且不必远赴欧美多耗资财，所学且与国情隔阂"①。基于此，清华学校双管齐下，大学部与研究院同时并举。1924 年拟定《清华学校研究院章程》；1925 年设大学部的同时，也设立了研究院，并委任吴宓为研究院筹备主任，派卫士生佐理研究院筹备事务；1926 年《清华大学组织大纲》明确规定："大学部分本科及大学院，大学院未成立之前暂设研究院，先办国学一门。以后斟酌情形逐渐添办他门，至民国 19 年（1930 年）大学院成立后，研究院即行停办。"② 实际上正如"大纲"所言因经费所限，当时仅设了研究院国学门一门，后通称国学研究院。经过筹备，国学研究院和大学部于是年 9 月同时开学。此后的清华学校，便由留学预备部、大学部、国学研究院三

---

① 《清华大学志》（上册），清华大学出版社 2001 年版，第 245 页。
② 吴惠玲：《北京高等教育史料》，北京师范学院出版社 1992 年版，第 39 页。

部分组成,研究生教育成为其"塔尖"。

对于研究院之地位,当时明确提出:"(一)非清华大学之毕业院(大学院),乃专为研究高深学术之机关;(二)非为某一校造就师资,乃为中国养成通才硕学。"对于研究院之性质,当时也明确定为:"(一)研究高深学术;(二)注重个人指导。"① 研究院以"研究高深学术造成专门人才"为宗旨;以养成"(1)以著述为毕生事业者。(2)各种学校之国学教师"为目的。国学研究院研究方向包括中国历史、哲学、文学、语言、文字学等。招收学员之资格如下:"(甲)国内外大学毕业生或具有相当之程度者;(乙)各系教员或学术机关服务人员具有学识及经验者;(丙)各地自修之士经史小学等具有根抵者;(附注)清华大学旧制大一级毕业生得学校推荐及专任教授许可得为本院特别学员。"② 由此看来,当时对于学员的资格限制不是很苛刻,颇有不拘一格拔擢人才之意。学员的研究期限一般以一年为限,但"遇有研究题目较难范围较广而成绩较优者经教授许可得续行研究一年或二年",每年均发给结业证,并注明几年结业。如1926年就有15人获准继续研究一年。关于学员的毕业,发给毕业证书,但不授予学位证书。"学员研究期满其成绩经教授考核认为合格者由本院给予证书,其上载明该学员研究期限及题目并由清华学校校长及教授签字"。③ 关于毕业论文,在1925年第一届研究生入学不久,即要求每个研究生确定研究题目,毕业应通过毕业论文考试。此后数年,没有对毕业论文再作其他规定。

对于延聘教授及讲师,有两条规定:"(一)本院聘宏博精深学有专长之学者数人为专任教授常住院任讲授及指导之事;(二)对于某种学科素有研究之学者得由本院随时聘为特别讲师。"④ 重才而略其他,这样可以聘请到许多学有专长的学者,这是一种很好的用才方法。清华国学研究院首任主任吴宓,致力于延聘导师。到任后,先后聘得国学大师王国维、梁启超、陈寅恪、赵元任为教授,时有"四大导师"之称。此后,

---

① 《清华大学志》(上册),清华大学出版社2001年版,第245页。
② 吴惠玲:《北京高等教育史料》,北京师范学院出版社1992年版,第55页。
③ 同上书,第56页。
④ 同上书,第55页。

又聘李济任为讲师，赵万里、浦江清为助教。这为研究院吸引了大批学生。同年 9 月，就招得研究生 30 余名如期开学。这批学子中，不乏后来的学界翘楚，如罗伦、陈铨、张荫麟、杜钢百、姜亮夫、王力、徐中舒、方壮猷、姚名达等。

国学研究院的招生考试也颇具特色。该院于每年 7 月招考。考试科目分三部：第一部为经史小学，注重普通学识，用问答体；第二部作论文一篇；第三部为专门科学，分经学、中国史、小学、中国文学、中国哲学、外国语（英文或德文或法文）、自然科学（物理学或化学或生物学）、普通语音学 8 门，考生于其中任择 3 门，做出答案即为完卷。投考程序一般为：（1）面试。交验资格证明文件，回答导师所提关于履历和为学目的的提问；通过者，可获"准考证"一纸。（2）普通笔试。获准考证后，参加论文写作考试，要求 2 千—3 千字，须有己见。（3）科目笔试。提交论文后，参加所选定的 3 门科目的考试，依题型分别给出答案。（4）复试。笔试两天后，获通知者参加复试。复试内容为普通常识，包括哲学、史学、汉语言学等综合性知识。再通过综合评定后，由导师决定去取。① 这种考选在今天看来比较平常，在当时中国是"只此一家，别无分店"，非常了不起，也可以看出深受美国研究生教育的影响。当时的应考者普遍认为，"清华学校的入学考试极难"。② 这种招考模式很有点现代研究生考试的味道，为以后研究生教育的正规化做出了很好的尝试。

国学研究院的研究方法，按研究院章程规定，概述如后：（1）"略仿旧日书院及英国大学制度研究方法，注重个人自修，教授专任指导，其分组不以学科而以教授个人为主。"实际上采用了导师制。（2）在开学之日，"各教授应将其所担任指导之学科范围公布，各学员应与各教授自由谈话，就一己志向与趣学力之所近，择定研究之题目。"并要求学员在开学后两星期内把择定的题目呈报讲师，由讲师核定备案，备案核定后，学员要随时接受教授指导，就此题目展开研究，大体不得更改，"以免旷时杂骛之弊"。（3）"教授所担任之学科范围由各教授自定，俾可出其平

---

① 吴惠玲：《北京高等教育史料》，北京师范学院出版社 1992 年版，第 55—56 页。

② 陈平原、王枫：《追忆王国维》，中国广播电视出版社 1997 年版，第 320—321 页。

生治学之心得,就所最专精之科目。"并可以由数位教授同讲一课目,自由阐发各自的观点。但是学员要自由选择一位教授做指导,如因题目性质需要兼受数位教授指导者,也可以,但是一经选定,就不能再更换,"以免纷乱"。(4)"特别讲师专就一定之学科范围,演讲一次或多次。学员研究题目与此有关者,均须到场听受。"(5)"教授于专从本人请业之学员,应订时间常与接谈,考询成绩,指示方法及应读书籍。"如果数个学员研究的题目全部或一部相同,教授可以同时接见这些学员,也可以在教室举行演讲,其方式自定。(6)除了分组指导专题研究以外,"各教授均须为普通演讲",每周至少 1 小时。所讲内容"或为国学根抵之经史小学,或治学方法,或本人专门研究之心得",这种普通演讲,凡是本院的学员都要到场听受。各教授讲课一般为 3—5 门,为经学、史学、中国语言文学等方面内容。研究院开办后,"讲课"内容安排有王国维的《古史新证》、梁启超的《中国史》、赵元任的《方音学》。[①] 这些对于研究生的培养方法,很多现在还在使用,如导师制、学生选题、普通演讲等,很有借鉴意义。

国学研究院从 1925 年开始招生,1927 年王国维去世,梁启超因病重及其他原因离校,研究院课程和学生人数骤减,再加上当时的北伐战争,学校无力再办,遂于 1929 年停办。从 1925—1928 年共招收 4 届研究生 74 人,毕业 70 人。具体情况是表4—4。

表4—4 　　　　　　1925—1936 年录取新生人数统计表

学年度	国学	中国文学	外国文学	哲学	历史	算学	物理	化学	生物	心理	政治学	经济	未分科	合计	备注
1925	33													33	
1926	28													28	
1927	10													10	
1928	3													3	

资料来源:《清华大学志》(上册),清华大学出版社 2001 年版,第 261 页。

---

① 吴惠玲:《北京高等教育史料》,北京师范学院出版社 1992 年版,第 56—57 页。

1925 年成立的国学研究院是一个独立的科学研究机构，在开办期间，四位导师均有重要学术论著发表，在中国国学研究领域颇具影响。王国维是著名的史学家，在清华期间主要从事上古史、经学等研究，曾编著出版《古史新证》《蒙古史料校注四种》等专著，在《清华学报》上发表《水经注跋尾》《鞑靼考》《南宋人所传蒙古史料考》等论文 3 篇。梁启超在清华任教期间著有《历史研究法补编》《古书真伪及其年代》《儒家哲学》《要籍解题及其读法》等书。陈寅恪的研究范围是《古代碑志与外族有关系者之比较研究》《摩尼教经典与回纥文译本之比较研究》《蒙古满洲之书籍及碑志与历史有关系者之研究》等，国学研究院结束后，留在历史系任教，后成为国内外唐代史研究极有影响的学者。四届毕业生 74 人，多数学生入学前基础较好，在校时进行了一两年的专题研究，毕业后大都有一定的学术水平，后来大部分在国内各大学任教和从事研究工作。其中有一些人在中国史学、语言文字学等方面产生一定影响。如王力、刘盼燧、刘节、高亨、谢国桢、吴其昌、姚名达、朱芳圃、徐中舒、姜亮夫等。

相较于北京大学的研究生教育，两者都没有专门学位的授予，但是清华大学的模式更具现代研究生教育的雏形，它的考试模式、培养模式、课程设置等对后来正规的研究生教育有很大的启示意义，在中国研究生教育史上的地位是不容低估的。

3. 国立东南大学的学位与研究生教育制度

国立东南大学是南京的最高学府，1921 年成立，1923 年与南京高等师范学校合并，仍称东南大学，新中国成立后改名为南京大学。东南大学在校长郭秉文（获美国哥伦比亚大学教育硕士、哲学博士学位，1919—1925 年任校长）的领导下发展非常迅速。郭秉文努力学习借鉴当时居世界领先地位的美国大学教育理念及办学模式，并在实践中积极探索应用，为东大的崛起付出了大量心血。美国著名教育家、世界教育会亚洲部主任孟禄博士在考察了当时中国的各主要大学之后，称赞东南大学"为中国政府设立的第一所有希望的现代高等学府"[1]。在北大、清华相继举办研究生教育后，东南大学也有此意向。在东大《创办大学研究

---

[1] 王德滋：《南京大学百年史》，南京大学出版社 2002 年版，第 73 页。

院案》一文里认为大学教育不过是高等普通教育，要育专门人才，须有研究院；而且欧美各国大学都设有研究院，并有与各教育层次相应的学位，如学士、硕士、博士，所以欧美各国学术进步一日千里，皆大学研究院督导之力也；现在国内北大、清华相继设立了研究院，我校虽设施不甚齐全，但要研究硕士学位所须解决的问题还是可以的，而且可以依实际情况相机而定；所以我校应该设立研究院。[①]

1926 年 11 月 18 日教授会修正通过了《国立东南大学研究院简章》，其主要内容为：（1）依据该校《组织大纲》第五条"本大学为研究高深学术起见，得增设研究院"之项设研究院。（2）设置研究院的领导机关。"研究院设高等学位委员会，委员为 7 人。先由各科教授会各举 2 人，为候选员，再由全体教授会于候选员中选出 7 人，每科至少须有 2 人，任期 3 年，每年改选 1/3（第一、二年每年改选 2 人，第三年改选 3 人）。7 人中互选 1 人为主席，其职权如下：（甲）总持研究院行政事务，每年汇报各系研究生之应得学位者于校长，以便授予学位。（乙）聘定各系所推举之研究指导员。（丙）聘定各研究生之考试委员。（丁）审查研究生入学及毕业之资格。"（3）招生对象。"本大学本科毕业生，或其他大学毕业生，经本校系教授会推荐及高等学位委员会认可者"，可以为本院研究生。（4）研究生的毕业要求。研究生"除国文必须通畅外，兼须能以英、德、法或他国文字之一种作通顺流畅之论文，但英、德、法或三国文字以外，须经委员认可"；"必须在院继续从事二学期以上之研究"；"每学期除研究学科外，必须修习 9 学分本系或辅系课程"；"须将其研究所得作·优良之论文，表明其有独立研究之能力，而与学术上有确实之贡献"；"除所选 18 学分课程与所作论文外，必须经一度口试，有必要时，可再加笔试。各研究生之考试委员会，除该生之研究指导员外，再由高等学位委员会委定同数之教授组织之"。研究生的成绩不及格，可以继续研究一学期或二学期，再经考试，如果还不及格，应令退学。（5）关于学位授予。"研究生成绩及格者，得分别称为文科、理科、教育科、农科或商科硕士"；关于博士学位的规程，另定之。①

1927 年 4 月，蒋介石在南京成立国民政府，接收东南大学，并改名第四中山大学，所以东大的研究生教育还未真正实施。但是东南大学是北洋政府时期唯一的一所研究生教育与学位制度并举的学校，其关于硕士学位制度的设计是中国最早的。

4. 私立大学——厦门大学国学研究院

厦门大学是私立大学中探讨研究生教育比较早的大学之一。该校于 1926 年 1 月 6 日公布《国学研究院组织大纲》，同年 8 月开办国学研究院，1927 年 3 月停办。虽然开办的时间不长，但厦大为此做了很多工作。制定了研究院各种规程，聘请了不少名师，确实费了很大心血。

该《大纲》的内容可概括如下：（1）开办的原因及目标。认为研究中国固有文化很有必要，所以"特设国学研究院为研究之所"；研究的目标为"①从实际上采集中国历史或有史以来之器物或图绘影拓之本，及属于自然科学之种种实物为整理之资料；②从书本上搜求古今书籍或国外佚书秘笈，及金石骨甲木简文字为考证之资料，并将所得正确之成绩或新发现之事实，介绍于国内外学者"。为研究需要，还分成 14 个小组，如历史古物组、社会调查组（礼俗方言等）、哲学组、闽南文化研究组等。（2）院长及各组主任。本院设院长一人，由大学校长兼任，"综理本院一切事宜"，设委员会，其会员由院长聘任，"商同院长规划本院一切事宜"；每组设主任一人，由院长聘任，管理本组事务，"至各组所研究之问题及方法，由各组长商同院长议定"，各组设助教及书记若干人，由院长指任，受本组主任的指挥，助理一切事务。（3）延聘导师。"本院各组因研究某问题必需添聘导师时，得访求国内外学术宏深学者聘任之。倘本人不能到院，得聘请为通讯导师。"当时国学研究院聘请了一批名师如林语堂（国学研究院总秘书）、沈兼士（国学研究院主任）、黄坚、周树人、顾颉刚、孙伏园、潘家洵、陈万里、丁山等。（4）入院资格及研究要求。"凡校外学者，或国外学者，有特别研究之成绩，愿到本院为研究员者，由本组主任介绍，经委员会之许可，得进本院研究。""凡本大

学毕业生有专门研究之志愿及能力者，由本组主任介绍，经委员会之许可，得进本院研究。""凡国内外各大学毕业生，由其毕业大学之介绍，本组主任审查，再经委员会之许可，得进本院研究。"对于在本院进行研究的人，"须随时报告其所研究之经过及其成绩，由本院保存或选择发表之。""研究期间每次以一年为限，如有成绩优良，愿继续研究者，得再行请求继续研究。"① 另外，厦大还制定了国学研究院研究生的研究规则，详细规定研究生的研究事项。其主要内容为：（1）"本大学及本大学承认之大学本科毕业生，于国学方面具有特殊之学力及成绩者"，可以在每学期开始后前两周到院报名，填写以前的学业和现在愿意研究的题目、研究的方法，有著作者呈送著作，一并由主任交学术会议审查（必要时得用口试），合格者可以领研究证入院研究。但是若本校毕业及校外学者有研究志愿而不能到校者，可以为通讯研究生，其报名及审查程序同上。（2）"本院教员可以提出题目，召集有相当学力之研究生入院指导或共同研究，惟须由主任提交学术会议审查通过。""研究生于每学期终了时须将所得之成绩报告于主任"。（3）关于研究生的修业年限没有规定，"凡对于所提出之题目研究得有结果时提出报告于主任，由主任提交学术会议审查，其及格者予以证书，其成绩最优者推为本院学侣，其著作如认为有发表之必要时得交编译部办理。"研究生奖学金奖给成绩优良者，其细则另章规定。② 其在招生、年限、学位等方面与公立大学基本相同，不过其研究的目标是别具特色的，院长（由私立大学的校长兼任）的权力很大，体现了私立大学校长负责制的特点。

国学研究院成立后决定发行周刊，定名为《厦门大学国学研究院周刊》，发刊时间定为1927年1月5日发刊第一期，定价为每期铜元六枚。并定期举办学术讲演，每月一次。第一次由代理主任张星烺先生讲演"中世纪之泉州"，第二次为总秘书林语堂博士讲演"闽粤方言之来源"。这些讲演都是公开形式，校内外人士均可入听。其他一些名人也曾在厦大演讲，如马寅初、胡适等。

---

① 厦门大学校史编委会：《厦大校史资料》（第一辑），厦门大学出版社1987年版，第134—136页。

② 同上书，第136—137页。

（三）教会大学学位制度的进一步发展

所谓教会大学，是指从 19 世纪末起西方基督教会在中国所创办的高等教育机构。其中由基督教创设的教会大学有 12 所，由罗马天主教创设的大学有 3 所。① 这些在华教会大学是中国近代高等教育的前驱和重要组成部分，其最直接的贡献是"把近代西方新兴的教育模式引进和植根于东方最大的文明古国，为中国传统教育用比西方短得多的时间实现向近代教育的转变提供了样板和新篇章"②。教会大学在许多方面开辟了近代高等教育的先河，学位制度就是其中之一。教会大学不仅是西方学位制度传入近代中国的一条重要渠道，同时也对中国近代高等教育的实践产生了示范效应，在一定程度上促进了近代中国学位制度的起步和发展。在晚清时期，教会大学授予学位的数量非常有限，且以低级别的学士学位为主，中华民国建立后，教会大学的学位制度渐趋完善，发挥的作用也更大。

在辛亥革命以前，中国共有北京汇文大学、上海圣约翰大学、杭州之江大学、上海浸会大学、东吴大学、上海震旦大学、南京金陵大学、广州岭南大学、武昌文华大学、华西协和大学等十几所教会大学，其中有 7 所拥有学位授予权。具体参见表 4—5。

表 4—5　　　　　　　　辛亥革命前中国的教会大学

学校名称	创办单位	建校时间、地点	向外国政府立案注册情况
北京汇文大学	美国卫理公会	1888 年、北京	1890 年在纽约成立董事会，获纽约州政府特许状，同时取得学位授予权。
广州岭南大学	美国长老会	1904 年、广州	1893 年向美国纽约大学董事部立案，得特许状，获授予与美国大学同等的学位权。

---

① 12 所新教教会大学通常指燕京大学、金陵大学、圣约翰大学、沪江大学、华西协和大学、齐鲁大学、华中大学、福建协和大学、之江大学、广州岭南大学、金陵女子大学、华南女子文理学院，3 所天主教大学指震旦大学、辅仁大学、津沽大学。

② 顾学稼等：《中国教会大学史论丛》，成都大学出版社 1994 年版，第 174—188 页。

续表

学校名称	创办单位	建校时间、地点	向外国政府立案注册情况
东吴大学	美国卫理公会	1901 年、上海、苏州	1902 年由美国卫理公会国外宣传部核准,在美国得田纳西州州政府注册立案,获学位授予权。
上海圣约翰大学	美国圣公会	1906 年、上海	1906 年得美国董事会同意,依照美国哥伦比亚州法律特许为大学,得授予与美国大学同等的学位权。
武昌文华大学	美国圣公会	1903 年、武昌	1909 年美国哥伦比亚州之法律特许为大学,获学位授予权。
南京金陵大学	美国卫理公会	1910 年、南京	1911 年向美国教育局和纽约州大学立案,特许学位授予权。
上海震旦大学	法国天主教会	1903 年、上海	1908 年开始设置学位课程,1911 年获法国学位授予权。

资料来源:朱有瓛、高时良《中国近代学制史料》(第四辑),华东师范大学出版社 1993 年版;郑登云:《中国高等教育史》(上册),华东师范大学出版社 1994 年版;王忠欣:《传教与教育——基督教与中国近现代教育》,加拿大福音证主协会出版 1996 年版;李楚材:《帝国主义侵华教育史资料——教会教育》,教育科学出版社 1987 年版。

　　中华民国成立后,教会大学迎来了发展的春天,进入了鼎盛时期。民国前期由于军阀混战,军队挪占了大部分教育经费,致使"教育界的欠薪问题,几乎无处不有",[1] 国家教育事业遭受了严重的摧残,甚至连国立北京大学也常常面临经费短缺之窘状。北大校长蔡元培曾多次提到学校经费拮据情形:"在现今经费既然竭蹶,又加以战争的恐慌,北京国立各校忽然有不能不停顿的境遇,或亦难免。但此种停顿,完全应由政府负责。"军阀政府屡挪经费,欠薪颇为严重,出现了多次索薪风潮。[2] 在国立大学发展风雨飘摇之际,教会大学则无此忧患。它一不受国内政治动乱的影响;二

---

① 金以林:《近代中国大学研究》,中央文献出版社 2000 年版,第 214 页。
② 《北京大学校史(1898—1949)》,北京大学出版社 1988 年版,第 222—223 页。

无经费上的困扰，乘此时机大为发展。民国成立后，北洋政府虽有关于教会大学向政府注册立案的法令，但因政局动荡，根本无暇顾及此事，所以直至北洋军阀统治结束，基本上没有教会大学向政府注册立案，这给了教会大学千载难逢的发展机遇，大学规模扩大，质量提高，大学数量明显增加，据不完全统计，这一时期在中国高等教育中发挥过重要作用的 16 所教会大学都已出现：北京燕京大学、北京辅仁大学、天津津沽大学、上海圣约翰大学、上海沪江大学、上海震旦大学、东吴大学、南京金陵大学、南京金陵女子大学、广州岭南大学、杭州之江大学、武昌华中大学、福建协和大学、福州华南女子文理学院、成都华西协和大学、山东齐鲁大学。如果包括学院在内，此期教会大学的数量至少达到 22 所。教会大学的学位制度与大学的创办基本上是并举的或稍微晚一点，且多在国外注册立案。美国在这一时期的大学教育中独占鳌头，如著名的燕京、金陵大学等都是美国人创立的。大学教育的发展为学位制度建设提供了良好的基础。学位制度更加完善，按照哥伦比亚大学的办学模式，部分大学已建立起三级学位制度，研究生教育开始举办，而且也有了高级学位的授予。为了更好地把握教会大学学位制度的发展特色，我们以圣约翰大学、金陵大学、金陵女子大学、震旦大学、燕京大学为代表来介绍。

1. 圣约翰大学在很长一段时期内被中外人士认为是在当时中国办得最好的教会大学之一，提供最完善的西方教育，曾被誉为"东方的哈佛"。其前身为圣约翰书院，1877 年由美国基督教圣公会主教施约瑟筹办，在培雅学堂、度恩学堂的基础上合并而成，1879 年 9 月 1 日正式开学。1890 年，该校开始设置大学课程，初创时，"大学学程仅三年"，1895 年首届大学生 3 人毕业，尚不授予学位。1905 年驻美董事会决定对圣约翰实行改造，按照美国哥伦比亚大学的条例组成完全大学。正如该校校长卜舫济（Francis Lister Hawks Pott）在《圣约翰大学沿改略》中所写的"嗣大学程度逐渐提高，始议及学生学位问题。於一九零六年在美京立案，为圣约翰大学，设文理科，医科，神学科，得授予与美国大学毕业同等之学位。"[①] 据此，"各科毕业生依美国成例一律由美国大学校董

---

① 李楚材：《帝国主义侵华教育史资料——教会教育》，教育科学出版社 1987 年版，第 160 页。

签发学士等学位证书,其学位证书是参照该校校长卜舫济的母校——哥伦比亚大学的学位证书的样式设计的。"① 关于学位授予,圣约翰大学有一些详细的规定,具体如下:"文科及理科高级毕业,给予学士学位,如各科该生在正馆四年之总分均在八十分以上,凭照内特加荣誉二字以示优异;医科须毕五年学业,并于五年内所得平均分数及七十五分,方予文凭,作为医科博士;习道学者,其课程总均数能逾九十分,可得到学士学位,此项学位毕业时当众报告;俟该生受会长职后,方能实授大学院生,读毕大学院课程,可得文科或理科硕士学位。"② 随着大学质量的提高和社会要求的变化,该校模仿美国哥伦比亚大学三级学位制度逐步形成了自身的学位体系:4 年制大学毕业后,授予学士学位;在校继续攻读 1—2 年并通过论文答辩后,授予硕士学位;再攻读 2—3 年并通过更为严格的论文答辩后,则授予博士学位。从 1916 年起,圣约翰大学开始授予名誉博士学位,这在中国尚属首次。

1907 年圣约翰大学授予第一批文科学士学位,有周诒春、严鹤龄、江虎臣、朱友渔等人;1908 年授予谭习礼、喻庆恩等医科博士学位。由于该校在美国注册,该校获得学士学位的毕业生很容易进入美国大学深造。按照卜舫济的说法,圣约翰在美国注册主要有三点理由:一是提高学校的声望;二是借颁发学位以提高学位的水准;三是为学生出国深造创造条件。③ 这也是在华教会大学纷纷在外国注册的共同原因,另外就是当时中国学位制度很不完善。学校在美国注册后,卜氏分别致函美国多所名牌大学,要求它们承认圣约翰的文凭和学位,结果耶鲁、哥伦比亚等校给予圣约翰毕业生以免考直升研究生院的优待。哈佛、康奈尔、芝加哥、宾州等大学也愿意接收圣约翰大学的学生进入他们学校攻读本科高年级。从此圣约翰学生在前往美国深造方面,占有明显的优势。据不完全统计,1920 年在圣约翰肄业或毕业后在国外获得学位者达 120 人之多。到 1927 年时,其学生中已有 655 人在国内外高等学府获得学士学位,

① 徐以骅:《教育与宗教:作为传教媒介的圣约翰大学》,珠海出版社 1999 年版,第 40 页。

② 《圣约翰大学章程汇录》,上海美华书馆 1914 年版。

③ 徐以骅:《教育与宗教:作为传教媒介的圣约翰大学》,珠海出版社 1999 年版,第 40 页。

104 人获得硕士学位，43 人获得博士学位。①

2. 金陵大学，也是办得最好、影响较大的教会大学之一，进入民国后成为一流的教会大学，以经费较多、师资雄厚而被誉为"钟山之英"，其校歌"大江滔滔东入海，我居江东……永为南国雄"便唱出了这种气魄与豪迈。1910 年由南京汇文书院（1888 年创办）、宏育书院（由基督书院、益智书院合并而成）合并而定名为金陵大学。第一任校长为包文，主政近 20 年，其人"勇于任事，尤其卓识远见，凡事先立大计于胸中，规定其步骤，计虑周详，巨细无所遗，及计划定，即施行，无犹豫顾忌，虽遇挫阻不沮丧，终奋勉尽力以底于成功而后已"②。三校合一，包文功不可没；大学初创，百废待兴，包文积极任事，终使金大成为当时名校。1911 年，金陵大学董事会决议向美国纽约州申请注册立案，其原因和卜舫济的说法基本相同。1913 年 4 月《金陵光》中文版第 1 期对此报道说："自本校创办以来，历年毕业者颇不乏人，但未经美国大学承认，如至美国留学，不得迳入专门学位。兹于 1911 年 4 月 19 日颁到美国省教育部长瞿君，暨纽约大学校长马君公文，正式承认本校为完全大学校。其文有云：自承认之后，中国所设立之金陵大学堂，除享泰西凡大学应享之权利。又云：学生凭单向由该校发给，今改由纽约大学校签发，转致金陵大学堂监发毕业生。据此，则以后凡在本学堂毕业者，即无异在美国大学校毕业。"③ 自此以后金大开始迅速发展。

大学成立之初，除宗教、医学外，仅设文科，数理化等附设于文科，授文学士。其学制早期按美国纽约大学的章则，学制 4 年，授学士学位，如陶行知，1909 年入汇文书院，1914 年以《共和精义》获得文学学士学位。另设相当于大学预科的高等学校。医学方面，本科 5 年，预科 2 年，直接授医学博士学位，创中国 7 年制医学教育之先河，今日南京大学之 7 年制医学院仅授硕士学位。1922 年，北洋政府颁布《壬戌学制》，高等教育定为 4—6 年，乃改大学本科为 4 年，中学 6 年，并暂设预科 1 年，以

① 徐以骅：《教育与宗教：作为传教媒介的圣约翰大学》，珠海出版社 1999 年版，第 242 页。

② 南京大学高教研究所校史编写组：《金陵大学史料集》，南京大学出版社 1989 年版，第 14 页。

③ 张宪文主编：《金陵大学史》，南京大学出版社 2002 年版，第 19 页。

便旧制中学的毕业生可以升入大学。[①] 课程教学方面，金陵大学开始实行规定科目制，1915 年后改用主修、选修科目制。学生的学习过程，用富有金陵大学特色的"学分制"进行管理。"金大学分"实际上是衡量学生学习和工作的一种标准。"每学分约值校内 50 小时或校外 75 小时之工作，换言之以普通学生每星期上课自修及实验合三小时，高材生合二小时半，低能生合三小时半，历一学期者为一学分，预科学分之值等于本科学分之五分之四。"至于说金陵大学学生需要多少学分才可以毕业拿到学位，目前的说法不完全一致，各个时期也不同，很难归一。关于金陵大学文科，经过多年的发展特别是数理学科的力量稍见充实，遂于 1921 年改文科为文理科。其中理科方面设化学、数理 2 系和医学先修、工业化学 2 科，[②] 授理学学士学位，夏伟师为文理科长，此后连任到 1926 年。从 1910 年到 1926 年，金陵大学在中国动荡的政治局势中获得了长足的进步，1926 年，金陵大学教职员工达到 200 余人，在校学生达 600 余人。1927 年 3 月 24 日北伐军进入南京，金陵大学进入了南京国民政府统治时期。在民国前期金陵大学学生获得学位的人数我们可以参看金陵大学历年毕业生数目比较表，见表4—6。

表4—6　　　　　　　金陵大学历年毕业生数目比较表

年限		文学院	理学院	农学院		医科	农教	总计人数
国历	西历	文科	理科	农科	林科			
光绪二十二年	1896	3				2		7
光绪二十三年	1897	1						1
光绪二十五年	1899	5						5
光绪二十六年	1900	2						2
光绪二十八年	1902	3				1		4
光绪二十九年	1903	4						4
光绪三十年	1904	4			8			15

---

① 申晓云:《动荡转型中的民国教育》，河南人民出版社 1994 年版，第 121—123 页。

② 南京大学高教研究所校史编写组:《金陵大学史料集》，南京大学出版社 1989 年版，第 176 页。

续表

| 年限 | | 文学院 | 理学院 | 农学院 | | 医科 | 农教 | 总计 |
国历	西历	文科	理科	农科	林科			人数
光绪三十一年	1905	3						5
光绪三十二年	1906	1						5
光绪三十三年	1907	9						9
光绪三十四年	1908	13				1		14
宣统元年	1909	8				1		9
宣统三年	1911	1				1		1
民国元年	1912	2						2
民国 2 年	1913	6						6
民国 3 年	1914	10				10		20
民国 4 年	1915	7						7
民国 5 年	1916	9						9
民国 6 年	1917	1				12		13
民国 7 年	1918	6		6				12
民国 8 年	1919	13		4	13			30
民国 9 年	1920	19		11	8			38
民国 10 年	1921	10	1	4	1			16
民国 11 年	1922	16	1	5	2	1		25
民国 12 年	1923	21	1	5	4			31
民国 13 年	1924	24	2	14	10		3	53
民国 14 年	1925	14	10	4	6		4	84
民国 15 年	1926	26	5	5	3		6	113
民国 16 年	1927	42		6	2			90

资料来源：参见金陵大学档案。

3. 女子大学与金陵女子大学

关于女子高等教育，东西方国家都是比较落后的。比如说英国，直到 19 世纪七八十年代，英国的一些大学才开始向女子授予学位。而在中国，一直到 1919 年才有了第一所女子高等学校（中国政府自办）——北京女子高等师范学校，1924 年改为国立北京女子师范大学。1920 年，北京大学首开女禁，之后东南大学、北京师范大学、南开大学、厦门大学等校相继开始招收女生。据 1922 年不完全统计，当时至少有以下大学兼收女生, 其数目一并列出, 如表4—7所示。①

表4—7　　　　　　　　1922年招收女生的大学及其人数统计

高校名称	男女学生总数	女生数	女生百分比（%）
北京大学	2246	11	0.5
东南大学	812	44	5.4
南开大学	260	23	8.8
北京师范大学	794	16	2.0
东大上海商院	167	10	6.0
中国大学	1626	14	0.9
厦门大学	237	4	1.7

资料来源: 以上据《最近三十五年之中国教育》, 商务印书馆1921年版, 第206页。

据此可见, 当时为女子提供高等教育的机构很少, 但是中国毕竟有了自己培养的女大学生。相对于中国社会不太关注女子高等教育的事实, 教会女子大学则早在20世纪初就已经实施了。以贝满女塾为前身的华北协和女子大学在1905年开设大学课程, 被认为是最早的教会女子大学, 也是中国历史上第一所女子高等教育机构, 比中国政府自办的女子大学早了14年。这所学校在1920年时并入燕京大学, 改称"燕大女校"。第二所女子大学为华南女子文理学院, 其前身为1908年的华南女子学院, 从1917年开始, 该学院提供4年制的学士学位课程, 有5名学生进入这一大学班。两年后有2名学生赴美留学, 其中的王世靖后来成为华南女子文理学院的首任中国人校长。1921年第一批3名大学生毕业, 获得了华南女子学院颁发的学士学位。到1921年时该校大学生共有42名, 预科生202名。虽然华南女子文理学院在1921年就已经开始向学生颁发了学士学位, 但当时它既没有向中国教育部, 也没有向任何一家美国人学申请认可。1921年, 华南女子文理学院开始向美国的大学申请许可, 并于1922年9月从纽约州立大学奥伯利分校获得了颁发学位的临时许可。②

① 杜学元:《中国女子教育通史》, 贵州教育出版社1995年版, 第407页。
② 王忠欣:《传教与教育——基督教与中国近现代教育》, 加拿大福音证主协会1996年版, 第129页。

　　最早实行男女同校的大学是岭南大学，早在 1905 年学校创办伊始，即有少数女子插入学校与男生同学，1920 年该大学正式准许女子入校学习，1921 年，该校即有了男女同校后的第一位获得文学学士学位的女毕业生。[①]其他还有一些女子大学如广州夏葛女子医学院等，不再一一叙述。

　　由于教会学校较早注意到女子教育，所以女子高等教育一直保持着领先地位，但就人数而言，国立大学还是后来居上。1922 年国立大学有女生 405 人，占学生总数 10535 的 3.8%；省立和私立大学的女生人数只有 132 人，占学生总数 20325 的 0.6%；教会大学的女学生人数虽然只有 350 人，却占学生总数 4020 的 8.71%。到 1925—1926 年度，教会大学的女生人数增加到 530 人，占学生总数 3489 的 15.2%。[②] 从 1920 年到 1925年，教会学校女生人数增加了 4 倍。具体参见表 4—8。

表 4—8　　　　　　　　　　中国教会大学女生人数

学校	1920 年	1925 年
广州岭南大学	23	29
金陵女子大学	55	137
华南女子文理学院	14	80
沪江大学	9	68
山东基督教大学	0	53
东吴大学	0	6
南京金陵大学（农科和林科）	0	27
华西协和大学	0	8
雅礼大学	2	6
燕京（女）大学	14	116

　　资料来源：《教会大学手册》，1926 年，第 28、32 页。

　　尽管在绝对人数上教会大学女学生总数低于国人自办大学中的女学

---

　　① 田正平：《中外教育交流史》，广东教育出版社 2004 年版，第 843 页。

　　② ［美］杰西·格·卢茨：《中国教会大学史（1850—1950）》，曾拒生译，浙江教育出版社 1987 年版，第 128 页。

生数，但是，具体到不同类型的大学而言，教会大学女学生的比例远远高于国立、省立或私立大学中女学生所占的比例。即使从绝对人数上看，在 20 世纪 20 年代，教会大学女学生也占到全国女大学生数的 40%。① 据统计，在 20 世纪上半期，从教会大学毕业的女大学生数总计约 6000人，② 据此可以推测，当时全国的女大学生数大概在 15000 人左右，而民国前期能够完成大学教育并获得学位的女子人数远远不会超过这个数目。

金陵女子大学 1913 年创建，1915 年开学，是一开始即作为大学创办的少数教会大学之一。第一任校长为德本康夫人，1892 年毕业于美国霍利奥克学院，获文学学士学位，1925 年在同一学校获文学博士学位，1913—1928 年在任，为女大发展做出了重大贡献。大学之初，通过金陵大学的办学执照，女大可以授予学位，在授予第一年级毕业生的文凭上，已经有了金陵大学和金陵女大的校名。后来，纽约州大学委员会认为该校"成绩优良，学生程度与各大学相等，准其立案，并发给学位"。③ 至此金陵女大被授予独立的办学执照，有了独自授予学位的权利。从 1915年到 1927 年共有三代"金陵人"，见证着女大的艰辛与辉煌。第一年有13 名学生注册，其中有该校最出色的学生吴贻芳，1928 年以后，她担任了这个学校校长的职务。1919 年 6 月有 5 名学生毕业，"成为在中国的学校中最早获得文学学士学位的女性"。④ 金陵女大的学生以毕业于女大为傲。第一代学生中有一位靠巴氏（Barbour）奖学金去密歇根大学留学，后来又将经费转回金陵，于 1922 年获得金陵的文学学士学位；另一位在史密斯学院获得学位的金陵学生对校长说："不是金陵的毕业生，这是我一生的遗憾。"⑤ 从最早授予学位开始，金陵女大的"所有权利、荣誉和特殊待遇适用于世界各国"得到了排列美国前列的学院和大学的承认，并同意金陵女大的学生毕业后继续深造，以获取更高一级的学位。最早 4个班的 43 名毕业生中有 20 人从美国的教学机构获得了更高级的学位。⑥

---

① 田正平:《中外教育交流史》，广东教育出版社 2004 年版，第 842 页。
② 章开沅:《文化传播与教会大学》，湖北教育出版社 1996 年版，第 175 页。
③ 杜学元:《中国女子教育通史》，贵州教育出版社 1995 年版，第 462 页。
④ ［美］德本康夫人、蔡路得:《金陵女子大学》，杨天宏译，珠海出版社 1999 年版，第 13 页。
⑤ 同上书，第 20 页。
⑥ 同上书，第 22 页。

金陵女大在政局动乱中不断地发展着，1919 年招生人数为 70 人，1924 年有 133 名学生注册，1925 年为建校 10 周年入学人数达到 137 名，超过了任何其他教会大学，到 1926 年时，共有 152 名学生注册。① 从 1919—1927 年共毕业 9 届 105 人，获得学位的人数至多如此。1927 年以后，南京国民政府成立，女大开始了新的发展历程。

4. 上海震旦大学，其前身是创办于 1903 年的震旦学院，由爱国天主教徒马相伯创建于上海徐家汇，是法国天主教耶稣会在华创办的教会大学。后来由于马相伯与法国耶稣会士在教学方法上不可调和的分歧，1905 年马相伯退出震旦，同年即创办了复旦。法国的耶稣会士则按照法国大学的理念将震旦发展成了一所颇具声望的大学。与基督教教会大学一样，震旦大学与国外机构挂钩。"震旦"所颁发的预科毕业证书，经法国政府认可，可进入法国各大学正科肄业。正科毕业证书也可以升入法国各大学相当学位阶段肄业。"震旦"又向罗马注册立案，受罗马教皇的传信部所控制。②

该大学的结构与课程完全仿效法国，是法国高等教育在中国的翻版。创办之初，设文理两科，随着大学的发展，1914 年复将本科分 3 个系科：法政文学科，学制 3 年；算术工学科，学制 3 年，毕业后，有志工程者，又设工程特科，学制 2 年；博物医学科，学制 4 年。③ 后来形成了文学院、法学院、医学院和理学院 4 个独立的学院。1908 年，传教士 P·H·阿莱任震旦教务长时设置了一套 6 年制的强化课程。他后来回忆道："这些课程确实不如此后发展的那样完美，但当时给它们贴上大学课程标签是不容迟疑的。"他又指出震旦注意"对中国青年进行高等教育，使他们有可能学习欧洲科学知识。不然的话，他们只有赴欧美才能接受西方高等教育。"④ 在新的教学大纲中，震旦以法国的学士学位教程为模板，提供一套三年制的预科教程。同时还提供一套三年制的高级教程，适用于那些已经顺利完成预科学业而且考试及格的学生，高级教程分文理两部分，培养目标是使学生取得相当于法国硕士学位的证书。

---

① ［美］德本康夫人、蔡路得：《金陵女子大学》，杨天宏译，珠海出版社 1999 年版，第 28 页。
② 郑登云：《中国高等教育史》，华东师范大学出版社 1994 年版，第 178 页。
③ 郭卫东：《近代外国在华文化机构综录》，上海人民出版社 1993 年版，第 408 页。
④ 章开沅：《社会转型与教会大学》，湖北教育出版社 1998 年版，第 291 页。

　　1912 年震旦大学举行首届毕业生典礼,获毕业文凭者 12 人。这一年,文学院首次颁发硕士学位证书,分为中国文学和法国文学两类;理学院也开始授予理学硕士学位,不久建立理科专业,并从 1916 年起授予工程学学位。① 医学院,1909 年设置两年制的医学预科课程,1912 年制定了五年制医科教学大纲,根据这份大纲于 1917 年授予第一批医学博士学位。② 震旦法学院 1917 年开始授予硕士学位,③ 1920 年起授予法学博士学位。④ 除授予中国人学位之外,震旦大学还可以授予外国留学生学位。审阅 1912—1928 年震旦学位获得者名单,其中至少有 6 人不是中国人:皮埃尔·梅勃 1923 年获法学硕士学位,苏洛尼柯夫 1927 年获理学硕士学位,1922 年阿尔弗罗杜·斯科拉攻读工程学,1927 年阿尔弗罗杜·达·考斯塔攻读工程学,达尼尔·戈泰尔斯和德·贾西亚分别于 1927 年和 1928 年获得医学博士学位。

　　5. 燕京大学是北洋政府时期第一流的教会大学。1920 年由通州协和大学、北京汇文大学、华北女子协和大学合并而成,由司徒雷登出任校长。学制原定预科 2 年、本科 3 年,后改为预科 1 年、本科 4 年。由于司徒雷登的办学思想相对开明,加之又有充足的经费和优良的师资作为保障,故使该校在教会大学中后来居上。尤以重视"学术性"为其鲜明特色。加利福尼亚大学的誉志久野就认为在教会大学中,只有 1925 年后的金陵大学和燕京大学可以定为甲级或乙级,也就是说这两所学校的毕业生完全有资格进入美国的研究院,而其他教会大学的毕业生只能进入大学本科。⑤ 由此可见,当时燕京大学确实风云一时。实力最强、规模最大、资金最为雄厚的燕京大学在研究生教育方面也不甘落后,从 1920 年起,即为合组前的 3 校毕业生试办了研究生教育:"其本科以上之研究课程,自民国九年即有之。最初设立者为哲学。其后逐年增设至十二门。

　　①　章开沅:《社会转型与教会大学》,湖北教育出版社 1998 年版,第 292—293 页。

　　②　章开沅:《文化传播与教会大学》,湖北教育出版社 1996 年版,第 293 页。

　　③　余伟良:《二十世纪的中国学位制度研究》,博士学位论文,湖南师范大学,2008 年,第 82 页。

　　④　章开沅:《文化传播与教会大学》,湖北教育出版社 1996 年版,第 295 页。

　　⑤　[美] 杰西·格·卢茨:《中国教会大学史 (1850—1950)》,曾拒生译,浙江教育出版社 1987 年版,第 185—186 页。

关于研究院课程之事务，由校务会议特设研究委员会主持之。"① 显然，这与北大、清华一样，并不授予硕士学位。

总体而言，在北洋政府时期，和中国人自办的大学学位制度相比，教会大学的学位制度建设一直处于领先地位。它不仅直接引进了西方的学位制度，而且在实践方面也遥遥领先于中国各大学。在学位授予方面不仅授予学士学位，还授予相当数量的硕士、博士学位，还可以授予名誉博士学位。应该注意的是教会大学毕业的学生中有 3/4 到 4/5 的人留学深造并在国外获得更高级的学位，如金陵女子大学 "最早四个班的 43 名毕业生中有 20 人从美国的教学机构获得了更高级的学位"，② 据不完全统计，1920 年在圣约翰肄业或毕业后在国外获得学位者达 120 人之多。到 1927 年时，圣约翰大学的学生中有 655 人在国内外高等学府获得学士学位，104 人获得硕士学位，43 人获得博士学位。③ 这些在教会大学接受教育而在国外深造获得学位的人后来大都成为中国社会的精英人才，或为政界精英或为教育名流或是工商巨子或为外交英才等，对中国社会的影响是巨大的。正符合教会大学的目的，即 "培植英杰，上达朝廷，下达草野"。我们仅以教育界为例列表说明（表4—9）。

表4—9　　　　　北洋政府时期在教育界工作的教会大学毕业生

人物	毕业大学	国外教育	相关及重要事项
杭立武	金陵大学，1924 年获文学士学位	1928 年获威斯康辛大学文学硕士学位	1944—1948 年任教育部次长，1948 年任部长
谢家声	金陵大学	留学密歇根大学农学院，1916 年获理学硕士学位	曾任金陵大学农学教授，1930—1935 年任金大农林学院院长；1922—1927 年任东南大学教授，1928—1930 年任代理教务长；1935 年起任农林部中央实业研究所所长

① 朱有瓛、高时良主编：《中国近代学制史料》（第4辑），华东师范大学出版社1993年版，第491页。

② ［美］德本康夫人、蔡路得：《金陵女子大学》，杨天宏译，珠海出版社1999年版，第22页。

③ 徐以骅：《教育与宗教：作为传教媒介的圣约翰大学》，珠海出版社1999年版，第242页。

人物	毕业大学	国外教育	相关及重要事项
戴志骞	圣约翰大学,1912 年获学士学位	1918 年获美国阿尔班尼图书馆学学士学位;1924 年获依阿华大学博士学位	1924—1928 年任清华大学图书馆馆员;1922—1926 年任北京图书馆协会合长;1925—1926 年中国图书馆协会会长;1929—1930 年在南京图书馆和教育部门任要职,包括中央大学副校长
吴贻芳	金陵女子大学,1919 年以第一名成绩获文学士学位	1922—1928 年留学密歇根大学,获生物学硕士学位、博士学位	1928—1952 年任金陵女子大学校长,做出重要贡献
王世靖	1913—1919 就读于华南女子文理学院	1921 年毕业于美国早边(Morningside)学院;1923 年获密歇根大学文学硕士,1928—1929 年在读大学从事研究	1923—1927 年任华南女子学院教授、院长;1929—1959 年任华南女子大学校长
刘湛恩	东吴大学	曾获芝加哥大学硕士学位,1922 年获哥伦比亚师范学院博士学位	1922—1928 年任青年全国协会教育部总干事,兼任职业指导所主任;1928—1938 年任上海沪江大学校长还在教会教育机关服务多年
陈裕光	金陵大学,1915 年获学士学位,1918 年获硕士学位	1922 年获哥伦比亚大学博士学位	中国著名教育家,1922—1925 年任北京师范大学理化系主任;1927—1951 年任金陵大学校长,做出重要贡献
郭秉文	1893—1896 年就读于清心书院	1911 年获美国伍斯特大学学士学位,1912 年获哥伦比亚大学硕士学位,1914 年获博士学位	中国著名教育家,1914—1918 年从事教育工作,曾代理南京高等师范学校校长;1918—1925 年任国立东南大学校长,做出重要贡献
韦卓民	1911 年第一个毕业于文华大学的学生,1915 年获该校硕士学位	1918—1920 年就读于哈佛大学,获哲学博士学位,后去剑桥圣公会神学院进修;1929 年获伦敦大学博士学位	1920—1924 年任文华大学教授;1924—1926 年任教务长、校长,从这时起一直到 1951 年任华中大学校长

续表

人物	毕业大学	国外教育	相关及重要事项
杨永清	东吴大学	1914—1918 年入美国威斯康辛和华盛顿大学，获文学硕士和法学学士学位	1930—1947 年任东吴大学校长
李应林	1914 年毕业于岭南学堂	1920 年获奥柏林大学学士学位	1927 年起任岭南大学副校长，1930—1950 年任校长
林景润	1916—1919 年就读于福建协和大学	1919—1920 年入奥柏林大学，获硕士学位；1920—1922 年就读于哈佛大学，获硕士学位	1927—1944 年任福建协和大学校长；1930—1934 年任中华基督教教育会会长
张凌高	华西协和大学文学士	曾获美国西北大学文学硕士、盖瑞特大学（Garrett）神学学士；1933 年获德卢大学教育博士	1927—1932 年任华西协和大学副校长；1933—1950 年任校长
陈锡恩	1922 年毕业于福建协和大学	曾获哥伦比亚大学文学硕士、南加利福尼亚大学哲学博士学位	1927—1932 年任福建协和大学教育学教授、教务长；1946—1947 年代理校长；1938 年后任南加利福尼亚大学教育学和亚洲研究教授
凌宪扬	1927 年获沪江大学学士学位	曾就读于旧金山大学、加州大学，获工商管理硕士学位	1944 年起任沪江大学校长
刘书铭	1918 年毕业于齐鲁大学	1924 年获美国伍斯特学院学士学位；1926 年获哈佛大学硕士学位。曾攻读国际法博士学位	1928—1931 年任东北大学政治学、社会学教授；1931—1935 年任北京大学教授；1935—1943 年任齐鲁大学校长
沈嗣良	1911—1919 年就读于圣约翰大学	1920—1921 年入奥柏林大学，1929—1930 年入哥伦比亚大学	任教于圣约翰大学物理系；1919—1928 年任圣约翰大学董事；1928 年任教务长；1929 年任代理校长，1943—1945 年任校长

续表

人物	毕业大学	国外教育	相关及重要事项
陆志韦	东吴大学	芝加哥大学哲学博士	1929 年起任燕京大学文学院院长；1935—1937 年任代理校长；到 1941 年一直任研究生院院长。1946 年、1948—1951 年是燕大校务委员会五位委员之一
林济青	1911 年毕业于北京汇文大学	1917 年获美国李海（Lehigh）大学教育学硕士学位	1918—1924 年任山东高等矿业学位教务长；1925—1929 年任青岛大学教务长；1930—1935 年任齐鲁大学文理学院院长；1932—1934 年任齐大代理校长
陶行知	金陵大学，1914 年获文学学士学位	1915—1917 年留学哥伦比亚大学师范学院，深受"生活教育"思想的影响	中国伟大的人民教育家，一生致力于平民教育，在教育上他"捧着一颗心来，不带半根草去"的无私奉献精神是一笔宝贵的财富

注，教会大学学生在教育界工作者很多，本表仅举 20 人，主要是一些任过教会大学校长的人，陶行知因其杰出贡献作为一个特例列入。

资料来源；贝德士《中国基督徒名录》，载章开沅主编《社会转型与教会大学》，湖北教育出版社 1998 年版，第 269—486 页。

对于教会大学的贡献，我们就用一个美国人——曾在金陵大学任教的芳威廉（William B. Fenn）博士坦率而充满感情的评论做结束语，他说："在 20 世纪上半叶画下句号时，中国教会大学可以充满骄傲回顾既往，也可以怀着足够的自信看待现实……教会大学的贡献，是培养了一大批有良好训练且在社会各层面有很大影响的男性和女性，而这正是国家最需要他们的时候。中国教会大学这个名字，将被视为大西洋两岸基督徒对太平洋东岸伟大人民的辉煌贡献而永远铭记。"

（四）港澳台学位与研究生教育制度

香港、澳门、台湾自古以来就是中国领土的一部分，研究中国学位与研究生教育制度，这些地区应属研究之列。民国建立，在大陆创建学位制度的同时，港、澳、台特别是香港的学位制度建设也开始起步，但是由于政体有别，经济发展以及政府的教育行为有别，他们的学位制度建设呈现出不同的发展特点，研究他们的学位制度发展状况有着重要的理论和现实意义。

香港、澳门、台湾都受过殖民统治，并且实行不同政体，在倡导文化价值观上有很大的差异，使它们在推进教育近代化进程中深受西方国家影响，如香港沿袭英国，澳门曾硬搬欧洲模式，台湾则是日本教育模式，因此教育中既有殖民统治之痼疾，又吸收了西方许多文化精髓和教育经验，有自由研究之现代教育精神，使学位与研究生教育制度呈现出各自的发展特色。现分述如下：

在民国前期台湾、澳门的高等教育相对来说发展得很不充分，涉及学位制度方面的也非常少。台湾高等教育创办于日本占据后的 19 世纪末，但当时仍属高等专修性质，以专科为主，颁发日本学历证书。台湾设学位源于 19 世纪末。日本侵占台湾后，于 1897 年在台北的医院中附设医学讲习所，学制为预科 1 年，本科 3 年，为设学位之源。台湾的大学教育则始于 1928 年台湾大学的创办，当时称台北帝国大学，是日本帝国主义为了自己的政治目的而建立的，1945 年，台湾光复后，南京国民政府接管，才改称为台湾大学，至于台湾的学位授予和研究生教育则是 20 世纪 30 年代以后的事了。

至于澳门，教育相对来说更为落后，其主要原因是葡萄牙人在澳门不是着力发展经济，建立本地工业体系，而是大力发展嫖赌业、娱乐业，使之成为"正宗"的支柱产业。政府对教育采取放任态度，所立官学以艰涩难懂的葡萄牙语为教学语言，客观上就把绝大多数澳门子弟拒于校门之外，发展很慢，仅维持一二所。但是澳门的高等教育却可以追溯到 16 世纪。早在 1557 年葡萄牙人就获准入居澳门，之后，大量的耶稣会士抵达澳门，定居并从事传教活动。为方便传教，1565 年耶稣会创办了圣保禄公学，1594 年升格为澳门圣保禄学院（College of St. Paul, Macao）——这是中国第一所西式高等学校。作为一所正规的学院，澳门圣保禄学院有严格的管理和运作制度，并有了相关学位的授予，如在考试规则中规定"经考试合格者准予毕业并授予学位"①。当然作为一所教会学院,它更关注的是传教事业。其世俗的高等教育,因当时澳门当局硬搬欧洲的模式,很快便销声匿迹了;再加上澳门注重博彩娱乐业,高等教育发展受到严重抑制。直到 20 世纪 70 年代,在经济和社会发展及各方面压力下,澳门市政当局才开始重视和发展高等教育。1981 年澳门才有了自己的大学,为私立东亚大学,后来,收编为澳门大学。

在这三个地区中,只有香港的高等教育发展得相对好一点,1911 年就成立了著名的香港大学。而且在 20 世纪 20 年代的中国,也只有香港建立起了比较健全的三级学位制度——学士学位、硕士学位、博士学位,还可以颁授荣誉博士学位。其学位与研究生教育制度在亚洲起步最早,这与香港的战略位置和历史使命有关,与港英当局的态度有关。

香港高等教育的最早源起,是 19 世纪末的西医书院,它孕育和推进了 1911 年成立的著名的香港大学。从 1840 年英国武力"叩关"占领香港到 19 世纪末,历经了半个多世纪,当时美法等国已经在中国建立了教会大学,英国除了牛津、剑桥外,又成立了许多新的大学,而香港还没有一所现代大学,受高等教育的人数很少,都回内地或留洋英国等。到了 20 世纪初,随着香港经济社会的发展,人们开始关注高等教育,早在 1872 年就有人提出在香港创办一所英制大学。到了 20 世纪之后,这种提议得到了更多的响应,其中当地名报《中国邮报》最为积极,1905 年 12 月 15 日该报发表了一篇名为《在香港建立一所帝国大学》的社论:香港需要的是一所大学。中国南方,甚至是北方的人,定会选择此所近便的学院……在香港设立一所大学,会成为一项帝国投资,对于英国繁荣来说,为此目标,使用一笔公费,是有价值的……如果我们不这样做,正如一位皇室人物所说的,那 20 世纪的远东就是日本的了。② 可见,创办香港大学是港英当局在政治和经济上的要求。所以港府向英国政府提出了将早已驰名中外的西医书院改为大学的方案,并备陈成立大学的利害要点。当时,港督(也为港大首任校长)卢吉勋爵(The Rt Hon the Lord

---

① 田正平:《中外教育交流史》,广东教育出版社 2004 年版,第 112 页。
② 王忠烈:《台湾、香港、澳门学位制度与研究生教育研究》,中国人民大学出版社 1997 年版,第 120 页。

Frederick Lugard）就大力鼓吹建香港大学，并坚决主张该大学必须具备授予学位权，以示该大学为英国政府而非港府所办。卢吉指出港大是"为中国而立"，"港大应负起使东西文化水乳交融的重要使命"。1911 年香港立法局通过《香港大学条例》，在 1887 年创立的香港西医书院的基础上建立起香港第一所公立大学——香港大学。由于香港大学的创办被作为大英帝国在亚洲的窗口，负有英国在远东利益的重大使命，故得以能按较高规格为起点，以牛津大学和剑桥大学联合委员会提供的英国大学模式为蓝本，并得到英国学术界的认可。所以，英国人特别注重香港大学的颁授学位权，在《香港大学条例》中就规定大学具有学位授予权，第 50 条规定可以在英国剑桥、牛津大学聘请著名学者兼任校外学位考试委员的权利。①

1911 年 3 月，香港大学正式成立，翌年 10 月正式招生开课。港大创办的目的正如《香港大学条例》中申明的："推动学术、文艺、科学及研究。培养及发展来自不同民族、不同国籍、不同宗教信仰的人格。"② 实际上主要培养那些高等华人子弟、培养维护英国殖民统治的政府官员，在社会各部门扩大英国对中国的政治影响。正是这种政治的、历史的局限，使得港大发展缓慢，且规模很小，初创时仅有医学、工学两院，后又续增文学院和理学院。香港大学创办之初，就很强调颁发学术学位的意义，突出了港英当局对学位问题的关注和办学要求，注定了香港大学的精英色彩。开办之初开设学士学位课程；1915—1916 年度开设硕士研究生课程；1925 年又设博士学位课程，是亚洲较早设置博士学位的学校之一。香港高等教育管理基本沿袭英制，最早学位是由英国皇家学术评审局授权给香港大学的。学位层次为学士、硕士、博士三级；仅对全日制学生颁发学位，授予学术性学位，只接受英文标准学位。其中医学院颁授 M. B.、B. S. 及 M. D、M. S. 学位；工学院颁授 B. se（Engineering）及 M. sc 学位；文学院颁授 B. A. 及 M. A. 学位，而且连收取的学费也与英国伦敦大学相同。其修业年限学士学位课程一般为 3 年制，但是医学

① 王忠烈：《台湾、香港、澳门学位制度与研究生教育研究》，中国人民大学出版社 1997 年版，第 126—127 页。

② 同上书，第 141 页。

类为 5 年制，教育类为 4 年制；硕士学位课程修业年限为 2—4 年；博士学位课程修业年限为 3—5 年。

香港大学自开办到 1927 年，规模一直不大，第一年仅招生 54 名学生，10 年后的 1921—1922 年度达 300 人，是一所典型的"象牙之塔"。虽然在校人数本已不多，但香港大学颁授的学位却更少，并非人人均能毕业并获得学位。在香港大学设博士学位课程那年，曾颁授过荣誉博士学位，就是后任港督的金文泰爵士（Sir Gecil Cle menti，1875—1947 年）在 1925 年获香港大学名誉博士学位。①

在北洋政府时期，澳门、台湾高等教育发展很不充分，还谈不上学位制度；此期香港高等教育虽然也不是很繁荣，但因港英当局对教育的重视和香港所处的战略地位，香港基本建立起了学位制度的框架，厘清了学位制度发展的路径，为大陆学位制度建设提供了一个参照样本，为后来香港本身学位制度的发展奠定了良好的基础。

第三节　北洋政府时期学位与研究生
教育制度发展的特点

北洋政府时期，民主共和与军阀专制反复较量，思想活跃与社会动荡相依并存，在这特定的历史条件下，学位制度的建设与发展除了遵循一般的发展规律外，更有自己的特色与曲折，其演进的过程很是耐人寻味。学位的制度建设深深地打上了留学生的痕迹，受政体巨变的深刻影响，其完善过程义不可避免地受高等教育水平和经济发展水平所制约；其实践过程在政治与经济的不协调发展中，在救亡思潮的刺激下，在迂回中曲折发展，时而"高峰"时而"低谷"；理论与实践始终别别扭扭，不相协调。但是这一时期毕竟开创了近代意义上的学位制度并进行了研究生教育的初步探索，这是最大的功绩。

---

① 王忠烈：《台湾、香港、澳门学位制度与研究生教育研究》，中国人民大学出版社 1997 年版，第 127 页。

一 价值取向中的多元化特点

中国近代意义上的学位制度不是中国教育自身演进的结果，而是从西方移植过来的，是在欧风美雨的刺激下，在民族危机的压迫下，在近代救亡图存社会大潮的激励下嫁接而速成的，是一种"移花接木"。学位制度自清末传入中国，民初顺势发展，短短 16 年间，已初具规模，相较于西方各国上百年的演进历程而言确实是速成的，其政治因素和人为因素相当大。在学位制度建设上，中国是一个后起型国家，留学生扮演着很重要的角色。因其留学经历、兴趣特长、学识修养、教育理想的不同，再加上当时中国社会环境的复杂性，对于学位制度的引进，中国不是采取单一的一国模式，而是一个渐进的过程，是博采众长，为我所用，在价值取向上具有多元化特点。中国初仿日本，进而德法，再取美国，并注意与本国实际相结合，最终形成了以美国为主旋律、兼采欧日、并具中国特色的学位制度。

中华民国成立，按照资产阶级革命派的主张，建立起了欧美式的资产阶级民主共和国。教育体制必须适应政体的转变，成为共识，于是资产阶级学制便迅速酝酿。学位与教育制度联系密切，相辅相成。实际上，民国初年，教育制度与学位制度是同时并举的，学制的建设过程同时也是学位制度的建设过程。政体巨变的强烈刺激，时间的迫在眉睫，爱国情怀的激昂，使得参与制定民初学制包括学位制度的制定者根本没有时间对外国的学位制度作历史的、全面的考察与研究，结果就出现了以日本模式为主，又有取法德法的价值取向。出现这一复杂情形与当时的国情及留学潮流的走向有关。众所周知，同盟会在缔造民国时居功甚伟，而他们留学或"亡命"日本者甚多。中华民国成立后，留日学生在社会各个领域均有极大势力，在这样一个总体氛围下所进行的教育改革，自然不能不留下时代的烙印，如学士学位的授予、师范生不授予学位、大学院制等都是日本模式的影响。而同一时期，留学潮流正处于留日向留学欧美的转变过程中，留学生的出国走向及归国后的影响无疑对学位制度建设有很大影响。民初第一任教育总长蔡元培就是留德生，他引进的一批教育部官员大都留学欧美。在《壬子学制》中就有弃大学院制而取道德法教育制度的倾向。到了袁世凯时期，这一倾向更加明朗化。在

《特定教育纲要》中又一次舍弃了大学院制设计,同时把学士、硕士作为同一级别的学位,高级学位只设博士学位一级。这明显是模仿德国的学位制度。随着1915年议改学制运动的兴起、新文化运动的蓬勃发展、美国的迅速崛起,中国在学位制度建设方面又转向美国。这一时期留美学生人数在留学生中占有明显优势,归国后的影响极大。而且这一时期联袂到国外考察教育的著名学者和教育家,其出访的首选目的地也大都是美国,即使始终醉心德法模式的蔡元培也赴美考察高等教育。1922年颁布的《壬戌学制》,其参与制定者的骨干分子就是留美学生或倾向美制者,如郭秉文、蒋梦麟、陶行知、廖世承、张伯苓等。师范生应该授予学位、《国立东南大学研究院简章》(模仿美国三级学位制而定)都是这一时期的体现。到国民政府统治时期就建立起了以美制为样本的学位制度。

二　官方与民间互动的二元制特点

中国历来重视教育,特别是官学。自春秋私学兴起以来,逐渐形成了官学、私学两条线并行发展的格局。官学掌握着从中央到地方,从初等教育到高等教育的学校教育机构,私学则主要承担着启蒙教育的任务。也就是说官方始终掌控着教育大权,民间只是作为有益的补充存在。到了近代,特别是进入民国后,这种格局被彻底打破,开始了民间与官方的互动,而且民间主动权较大。1922年的《壬戌学制》及相关学位制度法规的制定就是由民间(当时贡献最大的就是全国省教育会联合会)发起,民间制定最终冠以政府名义颁布的。在实践方面,北大、清华的研究生教育远远超出了法规的局限,国立东南大学三级学位制度的设计则富有开创性等,这些都是民间自发、自由努力的结果,是民间教育实践的经验结晶,为以后中国学位制度的完善提供了实践经验。

民间组织、社会力量如此蓬勃发展,与当时中国的国情有关。北洋政府时期可以说是代表工商业的市民社会制衡国家力量的高峰。当时军阀混战,兵荒马乱,中央政府权威低下,无法实现有效的社会管理和控制。北洋政府从1912年至1928年16年间更换了47届政府,1912年至1926年14年间教育总长变动50次,更换了38个教育次长。政治之动荡、政府之无效可见一斑。而且军费占中央财政支出的比例高达40%左右,教育部不仅少有统辖教育事务的能力,甚至于自身难保,拖欠工薪严重。在这种情况下，教育大权无形中下放，民间力量乘势而起，在教育革新方面实际上拥有了很大的自主权和实践空间。另外值得一提的是当时民族资本企业的发展。辛亥革命后，尽管战乱频繁、兵祸酷烈，中国的民族产业资本仍得到相当大的发展。从1840年到1911年的72年中，历年所设创办资本额在1万元以上的工矿企业总共953家，创办资本额总计203805千元。而从1912年到1927年的16年中，历年所设创办资本额在1万元以上的工矿企业总数达1984家，创办资本总额约为458955千元。无论创办企业总数抑或创办资金总额，后16年均超过了前72年的一倍以上。[1] 这为学位制度建设奠定了一定的经济基础。同时，这一切与教育家的爱国情怀分不开。蔡元培始终抱着教育救国的理想，他整顿北大，率先举办研究生教育，为培养人才呕心沥血，鞠躬尽瘁。这种互动是一个很好的开端，也可以说是"乱世造就了民主"，在学位制度建设方面，官方与民间互动的二元制特点是很突出的。

三 "金字塔尖"式的特点

所谓"金字塔尖"指的是金字塔最顶部的那一点，有两大特点：一是少；二是精。我们从学位的制度建设与具体实践来分析这一特点。民国前期16年间，有关学位制度的法令并不多，只对学士学位有了初步的规定，硕士、博士学位及学位章服只是在袁世凯的《特定教育纲要》中有所提及，大学院自民初仿日制设计后基本没什么变化，中央"评定学术授予学位之机关"也只是设想。总而言之一句话，北洋政府时期学位的审定和授予，只是散见于历届政府关于高等教育的法规中，而没有专门的立法，法令中提及的《学位令》始终不见出台，从法令健全上说是很不完善的。在实践上，1916年才有第一批获学士学位的北大大学生毕业，共66人，到1927年时北大授予学士学位的人数不会超过4000人。北大是当时中国最好的大学，由此可推想16年间获学士学位的人数不会很多。至于博士学位的授予，据笔者目前掌握的资料来看，还没有发现。稍微值得一提的是北大曾经授予过名誉博士学位。关于研究生教育一直到蔡元培执掌北大后，才开始筹办。到1927年时仅有4所大学试办：北

---

① 杜恂诚：《民族资本主义与旧中国政府》，上海社会科学出版社1991年版，第106页。

大、清华、厦门大学、东南大学。厦大仅办1年即停止,东南大学只有研究院简章,而没有具体实践;而且只有研究生教育而不授予学位,不能不说是一种缺憾。总之,对于中国这么大一个国家来说,研究生教育的规模、数量、质量等各方面都是不到位的,这是不足之处。但是中国毕竟有了自己授予的学士学位和研究生教育,而且培养了一批相当有影响的人才,站在历史的高度来看是很了不起的,称得上是金字塔尖。

具有这样的特点,除了政局动荡外,财政艰难和高等教育落后也是因素。在内忧外患的近代中国,政府的财政实力是十分单薄的。《剑桥中华民国史》中指出:"辛亥革命后,共和政府比起它的被取代者来说甚至更不能控制中国的税收来源。1914年,除关税和盐税外,大部分税收由各省管理。1921年,北京政府的财政控制像肥皂泡一样破灭了。面对长期的财政困难,北京政府被迫靠借债度日,内外债的还本付息成了最大支出,加上军费开支占4/5,在支付了行政费用之后,就没有钱来为发展进行投资了。"① 政府如此贫穷,根本无力承担大数额的教育经费,高等教育的落后状况就不言而喻了。1922年以前,中国的公私立大学数量很少,之后数量有所增加,其规模和质量又有待提高。20世纪20年代有人撰文指出:当时中学毕业生能升学的仅19%,不能升学者81%。② 只要某校幸而录取,得一席安居已是"邀天之幸"。学位制度与高等教育,特别是与研究生教育有着相辅相成的关系。高等教育是学位制度的基础,研究生教育是高等教育结构中的最高层次,直接与学位制度相联系,影响学位制度发展的程度和水平。北洋政府时期的高等教育并不繁荣昌盛,研究生教育仅仅开始举办,学位制度建设的内驱力不足,独木难支,发展得很艰难。所以学位制度只能孤零零地立在金字塔尖,没有坚实的金字塔底座为支撑。但又因无数爱国志士仁人的不懈努力,立于金字塔尖的学位制度便被罩上了一圈耀目的光环。

---

① ［美］费正清:《剑桥中华民国史》上卷,中国社会科学出版社1998年版,第116—118页。

② 吴霓、胡燕:《中国近代科学与私立学校研究》,山东教育出版社1997年版,第334页。

第 五 章

全面移植:国民政府时期学位
与研究生教育制度的定型

1927 年，国民革命军在总司令蒋介石的领导下获得北伐战争的阶段性胜利，同时占领南京。同年 4 月 12 日，蒋介石发动了"四一二"反革命政变，大肆迫害作为北伐盟友的中国共产党党员以及其内部进步势力的国民党左派成员，并于 1927 年 4 月 18 日正式成立南京国民政府，与武汉国民政府分庭对峙。随后"宁汉合流"，南北政府统一，南京国民政府从形式上统一了四分五裂的中国，全国行政、司法、军事、外交都趋于了统一，国内社会环境相对稳定，国民经济与教育也相应地有了较大的发展。1927 年到1949 年，南京国民政府统治的时间里，可以算是中国高等教育发展的"黄金时代"，中国的学位与研究生教育制度也步入定型阶段。

南京国民政府成立以后，民族自尊心和教育主权意识逐渐得以增强，在有识之士和政府的双重压力下，教会大学相继向国民政府登记注册。不仅如此，在当时政府高层的不懈努力下，教会大学逐步被南京国民政府所接管，并由中国教育管理者担任校长等重要职位。教会大学在改造过程中给中国本土的高校提供了丰富的学位制度经验，教会大学的毕业生又充实了国立、省立、私立大学的师资队伍，这更有利于教会大学借鉴西方的学位制度在中国高等教育中传播和实践①，为之后的学位制度"本土化"奠定了可资借鉴的实践基础。1927 年，国民政府颁布了《大学教员资格条例》，对大学教员的学位条件做出了明确规定："大学助教

---

① 余伟良：《二十世纪的中国学位制度研究》，湖南师范大学，博士学位论文，2008 年，第 96 页。

需要国内外大学学士学位，讲师资格须具有国内外大学硕士学位文凭，副教授要拥有国外大学博士学位。"① 这一规定一方面成为留学国外的巨大动力，让他们走向了当时中国教育领域的"金字塔塔尖"，以其自身认知为中国的学位与研究生教育制度做好理论准备。另一方面，国内教育者与学子督促国民政府重视中国研究生学位的建设工作，加快进行学位立法，客观上推动了本土化研究生教育的整体性推进。

总的说来，国民政府时期中国学位与研究生教育制度的建设较为复杂，不仅在纵向发展上有国民党统治前期、抗战时期和解放战争时期的阶段划分，在横向上也有国民党统治区和中共苏区、边区、解放区的地域之分。无论是从纵向角度进行划分还是从横向角度进行比较，不难看出这段时期中国学位与研究生教育制度的发展特色各异。当时虽然由于客观条件的不足使得这时期学位与研究生教育制度的发展受到了诸多限制，也正是因为这些限制的存在，导致了当时的学位与研究生教育制度发展缓慢，甚至在某些特定阶段处于停滞的状态，严重阻碍了中国近代高等教育的长远发展。但是不可否认的是，中国的学位与研究生教育制度在这个时期仍处于不断向前的进步状态，并且在不同阶段都有新的实践探索。整体来说，在国民政府统治时期，中国近代学位与研究生教育制度的发展是处于正规化和合法化的过程之中，并朝向现代化的教育模式逐步推进。本章以国民政府时期中国学位与研究生教育制度发展的背景为依托，深入剖析国民党统治前期、抗日战争时期和解放战争时期这三个纵向节点的学位与研究生教育制度发展的历程，同时客观比较国统区与中共苏区、边区、解放区学位与研究生教育制度探索的异同，力图呈现这一时期中国学位与研究生教育制度的多元化特色。

第一节　国民政府时期学位与研究生教育制度发展的背景考证

1927 年北伐战争取得了阶段性的胜利后，蒋介石发动"四一二"事

---

① 《中华民国史档案资料汇编》（第五辑：第一编教育），江苏古籍出版社 1994 年版，第 168—169 页。

变，随即成立了南京国民政府。然而此时中国各地方实力派依旧是称霸一方，与南京当局的关系微妙；而国民政府内部也并非铁桶一支，党内派系纷争不断，蒋介石的支持者与反对者各自占据半壁江山，呈现出了明争暗斗之势。这种情况下的国民党政权并没有真正稳固，东北军和西北军仍各守一方。1928 年，在软硬兼施、无可奈何之际，张学良率先东北易帜，奉军正式由南京国民政府编为国民革命军东北边防军。随后，在利益的驱动下，南京国民政府与武汉国民政府合并，实现"宁汉合流"。为促进国内和平统一，冯玉祥所率领的西北军以及阎锡山的山西军也随之并入国民革命军，蒋介石实现了对全国军队的统一指挥，并继续进行北伐。直至北伐战争完成后，南京国民政府的地位才真正得以稳固，国民党实现了对全国上下形式上的统一。"南京国民政府成立后的大约十年间，在政治、经济、基建、文化、教育、边疆民族政策、外交、军事等施政各方面皆取得了一定成就，整体环境为 1840 年以来中国最高水平。"[1] 在国内政治环境稳定的环境下，各项事业百废待兴，高等教育的建立与发展就显得尤为重要。

一　发展经济的现实和适应抗战的要求

南京国民政府成立以后，一方面致力于围剿共产党领导下的苏区革命根据地，另一方面也面临着在全国恢复生产、发展经济的紧迫任务。人才资源匮乏、教育问题凸显受到了特别的关注。当时高等学校的整体结构也难以适应经济发展的现实要求，系科设置仍多偏重于文法科，而忽视农、工、医等实科，造成文法科人才过剩，而实科人才奇缺。据 1930 年统计，全国各大学及学院学生数为：法学院 3507 名，占 18.03%；理文学院 2271 名，占 11.68%；工学院 2135 名，占 10.98%；理学院 1232 名，占 6.28%；商学院 1127 名，占 5.79%；农学院 724 名，占 3.72%；教育学院 649 名，占 3.33%；医学院 658 名，占 3.38%；艺术学院 205 名，占 1.05%；专修科 1012 名，占 5.25%；预科 5446 名，占 28%。[2]

---

① 刘腾：《民国时期研究生教育的历史考察与思考》，曲阜师范大学，硕士学位论文，2011 年。

② 中国第二历史档案馆：《中华民国史档案资料汇编》［第五辑，第一编，教育（一）］，江苏古籍出版社 1994 年版，第 274 页。

为了克服上述弊端,国民政府颁布了一系列议案、法令,一再强调高等学校的规范办学,强调学科、专业设置必须"注重实用科学,充实学科内容,养成专门智识技能,并切实陶融为国家社会服务之健全品格"①。这些议案、法规集中反映了国民政府急欲发展经济,培养专门人才的迫切心情。1932 年 12 月,国民党第四届中央执行委员会通过的《关于整顿学校教育造就适用人才案》指出:"各省市及私立大学或学院,应以设立农工商医理各学院为先,不得添设文法学院。"② 同时要求各省市及私立大学或学院应"注重养成生产技能及劳动习惯,使学校毕业之学生,均为社会生产分子"③。

抗日战争时期,由于日本帝国主义的侵略,全国的 108 所专科以上学校,有 94 所受到战火的严重影响不能原地开学,这种形势下,国民政府采取了一系列应变措施,将 90% 以上的专科以上学校迁移至敌后方。由于战区自东向西不断扩大,有的学校也被迫一迁再迁,最多者达 5 次。在高等学校内迁过程中,国民政府一再强调:"对于全国各地各级学校之迁移与设置,应有全盘计划,需要与政治经济方针相呼应,每一学校之设立,及每一系科均应规定其明确目标与研究对象,务求学以致用,人尽其才,庶几地尽其利,物尽其用,货畅其流之效可见。""对于大学各院科系,应从经济及需要之观点,设法调整,使学校教学力求实际,不事铺张。"④ 在残酷的战争条件下,办学经费异常艰难,物资严重匮乏,国民政府在高等教育上的许多政策也未能收到预期的成效。但是,战争环境的逼迫和经济建设的急需一起,同样是促使这一时期高等教育制度尤其是学位与研究生教育制度变革的重要因素。

---

① 中国第二历史档案馆:《中华民国史档案资料汇编》[第五辑,第一编,政治(二)],江苏古籍出版社 1994 年版,第 331 页。

② 中国第二历史档案馆:《中华民国史档案资料汇编》[第五辑,第一编,教育(二)],江苏古籍出版社 1994 年版,第 1052 页。

③ 中国第二历史档案馆:《中华民国史档案资料汇编》[第五辑,第一编,政治(二)],江苏古籍出版社 1994 年版,第 399 页。

④ 中国第二历史档案馆:《中华民国史档案资料汇编》[第五辑,第二编,教育(一)],江苏古籍出版社 1997 年版,第 291 页。

二 高等教育制度的变革之需

1927 年 4 月，南京国民政府成立。在 1927—1949 年的 22 年时间里，中国高等教育的制度变迁大致经历了三个阶段。第一个阶段为全面抗日战争爆发前的十年。这一时期，国民政府在建立新的统治秩序的同时，确立了三民主义教育宗旨，并根据这一宗旨对《壬戌学制》进行了调整，制订颁行了一系列高等教育的法律法规，使高等教育走向统一和规范。第二个阶段为全面抗战的八年①。这一阶段，国民政府根据抗战的需要，提出了战时施政方针和战时教育政策，并对高等教育采取了一系列适应战时需要的政策调整。第三个阶段是解放战争的四年。这一时期，国民党统治走向土崩瓦解，三民主义教育制度最终为新民主主义教育制度所取代。

（一）从"党化教育"到"三民主义教育"

1924 年 3 月，中国国民党第一次代表大会在广州隆重召开，孙中山仿效苏俄"以党治国"的做法，结合当时中国实际，建立了以国民党为核心的国民政府。根据国民党以党领政的理念，在教育领域也就实行了著名的"党化教育"。1926 年 3 月，广州国民政府教育行政委员会成立，同年 8 月，国民政府教育行政委员会兼广东省教育厅厅长许崇清起草了一份题为《党化教育之方针—教育方针草案》以供讨论。该《草案》提出了"党化教育"的 14 条纲领："一、教育行政组织的改良与统一；二、义务教育的厉行及其教育经费的国库补助；三、中等教育的扩张及其设备教学训练的改善；四、生产教育组织的建设；五、乡村教育的发展；六、民众教育事业的扩张；七、贫困儿童的就学补助；八、优良教师的养成；九、大学教育内容的充实；十、军事训练的实施；十一、宗教与教育的分离；十二、外国人经营学校的取缔；十三、革除偏重书本的陋习；十四、打破学科课程的一元主义。"② 这十四条所体现的正是孙中山

---

① 按照教育部文件精神，为了全面准确把握抗日战争全貌，把过去 8 年抗战的提法统一改为 14 年，即从 1931 年至 1945 年都属于抗日战争阶段，但本书为了行文的方便和必要，用的是全面抗战这一提法。

② 许崇清：《党化教育之方针——教育方针草案》，转引舒新城编《近代中国教育史料·补编》，中华书局 1933 年版，第 8 页。

的三民主义思想,特别是其中的民生主义和民族主义的精神。1927 年 10 月,国民党元老胡汉民发表讲话,严斥五四以来"思想自由,兼容并包"的教育主张,指出:"教育不可无主义,主义只能宗于一。我们现在既以惟一的三民主义救国、建国、治国,教育是不能跳到国家范围以外去的。当然也只能宗于这一惟一的三民主义而不能兼容其他主义,否则还是等于无主义。"① "我们必不能让所谓'包罗万象'摇动了我们已定的教育宗旨!"②

这种将教育功能狭隘化、功利化的提法和做法,理所当然地招致教育界、知识界民主人士的强烈不满和猛烈抨击。吴稚晖指出:"党化教育四字,说来太觉广泛,共产党也是党,国民党也是党,未免弄不清此党化之党,应为共产党或国民党也。依余之意,最好改为'三民主义'乃能妥协明显,而不致为人所假借利用。"③ 在这种情况下,大学院于 1928 年 5 月召开第一次全国教育会议,正式通过了《废止党化教育名称代以三民主义教育案》,正式以"三民主义教育"取代"党化教育"。所谓"三民主义教育","就是实现三民主义的教育;就是以三民主义为目的的教育;就是各级行政机关的设施,各种教育机关的设备和各种教学科目,都是以实现三民主义为目的的教育"④。其内涵包括:"恢复民族精神,发挥固有文化,提高国民道德,锻炼国民体格,普及科学知识,培养艺术兴趣,以实现民族主义。""灌输政治智识,养成运用四权之能力;阐明自由界限,养成服从法律之习惯;宣扬平等精义,增进服务社会之道德;训练组织能力,增进团体协作之精神,以实现民权主义。""养成劳动习惯,增高生产技能,推广科学之应用,提倡经济利益之调和,以实现民生主义。""提倡国际正义,涵养人类同情,斯由民族自决,进而世界大同。"⑤ 1929 年 3 月 25 日,国民党第三次全国代表大会最终通过了《确定教育宗旨及其实施方针案》,1929 年 4 月 26 日,以国民政府令的形式公布了教育宗旨:"中华民国之教育,根据三民主义,以充实人民生活、

---

① 金以林:《近代中国大学研究》,中央文献出版社 2000 年版,第 204 页。

② 同上。

③ 南京《民生报》,1928 年 2 月 23 日。

④ 中国蔡元培研究会编:《蔡元培全集》(第六卷),浙江教育出版社 1997 年版,第 286 页。

⑤ 同上。

扶植社会生存、发展国民生计、延续民族生命为目的，务期民族独立，民权普遍，民生发展，以促进世界大同。"① 1936 年 5 月，国民政府颁布了《中华民国宪法草案》，在"教育"条款中明确指出："中华民国之教育宗旨，在发扬民族精神，培养国民道德，训练自治能力，增加生活智能，以造成健全国民。"② 此后，直到 1949 年国民政府垮台，三民主义教育宗旨一直是国民政府施教的基本方针，这种重新确立教育宗旨的努力及其后果，对此期的高等教育必然产生重要影响。

（二）高等教育制度本身的缺陷逐渐显现

1917 年 9 月颁行的《修正大学令》，对民初《大学令》中有关大学的设置资格进行了修改，规定："设二科以上者可称为大学，不必以文、理二科为主；单设一科者可称为'某科大学'。"③ 1922 年《壬戌学制》、1924 年《国立大学校条例》基本都重申了这一规定。这一规定，一方面促进了这一时期高等教育在数量上的攀升；另一方面导致国内开始出现大学一哄而上的混乱局面，大批专门学校纷纷升格改办为大学。据统计，1918 年，全国共有国立大学 3 所，即北京大学、北洋大学和山西大学；私立大学 3 所，即北京私立朝阳大学、北京私立中国大学、武昌私立中华大学；直辖专门学校 5 所，公立专门学校 47 所，私立专门学校 28 所。④ 进入到 20 年代，一些专门学校纷纷升格为单科大学，时至 1926 年，公立专门学校从 1918 年的 47 所减少到 1926 年的 40 所，私立学校从 1918 年的 28 所减少到 1926 年的 9 所，九年间减少了 19 所，国立、公立大学则由 1918 年的 3 所增加到 28 所，九年间增加了 25 所，私立大学由 1918 年的 3 所增加到 1926 年的 15 所。⑤ 大学的快速增长，尤其是私立大学的快速增长也暴露出许多问题，大多数私立大学只是大学的牌子，中学的水平，在师资、设备、管理尤其是教学条件上差距巨大。更有甚者，

① 中国第二历史档案馆：《中华民国史档案资料汇编》［第五辑，第一编，教育（一）］，江苏古籍出版社 1994 年版，第 5 页。

② 中国第二历史档案馆：《中华民国史档案资料汇编》［第五辑，第一编，政治（一）］，江苏古籍出版社 1994 年版，第 287 页。

③ 舒新城：《中国近代教育史料》中册，人民教育出版社 1981 年版，第 663 页。

④ 中国第二历史档案馆：《中华民国史档案资料汇编》（第三辑教育），江苏古籍出版社 1991 年版，第 176 页。

⑤ 同上书，第 199 页。

借办学之名谋私利之事，而入学者，也多存混文凭的想法。陆费逵曾指出："吾于十年前，曾为人才教育大声疾呼，彼时应者甚少，颇引以为憾，今者反以应者太多为憾矣。"① 高等教育发展过程中暴露出来的制度方面的缺陷，也是促使国民政府进行高等教育制度改革的重要因素。

（三）把教会大学纳入政府统一管辖范围之内

1927 年，南京国民政府颁布了《私立大学及专门学校立案条例》，使各教会大学逐渐认识到，通过注册立案，接受政府的指导，与政府合作办学成为教会大学未来发展的必然趋势。因此，在这段时间内，除了圣约翰大学外，其他教会大学都先后完成了注册立案过程。

1. 办学权力的移交。教会大学中国化，是 20 世纪 20 年代初期巴顿调查团对基督教教育在中国发展的一条重要建议，一批新派传教士教育家也充分认识到了这一建议的重要性。教会大学中国化，首先是校长位子的移交。国民政府认为，教会大学要向中国政府注册，校长必须由中国人担任；在校董会中，外国人充任懂事不得多于一半、校董事会主席和董事长由中国人担任。但这一提法对教会大学来说还是比较艰难的抉择，诚如圣约翰大学校长卜舫济所言："中国人能胜任教会大学校长的基督徒太少，即使能找到这样的人，他们也很难顶住来自政府、学生会等方的压力。"② 因此，很多大学只是在名义上把校长的位子移交给中国人，但大学的实际办学权仍然掌控在原来的掌权者手中。如吴雷川在 1929 年担任燕京大学校长后，司徒雷登任校务长，而在英文名称上，校长为 Chancellor，校务长为 President，因此，燕京大学的校政大权，实际上仍由司徒雷登掌控。不管教会人学校长如何不情愿，但是，通过教会大学的注册过程，教会大学办学权力向中国的移交进程大大加速。在办学方向和校政管理等方面，向更加本土化的方向发展。

2. 校政管理的民主化。根据国民政府教育部的规定，教会大学在注册时，要成立校董会，且"负有经营学校之重责"，是学校的最高权力机关，同时规定，校董会成员中的中国人比例应至少占到半数以上。通过这一规定，在一定程度上增强了中国人对大学事务的发言权。如燕京大

---

① 《滥设大学之罪恶》，《中华教育界》1924 年第 4 期。

② 刘少雪：《中国大学教育史》，山西教育出版社 2007 年版，第 111 页。

学就是一所校长更迭而校政实权没有根本改变的大学，校务权主要由校务长司徒雷登而不是校长吴雷川掌握，但是，在决策重大问题时，司徒雷登必须听取校董会的意见。而经过1929年改组的校董会，在21位校董中中国人占了13位。这样，校长吴雷川既没有司徒雷登担任校长时那么大的校务决定权，也没有现在校务长的权力大，但就司徒雷登个人而言，他在校董会的权力就受到了较大的限制。因此，教育部关于校董会的规定，扩大了中国人群体在教会大学办学过程中的重大事务发言权，在促使教会大学中国化方面，有着与校长更迭同样有力的作用。

通过校长位子的移交和校政管理的民主化，注册后的各教会大学，其办学行为中的中国化成分已经越来越浓厚，教会大学开始成为中国现代高等教育体系中的一部分，而不再是中国土地之上的不受中国政府管控的外国大学。

3. 宗教教育向学科化方向发展。沪江大学传教士校董本杰明（H. R. S. Benjamin）指出："我们必须接受这样的事实作为前提，即一所大学的首要任务是教育的，它不可能把这一事实从属于一个宗教目标。认识到这一点，我们为了让它为两个领域做出贡献，就必须考虑给它一种它在20年甚至10年以前还不会想要的自由。"[1] 1930年至1931年间美国平信徒调查团，在考察了日本、印度和中国的教会教育后指出，视宗教目标较教育目标为重要，是基督教大学中的"一种极大危险"，他们认为，大学首先还是要关注教育与学术的标准，"倘使一个大学要保持其基督化性质，而必须牺牲其教育标准的话，那么，这种学校，就不如停办"[2]。这对教会大学接受政府对传播宗教的限制，起到了积极的促进作用。政府的加压和传教士自身认识的深化，使教会大学在处理校内宗教教育的问题上，也采取了从强迫信仰向学科教育的方向转化。1935年沪江校董会做出停办神学院，改设神学系的决议。但由于教育部既"不愿意承认宗教系为主修专业系，也不愿意就该系的地位达成任何非官方的谅解"，沪江大学只得把宗教系改为"宗教学科"，宗教在沪江大学不再

---

① 王立诚：《美国文化渗透与近代中国教育——沪江大学的历史》，复旦大学出版社2001年版，第198页。

② 同上书，第197页。

具有至高无上的精神统治地位,而成为一个普通的学科。这一转变对教会大学而言,是一种精神上的解放,1936年《沪江大学政策》就此宣布:"大学首先是一个教育机构,它必须体现真正达到大学标准的自由精神和措施。"① 建立在这种信仰基础上的大学,才是真正自由、民主的大学。

三　提高中国大学学术水平的应对之策

南京国民政府在完成对国内各类大学的统一管理之后,加速了对中国现代大学的改造,其中,加强大学的学术研究就是一项重要内容。我们从世界大学的发展史可以看到,大学具有世界普遍性——即培养高级人才和研究高深学问。近代大学进入中国后,最初拥有的只是世界普遍性之一部分,即培养高级人才,在开展高深学术研究和本土化建设方面尚未开始,或者还没有形成中国现代大学的特征。因此,南京民国政府在完成了对不同大学体系的统一建设和管理之后,开始探索提高中国大学学术水平、促进中国大学本土化建设的新路向。

（一）统一大学学术标准

从1931年开始,政府发布多条法律法令,以管理必修课、选修课和大学入学考试等事宜。(1)统一课程与课业标准。1924年颁布的《国立大学条例》中,允许各大学自己"规划课程及其进行事宜",结果"各校乃自行制定,课程多所不同,而且往往徒鹜虚名,忽略基本,因而课程日趋零乱"。再加之北洋政府停发和扣发教育经费以及战乱和革命的多重影响,更使当时的高等教育陷于混乱不堪的局面。于是,1928年教育部通过了《第一次全国教育会议宣言》,明确宣布:"大学教育应该严定标准,提高程度。"② 在这次公布的《大学规程》中规定:"大学各学院及独立学院各科,除党义、国文、军事训练及第一第二外国文为共同必修课目外,须为未分系之一年级设基本课目";"大学各学院或独立学院各科课程,得采学分制。但学生每年所修学分须有限制,不得提早毕业"。1932年教育部公布了《学分制划一办法》,规定大学各学院一律采用学年

---

① 王立诚:《美国文化渗透与近代中国教育——沪江大学的历史》,复旦大学出版社2001年版,第193页。

② 刘少雪:《中国大学教育史》,山西教育出版社2007年版,第122页。

兼学分制；除医学院外，其他各科学生 4 年必须修满 132 学分始准毕业；学分计算标准为，需要课外自修的课目，以每周上课 1 小时、满一学期为 1 学分，实习和不需要自修的课目，以 2 小时一学期为 1 学分。教育部规范大学课程与课业标准方面的努力，在 1932 年由教育部长朱家骅通过《九个月来教育部整理全国教育之说明》做了详细的介绍和说明，他认为，大学课程之设置，应遵循课程本身的体系与客观条件，"今日大学设置课程，其序次轻重先后之际，必须尊重学术体系，使学生习于自力研究。专深之学，可任学生于毕业后继续求成，不必虑其专深之不躬，而纷设各种专门问题课程，贪多鹜高，反掩基本课程之量。"① 到 1935 年，教育部又颁行了《大学医学院及医科暂行课目表》，对医学院校的公共课、专业课、选修课及各类课程的授课时数与考试办法等都做了详细规定。客观公正地说，此期中国大学的发展重点，已经开始从量的扩张向质的提高转向，这为后续的学位与研究生教育制度打下了良好的课程基础体系。

（二）制定学位标准

1912 年颁行的《大学令》，是国内提到学位授予问题的最早法令。其第十一条规定："大学院生在院研究……经大学评议会及该生所属某科之教授会认为合格者，得遵照学位令授以学位。"学位法虽然一直未曾颁布，但各校的学位授予工作仍有条不紊地进行，且不说教会大学在向国外机构注册后，向中国政府注册前的一段时间，一直在按照注册机构的要求，授予各级学位。如 1926 年沪江大学建校 20 周年时的统计表明，在总共 177 名毕业生中，有 10 人获博士学位，17 人获硕士学位。② 就是国内的私立大学，也在根据自己的规定，向学生颁发学位。如南开大学和厦门大学的校董事会章程中，都有向学生授予学位的职权规定。

1935 年，国民政府公布了中国第一部《学位授予法》，主要规定了以下三项内容：第一，国家实行三级学位制度，"但特种学科得仅设二级或

---

① 教育部：《第二次中华民国教育年鉴》（第五编），第 495 页，http：//history. moe. gov. tw/important_list. asp。

② 王立诚：《美国文化渗透与近代中国教育——沪江大学的历史》，复旦大学出版社 2001 年版，第 103 页。

一级"，当时只有商学院实行二级学位制度。第二，划分国家与大学/独立学院的学位授予权，公立或已立案之私立大学或独立学院具有学士学位和硕士学位授予权，学位候选人"考试合格，并经教育部复核无异者，由大学或独立学院授予学士（或硕士）学位"；博士学位由国家授予，"博士学位评定会之组织，及博士学位考试细则，由行政院会同考试院定之。"《学位授予法》规定，博士学位的候选人不全由在校学生构成，还包括一部分非在校学生，但又有一定研究水平的候选人，根据规定，主要由下列两类人："一、在学术上有特殊之著作或发明者。二、曾任公立或立案私立大学或独立学院教授三年以上者。"① 第三，明确不同层次学位的性质，其中学士学位是学习性学位；硕士学位和博士学位是研究性学位，研究时间均须在两年以上，并能提出研究论文，方有资格被授予学位。

为了配合《学位授予法》的贯彻实施，教育部同时颁布了《学位分级细则》，就学位的层次类别做了详细说明。除此之外，《学位分级细则》还规定了学位证书上应该标明"受学位者在本科所属之系或研究所所属之学部"②，以使学位证书能够充分反映出受学位者获得学位的全部学科、单位背景。这对促进大学/独立学院保证学位授予过程中的信息对称、公开、公正，具有积极的规范和监督作用，同时也有利于社会根据受学位者的学位证书，任用和选拔人才。

（三）建立研究机构，培养研究生

《学位授予法》颁布后，一方面对大学/学院的人才培养的类型层次有了具体的规定，同时，也促进了研究生教育的发展。进入20世纪20年代以后，各大学中设立专门研究机构从事学术研究和培养研究生已变得较为普遍，沪江大学、燕京大学等教会大学，以及厦门大学、中山大学、清华大学等国内大学，均开始尝试进行研究生教育。其中，北京大学、清华大学和厦门大学相继成立国学研究院所，从事国学方面的学术研究和人才培养。其中，清华大学国学研究院的影响最大。其成立于1925年，

---

① 宋恩荣、章咸主编：《中华民国教育法规选编》（1912—1949），江苏教育出版社1990年版，第424—425页。

② 同上书，第423页。

聘请王国维、梁启超、陈寅恪和赵元任为导师，招收：（1）国内外大学毕业生，或具有相当程度者；（2）各校教员或学术机关研究人员，具有学识及经验者；（3）各地自修之士，经史小学等具有根柢者。① 1926 年10 月厦门大学成立国学研究院，对研究生毕业作如下要求："无规定之修业年限，凡对于所提出之题目研究得有结果时提出报告于主任，由主任提交学术会议审查，其及格者予以证书，其成绩最优者推为本院学侣，其著作如有发表之必要时得交编译部办理"②。

尽管研究生教育已经开启，但"事实上，中国大学的研究生训练停留在相对落后的水平上"③。1934 年，教育部颁布了《大学研究院暂行组织规程》，鼓励有条件的大学设立研究院，并对以往各大学已有的研究生教育进行统一和规范，积极促进了各大学研究生教育的发展。《大学研究院暂行组织规程》主要规定了以下几个方面的内容：

1. 研究所的设置条件。大学设置研究院所，需具备三方面的条件：第一，在保证本科经费的前提下，有确定的、充足的研究经费；第二，有可供研究需要的图书仪器设备；第三，师资条件优越。研究院下设研究所，并得有三个研究所以上方可称为院；所下设部，部的多少根据大学内部的师资、经费与设备状况而定。

2. 研究生的录取与教育。各大学以公开考试的方式录取研究生，"以国立、省立及立案之私立大学与独立学院毕业生经公开考试及格者为限"；在颁布学位法之前，研究生的研究期限"暂定为至少二年"；在校期间的学习与研究论文工作由各校自订计划；期满经考试合格者，由大学发给研究期满考试及格证书。在研究生的录取、教育与毕业等各环节中，教育部实行全程监督审核。

3. 研究院与研究所的合法性。各大学依据本校条件设立的研究院、所、部，均须经过教育部的"核准"；规程颁布前已设置的研究所，要根据规程所要求的条件与规定，"呈部审核"，"经审核认可者，方得继续设

① 孙敦恒编：《清华国学研究院史话》，清华大学出版社 2001 年版，第 27 页。

② 厦门大学校史编委会编：《厦大校史资料》（第一辑），厦门大学出版社 1987 年版，第136—137 页。

③ ［美］费正清、费维凯编：《剑桥中华民国史：1912—1949》（下册），中国社会科学出版社 1993 年版，第 443 页。

立"。

《大学研究院暂行组织规程》颁布后，标志着中国大学的研究生教育开始进入正规发展阶段。从此以后，有条件的大学把建立研究院所、招收培养研究生，作为大学发展中的一项重要工作来做，正因为有了这样的努力，未来中国大学和研究机构的教学研究人员，可以不必仅产生于欧美大学教育背景的外国人或留学生中间，本土培养的研究生将逐渐取代他们的位置，成为今后中国大学教育和学术研究的新生力量。

（四）鼓励学术研究

20世纪20年代以来，中国大学开始进入一个相对比较平稳的发展阶段，学术研究在大学教育中的地位有了显著提高，比较突出的表现之一是在观念上把学术研究看作是大学除教学以外的一项重要事业。"一个大学学府的重要，不仅在能造就会念书的学生，而尤在能养成一种研究学术的空气。因此，一个大学在社会上的地位如何，它们的学术活动是第一件值得让人注意的。"[1] 清华大学生物学系主任陈桢也指出，要把学术研究看作"清华大学的第二种事业"[2]，并在1928年把研究工作确定为该系的主要任务之一。第一个突出表现是在聘请教师的指导思想上发生了一些变化。虽然关于聘请有学术研究能力的人做教师在很多大学都已悄然进行，但明确提出大学教师必须兼具教学与研究两种能力的论述，还当数武汉大学的王世杰校长。他公开指出："大学的使命一在教授高深学术，一在促进高深学术。有些学者是兼具研究及教授能力的。有些学者虽具特殊的研究能力，却不善讲授。大学既有上述两种使命，延聘教授的时候，自然不能只聘前一种人才，而置后一种人才于不顾。"[3] 第三个突出表现是加快改善供教学研究使用的仪器设备与设施。清华大学在这方面表现尤为突出，1929年清华大学呈请教育部批准了《校务进行计划大纲》"十条"，特别规定，清华大学的固定经费每年为120万元，其中，图书仪器购置费，至少占预算总额的20%[4]。

---

① 南开大学校史编写组编:《南开大学校史》(1919—1949)，南开大学出版社1989年版，第184页。

② 清华大学校史编写组编:《清华大学校史稿》，中华书局1981年版，第208页。

③ 刘少雪:《中国大学教育史》，山西教育出版社2007年版，第129页。

④ 清华大学校史编写组编:《清华大学校史稿》，中华书局1981年版，第99页。

但从总体来说，这段时间中国大学已经有了从事学术研究的条件和内在需求，中国大学本土化意识和学术独立要求，也只有在中国大学的学术研究达到一定程度的时候，才有可能真正实现。而这段时间中国大学的努力，无疑为实现这样的目标，迈出了非常关键的步伐，这为后续的学位与研究生教育制度的持续探索奠定了坚实的基础。

第二节　国民政府时期中国学位与研究生教育制度的纵向分析

1927 年南京国民政府成立以后，中国的近代教育基本与封建时期的教育制度划清了界线，迎来了新的春天。以纵向时间为划分依据，国民政府统治时期中国的学位与研究生教育制度主要划分为国民党统治前期、抗日战争时期和解放战争时期这三个阶段。受当时国内政治环境的影响，这三个阶段的学位制度建设过程各有特点，情况各不相同，但是总体上相对于北洋政府时期已有了较为长足的发展，并且初步呈现了现代学位制度的规模。鉴于北洋政府时期的学位制度建设取得了一定的成果，南京国民政府开始着眼于进行新的学位制度建设，尝试以"大学院"制和"大学区"制为核心的实践探索。尤其是国民政府教育部在 1935 年颁布了《学位授予法》与《学位分级细则》，对中国学位制度中学士、硕士、博士三级学位制度进行了确立，同时对学生的入学考试、学习年限、毕业论文审核、学位授予等方面均做了详细阐述，从理论上奠定了近代中国学位与研究生教育制度的基础。

然而国民政府统治的中后期，中国学位与研究生教育制度的发展相较于前一阶段有所衰减，虽然举国上下都能同心协力，愈挫愈勇，使中国的研究生教育，在这一空前的劫难中，不仅还能维持弦歌不辍，而且还有所发展。但可惜的是好景不长，国民党政府不顾全国人民的反对，又发动国内战争，使刚有好转的研究生教育又陷入低谷。[①] 艰苦卓绝的八年全面抗战里，是全国的教育工作者发扬高尚精神，力保中国近代学位与研究生教育制度免于战火的摧残而消逝，也正是他们的细心呵护与智

[①] 刘腾：《民国时期研究生教育的历史考察与思考》，硕士学位论文，曲阜师范大学，2011 年。

慧培育,才使得中国的学位与研究生教育制度体系走向成熟。

一　国民党统治前期的学位与研究生教育制度（1927—1937）

国民党统治前期中国的学位制度建设带有浓厚的西方国家现代学位制度色彩,尤其在全国掀起的"收回教育主权"运动的浪潮中,教会大学纷纷向南京国民政府"投诚",陆续进行登记、注册。"在改造、重构这些教会大学的同时,将它们一直以来沿用的学位制度作为设计蓝本,通过国内很多高校对学位制度的探索,由国民政府教育部通过政府法令、法规和命令、训令等形式规划出符合本国高等教育实际的学位制度"①。为加强中国学位与研究生教育制度的系统性与学术性,南京国民政府成立之初就决心效法法国的教育行政制度,更改了北洋军阀时期实行的教育行政管理体制,试行"大学院"制和"大学区"制,其后又多次颁布相关法律、法规进行完善、调整,逐步引导中国近代学位制度走向成熟。

（一）试行大学院与大学区制

"大学院的诞生有其政治博弈性,是当时以蔡元培为首的教育者与南京国民政府争夺教育权的历史产物,使专门学者主持教育行政机关,以促成教育行政学术化。"② 1927 年 6 月,蔡元培在就任中华民国大学院院长的同时,颁布了《中华民国大学院组织法》,其中规定:"中华民国大学院,为全国最高学术机关,承国民政府之命,管理全国学术及教育行政事宜。"③ 这就从立法的角度授予了大学院管理全国学术与教育一切事宜的重大权力。蔡元培认为大学院主要有三大特点:"（1）学术、教育并重,以大学院为全国最高学术教育机关;（2）院长制与委员制并用,以院长负行政全责,以大学委员会负议事及计划之责;（3）计划与实行并进,设中央研究院,实行科学研究。设劳动大学,提倡劳动教育。设音乐院、艺术院,实行美化教育。"④ 这三大特色也是蔡元培等教育者提出

---

① 余伟良:《二十世纪的中国学位制度研究》,博士学位论文,湖南师范大学,2008 年。

② 刘腾:《民国时期研究生教育的历史考察与思考》,硕士学位论文,曲阜师范大学,2011 年。

③ 俞允尧:《中华民国史档案资料汇编》［第五辑,第一编,教育（二）］,江苏古籍出版社 2001 年版,第 1332 页。

④ 周天度:《蔡元培传》,人民出版社 1984 年版,第 216 页。

构建大学院制的主要依据来源。

1. 大学院制下的高等教育

大学院推行院长制与委员制并重原则，设立大学委员会，其委员构成主要是各学区的国立大学校长、大学院教育行政处主任以及大学院院长聘请的国内专门学者，以院长为委员长，进行全国教育事项上的一切决议。同时，除了中央设立大学院，在各地方省区，则废教育厅，实行大学区制，即把全国分为若干大学区，第一学区设国立大学一所，以大学校长兼管区教育行政及一切学术事项。① 大学区之下再设高等教育处、普通教育处、扩充教育处、秘书处、研究院等机构共同进行教育活动，以评议会为大学区的最高审议机关，其成员构成主要为学区内各级各类学校校长、教授、教员，学区教育行政人员，社会教育团体，以及社会关心教育活动的德高望重者。大学院正式施行之后，立刻召开了全国教育会议，集学者之智共商教育大计，对教育宗旨、教育制度、学校教学等方面均做了详细探讨与设计，为高等教育的发展提供了顶层设计。1928 年 6 月，隶属于大学院的中央研究院召开了第一次研究院会议，当时国内已经成立了八个研究所，分别为地质研究所、工程研究所、天文研究所、物理研究所、社会科学研究所、气象研究所、化学研究所和历史语言研究所，涉及范围较为广泛，学科研究较之北洋政府时期更为丰富。"至 1930 年，中央研究院共有研究员 91 人，形成了一支包括社会科学和自然科学各个学科著名专家学者在内的科研队伍"。② 中央研究院不仅仅需要进行科学、学术研究，更承担着培养各类研究型学者的重任，自然而然的与研究生教育产生了密切联系，萌生了招收研究生的意向，在 1928 年 7 月召开的中央研究院第二次院务会议中，各代表就讨论了如何招收研究生的问题。③

2. 中央研究院尝试研究生教育

中央研究院开展研究生教育具有两大鲜明特点，一方面师资力量雄厚，有利于研究生的培养。大学院制模式下的研究生教育活动主要由中

---

① 申晓云：《蔡元培与中华民国大学院制》（上），《民国春秋》1999 年第 6 期。

② 周天度：《蔡元培传》，人民出版社 1984 年版，第 290 页。

③ 丁文江：《中央研究院的使命》，《东方杂志》1935 年第 1 期。

央研究院下属研究所的所长负责开展，这些负责人多为国内知名专家学者，在他们自己的研究领域都是翘楚，并且绝大多数具有留学经历，能够很好地将国外研究生培养模式与中国的研究生培养计划有机结合。如时任地质研究所所长的李四光先生，是英国伯明翰大学的博士毕业生，兼任北京大学地质系主任；时任气象研究所所长的竺可桢先生，为美国哈佛大学哲学博士，担任浙江大学校长一职。这些研究所所长，在给中国研究生传授西方先进学习理念，提高学术研究水平的同时，规范了系统的研究生培养体系，带动了国内的学术性研究发展，缩小了国内外的研究生教育差距，可谓意义重大。另一方面，产学结合，杜绝人才浪费。《国立中央研究院研究所组织通则》中规定："在国立或省立大学或教育部立案之私立大学或独立学院或本院认可之国外大学毕业后，曾在本院认可之教育文化或研究机关工作二年以上，确有成绩者，可为助理员。"①此项规定妥善解决了研究生的后顾之忧，将他们以后的工作与学术研究相挂钩，凡在研究所进行研究两年以上的人，便可升为助理员来进行更深层次的研究工作，工作时长达到一定年限之后可评副研究员与研究员。这种产学结合式的研究生培养模式很好地避免了研究生毕业后无用武之地的尴尬局面或担心工作无定处的忧虑，让他们真正地静心研究，不仅吸引了更多人才的报考，而且也为当时国民政府重整国内经济环境贡献了一份力量。

3. 大学院与大学区制的废止

好景不长，大学院过度追求教育权与学术权的自由，严格限制国民政府对教育领域的介入，这对于崇尚专制、独裁的国民党政府来说难以容忍，因而激化了双方的矛盾对立。实行大学院和大学区制的教育行政体制改革方向不可谓无道理，但在专制独裁统治逐渐建立、经济文化极端落后的中国却难以推行。②在大学院和大学区制一年多的试行时间里，由于其自身缺乏实践指导与法律保护，加之国民政府的百般阻挠，多方反对，问题频频。"原来隶属于大学院的中央研究院也一直未得到较好的

① 俞允尧：《中华民国史档案资料汇编》（第五辑），江苏古籍出版社 2001 年版，第1357 页。

② 孙培青：《中国教育史》，华东师范大学出版社 2000 年版，第 422 页。

发展，其下设的一些研究所也由于经费短缺和研究人员的缺乏而暂停运行。"① 1928 年 4 月，中央研究院改名称为国立中央研究院，虽然仍处于大学院的行政体系之下，实则已貌合神离。1928 年 10 月，在多方挽留未果的情况下，蔡元培辞去大学院院长一职，同时任命蒋梦麟为大学院院长。11 月 1 日，国民政府下令以教育部替代大学院，隶属国民政府行政院，原一切大学院管理事务交由教育部办理。1929 年 6 月国民党第三届执行委员会第二次全体会议决议废除大学区制，国民政府行政院决定浙江、北京两个大学区于暑假内停止试行，中央大学区限年内停止试行，从 7 月起一律恢复教育厅制度。② 至此，大学院与大学区制以极短的寿命退出中国近代高等教育的舞台。

不可否认，大学院与大学区制的设计初衷带有良好的主观意向，但是却没有正视实际情况，尤其是蔡元培的教育理念违背了当时的教育规律，促使其走向灭亡。蔡元培试图使教育超脱政治独立而存在，然而教育从其诞生那一刻起就不可避免地要受政治、经济和社会所影响，这就决定了改革的失败命运。③ 后来学者同样指出："过重理想而忽视事实"④是大学院和大学区制的主要弊端。而且，即使南京国民政府统治期间国内环境相对稳定，但是战事依旧不断，国家财政在支付完高额军费之后难以顾暇教育经费，没有可靠的经济来源，大学院也只不过是个理想国式的设定。因此，大学院和大学区制实是中国高等教育改革中的失败之举。

（二）国民党统治前期的教育法规

民国初年，民国政府为使教育制度与政治体制相配套，施行了一系列改革实践，其中对于学位制度的建设也有相应的进步与完善，基本厘清了中国学位制度发展的脉络。然而，这一时期的军阀混战、内忧外患、经济萧条等现实情况严重阻碍了学位制度的规范化建设，"学位立法几乎

---

① 刘腾：《民国时期研究生教育的历史考察与思考》，硕士学位论文，曲阜师范大学，2011 年。

② 孙培青：《中国教育史》，华东师范大学出版社 2000 年版，第 422 页。

③ 吕思为、王珺：《民国大学院、大学区制对中国高等教育区域化的启示》，《高教论坛》2004 年第 2 期。

④ 雷鼎国：《中国近代教育行政制度史》，台北教育文物出版社 1983 年版，第 334 页。

处于空白,虽然有些相关规定,但大都处于游离状态,没有具体实施"。①
南京国民政府成立后,理性地预见了教育立法对于学位与研究生教育制
度保障性与持久性的关键作用。随着中央集权制的建立,以及具有大陆
法系特点的法律制度的成熟,使得政府非常重视教育法律体系化的建设,
结束以往只有教育法规、法令而没有教育法律的历史。② 《大学组织法》
《大学章程》《学位授予法》《学位分级细则》等相关法律的出台,意味
着中国学位制度逐步迈入了系统化、制度化、法制化的发展轨道,特别
以《学位授予法》的颁行为开端,中国近代缺乏专门学位法的历史自此
终结,学士、硕士、博士三级制学位授予格局完成定型。

　　1. 《大学组织法》和《大学规程》

　　南京国民政府成立之初,国内社会对高等人才的需求与日俱增,为
保证人才保有量与社会需求之间的平衡,教育部关于成立大学的门槛有
所放宽,特别是允许单科大学的设立。"大学升格运动不断,私立大学也
乘机成立。"③ 大学数量在上升的同时却难以保证质量,不少院校扛着
"大学"之旗,实则师资缺乏、学科单一,名不符实。为限制大学盲目成
立泛滥化之病态,南京国民政府相继于 1929 年 7 月、8 月颁布了《大学
组织法》和《大学规程》。《大学组织法》严格了大学设立标准,取消单
科大学的办学资格,必须兼有文学院、理学院、法学院、工学院、农学
院、商学院、医药学院、教育学院、艺术学院或者其他学院中的三者及
以上才可称之为大学,而且三者学院中的某一学院必须为自然科学学院
或者应用科学学院。"此处所谓自然科学,即理、化、数等;应用科
学,指农、工、医而言。"④ 《大学组织法》对于大学的严格限制极好地
抑制了单科大学的无序发展,整合了社会中的优秀师资力量,集中资源
进行高等教育的实践与探索,是自 1922 年新学制颁布以来一次有益的教
育改革运动。《大学组织法》针对"教育"这一学科提出了新的设想,即
可将"教育"一科发展成学院,为中国教育行政、教育管理等方面人才

---

① 谌洪法:《民国时期学位立法研究》,硕士学位论文,西南政法大学,2013 年。
② 郑刚:《教育立法与近代中国学位制度的嬗变》,《高教探索》2012 年第 1 期。
③ 刘公永:《民国大学之学院制研究》,硕士学位论文,山东大学,2012 年。
④ 同上。

培养做出了贡献。在此基础上，《大学组织法》重申改"大学院"为"研究院"，着手研究生的培育计划。20 世纪 30 年代，国内大学纷纷以此为标准开展学校院系的调整与整合。

《大学组织法》侧重于大学成立的标准规范，《大学规程》中的各项规定则多为大学中院与系的划分。《大学规程》中规定在文科、理科、法科、商科、农科、工科、医科七学科之外，另立教育学科，同时改科的称呼为学院，成为八个学院。大学需具有八学院中三院以上且包含理学院，或者农学院、工学院、医学院中之一，才可授"大学"称号办学。不满足这项条件的一律改为独立学院，分设两科，当时多数大学或学院基本遵从文理分科的路线，与现代大学设科情况相差无几。以大学及独立学院学系开设为例，如大学文学院，或者文科独立学院，设有中国文学、外国文学、哲学、史学、语言学、社会学、音乐学等学系；大学理学院，或者理科独立学院，设有数学、物理学、化学、生物学、生理学、心理学、地理学、地质学等学系，同时附设药科大学；大学法学院，或者法科独立学院，设有法律学系、政治学系与经济学系，同时专设法律学系；大学教育学院，或者教育科独立学院，设有教育原理、教育心理、教育行政、教育方法等学系；大学农学院，或者农科独立学院，设有农学、林学、兽医、畜牧、蚕桑园艺等学系；大学工学院，或者工科独立学院，设有土木工程、机械工程、电机工程、化学工程、造船学、建筑学、采矿、冶金等学系；大学商学院，或者商科独立学院，设有银行、会计、统计、国际贸易、工商管理、交通管理等学系；大学医学院，或者医科独立学院，无学系分设。

"清末民初的教育立法还处于一种摇摆不定的状态，法律条文前后矛盾，相互不衔接的情况时有发生。"① 加之民初国内环境不稳定，连年的军阀混战导致政府无暇顾及教育法规的制定与实施，难以推动中国学位与研究生教育制度的实质性发展。《大学组织法》与《大学规程》的颁布具有承上启下的作用，并且南京国民政府意识到高等教育发展在政治、经济活动中的基础性作用，国民政府教育部于《大学组织法》和《大学规程》颁布前后，对当时国内的大学与学院进行了一次较大规模的调整

---

① 郑刚：《教育立法与近代中国学位制度的嬗变》，《高教探索》2012 年第 1 期。

与改制。凡是与《大学组织法》和《大学规程》中条件不相吻合的大学，要么进行调整，要么降至为独立学院，甚至有部分滥设之大学，教育部直接勒令其停止办学。如"第一中山大学改称为国立中山大学，设文、理、法、农、医五个学院；第二中山大学改为国立武汉大学，设文学、社会科学、理工三个学院；第三中山大学更名为浙江大学，设置文理、农、工三个学院；第四中山大学更名为江苏大学，之后再更名为国立中央大学，拥有文、理、法、商、农、工、医、教育八个学院，共40个学系；清华学校改为国立清华大学，设置文、理、法、工四个学院，共十六个系"。① 可以说，《大学组织法》和《大学规程》规范了当时中国大学及独立学院的办学标准，基本形成了以综合性大学为第一梯队、独立学院为第二梯队、专科院校为第三梯队的高等教育体系，为日后中国学士、硕士、博士三级学位制模式及其研究生教育的相关设计奠定了基础。

2.《学位授予法》

1935年《学位授予法》的颁布是国民党统治时期学位与研究生教育制度发展的一个重要节点，使得学位制度进一步完善，研究生教育得到更加规范化和合法化的发展。国民政府颁布的《学位授予法》，标志着英美国家的三级学位制度最终完成了"中国化"，奠定了近代中国学位制度建设的基础。②

（1）颁布背景

《学位授予法》的颁行，"是近代教育理念和教育思想转变及教育发散浪潮驱动的结果，是高等教育发展及定型的迫切要求，也是近代教育管理法制化的历史趋势使然"。③ 首先，民国时期，随着西方传教士的涌入和留学生的回返，西方大量的教育理念、教育方式、教育模式和教育制度被引进，冲击着中国传统的教育理念与教育模式，潜移默化地影响着中国学位与研究生教育制度的实践路向。同时，美国流行的自由主义和实用主义思潮的传播成为当时思想界、教育界的一记炮弹，不少有识

---

① 刘敬坤、徐宏：《中国近代高等教育发展历程回顾》（下），《东南大学学报》（哲学社会科学版）2004年第2期。

② 余伟良：《二十世纪的中国学位制度研究》，博士学位论文，湖南师范大学，2008年。

③ 谌洪法：《民国时期学位立法研究》，硕士学位论文，西南政法大学，2013年。

之士发出改革中国旧式教育、学习西方先进教育的疾呼，成为近代中国学位与研究生教育制度探索道路上的重要催化剂。面对情绪激昂的先进教育人士，时任大总统的黎元洪颁布了《学校系统改革案》，史称"壬戌学制"，强化了大学的综合性，提升了中国高等教育的学术性，标志着民国学制的形成。学制的初定，为中国高等教育的稳定发展铺平了道路，使学位立法成为可能，为《学位授予法》的诞生提供了生长土壤。其次，学位与研究生教育制度的完善与定型需要学位立法的体系化与规范化。民国初期，国内高等教育发展状况相对良好，学校不仅有所增多，而且规模也相对得到扩大。大学、学院及专科学校从原先的 4 所增长至 111 所，学生人数由 481 人增加到 43519 人，教育经费也相应地加大了投入力度。民国时期，政府对学位制度发展和完善的重视主要体现在高层教育管理者对学位制度的规范，如制定法规、厘定学制、整顿大学、调整课程、加强研究、鼓励留学等。此外，在大学、学院及专科学校逐渐得到发展的同时，南京国民政府意识到需要提高高校的办学质量与学术水平，加强学位管理的制度化、法律化步伐，以立法形式来明确学位等级、获得学位的条件和程序、学位授予的主体、学位的学科目录等学位制度的基本框架。① 这些理论上的思考与成熟均为《学位授予法》的颁行奠定了理论与实践基础。

（2）内容简述

《学位授予法》的成型并非一蹴而就的。1931 年，南京国民政府教育部开始《学位授予法》的拟定工作，草案记有 11 项规定，其中博士学位乃草案设计中的侧重方面。其后经过多次讨论、修改与补充，最终于 1935 年 4 月 22 日，南京国民政府立法院通过了《学位授予法》，其中共有 12 项规定，并于 6 月 20 日明令于本年 7 月 1 日起正式全面施行。"这是学位制度第一次通过立法的形式登上了近代中国高等教育的舞台，同时也表明当时的政府对于高等教育以及学位制度的重视程度，它是中国近代学位制度发展过程中的一座里程碑。"②《学位授予法》的 12 条主要涉及学位结构、学位授予的主体与程序等问题，基本

---

① 张陈：《中国当代学位制度的传统与变革》，硕士学位论文，西南大学，2011 年。

② 陈洁：《近代中国学位制度探析》，硕士学位论文，湘潭大学，2008 年。

内容如下:

第一条　学位分为学士、硕士、博士三级。但特种学科得仅设两级或一级。

第二条　凡曾在公立或立案之私立大学或独立学院修业期满，考试合格，并经教育部复核无异者，由大学或独立学院授予学士学位。

第三条　依本法授有学士学位，曾在公立或私立大学或独立学院之研究院或研究所继续研究两年以上，经该院、所考核成绩合格者，得由该院、所提出硕士学位候选人。硕士学位候选人考试合格，并经教育部复核无异者，由大学或独立学院授予硕士学位。

第四条　依本法授有硕士学位，在前条所属研究院或研究所继续研究两年以上，经该院、所考核成绩合格，提出于教育部审查许可者，得为博士学位候选人。

第五条　博士学位候选人，经博士学位评定会考试合格者，由国家授予博士学位。

第六条　硕士学位及博士学位之候选人，均须提出研究论文。①

事实上，学位授予的工作并非一帆风顺，《学位授予法》颁布当年学士学位授予工作得以顺利开展，硕士学位和博士学位的授予工作相对滞后。1935—1936 年，硕士学历考试呈现空白状态，直至 1937 年才举行第一届硕士学历考试，而国民党统治前期博士学位却从未授予。

（3）现实意义

《学位授予法》的颁行标志着中国近代学位制度空白期的结束，是学位与研究生教育制度建设制度化、法律化、系统化发展的肇始。我们对《学位授予法》的评价不能单以其培养了多少学士、硕士、博士为准则，要深刻意识到它在整个中国高等教育转型过程中起到了不可替代的法制作用，是当时中国学位制度改革实践中的一剂良药。

---

① 陈学恂:《中国近代教育史教学参考资料》（下册），人民教育出版社 1987 年版，第 112—113 页。

第一，指引中国高等院校的发展方向。"《学位授予法》明文规定了高校的考试制度和考试程度较之前提出了更高要求。在严格的学位制度体系下，国内大学、独立学院及专科院校不断进行自身的学术性升格，引进和培育优秀的师资力量，完善校内软、硬件设施条件，调动学术性研究精神，提高学术水平。学位制度建设制度化、系统化的初步完成，指引着近代高等院校学术建设发展进入了一个良性循环的轨道。"①

第二，推动国家整体学术水平的提高。《学位授予法》健全了中国近代高等教育史中硕士学位和博士学位的培养体制，各大学在《学位授予法》施行之后相继设立研究院或研究所，独立培养研究生，并进行相应的学位授予。尤其对于因客观条件限制而不能出国留学的学生而言可谓是天赐良机，实现了获得研究生教育的良好夙愿。"他们在国内相关学位制度的约束和自身不断充实完善的需求下，更加潜心于学术研究和提高自身素质，从而不断促进人才培养质量的提高。"② 国内学位制度的成型带来了研究生教育的发展，不仅提升了高校的师资水平，更重要的是它使中国整体的学术水平有了质的突破。

第三，促进莘莘学子树立正确的学术理念。在两千多年封建科举制的荼毒下，学子早已将学习与做官混为一谈，知识的接受过程机械且迂腐，具有研究性质的学术活动更是无从谈起。《学位授予法》的颁布一定程度上改变了国人传统的教育观念，将学子从落后的教育方式里解救出来，释放了学术研究的自由。学位制度的传播与发展，给国内学子与教育者以及普通民众提供了一个更开阔的教育视野，不再局限于科举制的传统观念之中，开始理解并接受新型的教育思想和学术理念，重新树立起正确的学术研究的现代教育理念。

3. 《学位分级细则》

为进一步明确学位授予的具体分级，南京国民政府教育部于 1935 年5 月依照《学位授予法》的基本原则，颁布了《学位分级细则》，共计 12条，细化了学位授予的学科目录，对各科学位的分级及名称做出了具体

---

① 陈洁：《近代中国学位制度探析》，硕士学位论文，湘潭大学，2008 年。
② 苏兆斌：《中国学位制度的历史与现状研究》，硕士学位论文，东北师范大学，2013 年。

规定，其基本条款如下:

第一条　文科学位分文学士、文学硕士、文学博士三级。大学文学院或独立学院文科设有政治学系、经济学系及文科研究所设有政治学部、经济学部者，其学位之级数及名称应与法科同。

第二条　理科学位分理学士、理学硕士、理学博士三级。

第三条　法科学位分法学士、法学硕士、法学博士三级。大学法学院或独立学院法科设有商学系及法科研究所设有商学部者，其学位之级数与名称应与商科同。

第四条　教育科学位分教育学士、教育硕士、教育博士三级。

第五条　农科学位分农学士、农学硕士、农学博士三级。

第六条　工科学位分工学士、工学硕士、工学博士三级。

第七条　商科学位分商学士、商学硕士两级。

第八条　医科学位分医学士、医学硕士、医学博士三级。①

此外规定，大学、独立学院及其研究院、研究所，若是设有特殊学科，并且学校对于该学科授予学位的使用名称产生疑义的时候，应当提交申请至教育部予以核定。同时，《学位分级细则》就学位证书的内容和格式进行了规范，做出了统一要求。"各级学位证书，应载明受学位者在本科所属之系或研究所所属之部。"② 同年 6 月，为完善研究生考试与学位授予工作，南京国民政府教育部颁布了《硕士学位考试细则》，就研究生学科考试、毕业论文答辩以及学位授予等程序再做详述，与《学位授予法》和《学位分级细则》互为补充，具体规定如下。

依学位授予法受有学士学位，或于学位法施行前曾在本国公立或立案私立之大学或独立学院本科毕业，或曾在经教育部认可之国

---

① 陈学恂:《中国近代教育史教学参考资料》（下册），人民教育出版社 1987 年版，第114—115 页。

② 李明霞:《试论民国时期中国现代学位制度的建立》，《徐州师范大学学报》（哲学社会科学版）2012 年第 4 期。

外大学得有相当学士之学位者。硕士学位考试分左列二种：一学科考试二论文考试。学科考试由考试委员会就候选人所修学科中指定与论文有关系之科目二种以上，一笔试之，必要时并得在实验室举行实验考试。候选人须于考试前一个月缮正研究论文及论文提要各两份，呈送所属院所，由院所提出于考试委员会。考试成绩之核算，论文成绩占百分之六十，学科成绩占百分之四十，两种成绩各在六十分以上始认为合格。成绩不及格者，须在所属院所继续研究，满一年后始得重行提出论文，并受全部考试。①

《学位分级细则》与《硕士学位考试细则》的颁行标志着中国学位制度的正式建立和研究生教育的系统成型，是国民党统治时期中国高等教育发展到一个新高度的体现，为日后国内大学、独立学院独立自主开展研究生教育奠定了基础、探明了道路。

（三）主要高校开展的学位与研究生教育制度的探索

"高校作为学位制度的载体与媒介，在学位制度的引入与移植过程中起着非常重要的作用。"② 前文对大学院制模式下学位与研究生教育制度实践已经做过阐述，并且列举了国民党统治前期颁布的相关重要法律条文，这一时期的发展侧重点比较明显。为了更好地展现国民党统治前期中国学位与研究生教育制度的发展状况，下面将以北京大学和清华大学的具体实施与运作为例，进行详细论述。

1. 国立北京大学的学位与研究生教育制度

北京大学是中国高等院校中的佼佼者，其前身是"戊戌变法"时期成立的京师大学堂，于1912年正式更名为北京大学。尽管从京师大学堂走向北京大学时经历了风雨飘摇的心酸历史，但是北京大学依旧是当时中国大学中的先锋代表，是学术研究的前沿领袖。蔡元培担任北大校长期间，以成为高等学问研究学府为旨向，厉行改革，积极进行学位制度的顶层设计，为北大日后学位与研究生教育制度的发展提供了理论基础。

---

① 俞允尧：《中华民国史档案资料汇编》（第五辑），江苏古籍出版社2001年版，第1400页。

② 陈洁：《近代中国学位制度探析》，硕士学位论文，湘潭大学，2008年。

1932 年 12 月，北京大学公布了《国立北京大学学则》，深化了对学位制度建设的探索工作。《学则》规定，本科教育中应当采用学分制和学年制相结合的模式，学生修业年限为四年，而且在这四年中必须获得 132 个学分，于毕业前提交毕业论文且经学校审核通过后方可毕业授予学士学位。同时各系还规定学生必修课与选修课必须处于平衡的比例，考核成绩需分平时成绩和期末成绩。《国立北京大学学则》是北大在学位制度探索道路上的一次重要成果，确保了学生能力的培育，提高了学生研究的水平，保证了学位授予的质量。

1929 年北大复校后，蔡元培提出校务建议:"为北大发展计，与其求诸量，勿宁求诸质，与其普及，勿宁提高。"[①] 他主张废止预科的办学，将经费转移至研究所的建设上来。1930 年，北京大学评议会在参考蔡元培的建议之后停办预科，并开始拟定研究院章程。1930 年 12 月，有美国留学经验的蒋梦麟出任北大校长，他主张:"教授治学、学生求学、职员治事、校长治校"[②]，注重学术研究，大力发展研究所，学校各项建设工作步入正轨。1931 年 6 月，研究所国学门恢复招生，当年共计招收 21 名研究生，同时对研究生导师及其研究范围进行了确认:（1）马裕藻—古声韵;（2）马衡—金石学:（3）叶翰—雕刻瓷器研究;（4）沈兼士—文字学;（5）刘复—语音学、方言研究;（6）朱希祖—明清史;（7）陈垣—中国基督史研究;（8）钢和泰—宗教史等;（9）黄节—魏汉六朝诗;（10）周作人—中国歌谣;（11）钱玄同—音律沿革研究;（12）沈尹默—唐诗研究;（13）许元衡—词典研究。[③] 1932 年，北京大学研究院正式成立，7 月 8 日召开的北大校务会议通过了《国立北京大学研究院规程》。其中规定:由校长兼任研究院院长一职;研究院设有文史部、自然科学部、社会科学部三部，文史部由国学门演变而来，各设主任一人;本校和国立各大学毕业生必须经过本院研究生入学考试，本校各系助教有意同时成为研究生者可免除考试;考试内容分为外语考核和专业课考核两项;初试与毕业考试同时合格者方可准予毕业。1932 年 10 月，研究

① 蔡元培:《〈北京大学月刊〉发刊词》，《北京大学月刊》1918 年第 11 期。
② 萧超然:《北京大学校史:1898—1949》，北京大学出版社 1988 年版，第 303 页。
③ 同上书，第 304 页。

院第一次录取研究生25人：文史部12名、自然科学部3名、社会科学部10名。[①] 1934年，北大根据相关法律颁布《修正研究院规程》，主要内容包括："（1）将原设部更名为文科研究所、理科研究所、法科研究所。由文、理、法三院院长兼任各研究所主任。（2）规定报考资格需具备大学本科或具有同等学力者，须经规定之入学试验。（3）研究生修业年限，至少两年，至多五年，头年必须在院研究。（4）导师由本科教授担任，每位导师同时指导的人数不得超过5人。（5）研究生最后之成绩，论文占70％，口试占30％。"[②] 不难看出，此期北京大学研究生在培养方式上发生了转变。研究所国学门时期，研究生主要在导师的不定期指导下自主进行学习、研究工作，缺乏方向性与专业性。北京大学研究院在总结以往经验和借鉴其他高校的研究生培养方式后，将专业课程教学纳入到研究生的培育计划当中，研究生在第一年中必须完成专业课程的学习，并且修习之研究课程须在十二学分（即每学期六分）以上[③]，才准予毕业。与学生独立研究的培养方式相比较，显然后期北京大学研究院的教育方式更为合理，日益向以美国为代表的国际上流行的研究生培养模式过渡。这些研究生培养方式的完善与实施，表明北京大学的研究生教育在实践层面上已经取得实质性进展，并逐步向制度化、规范化的方向发展，在中国学位制度建设和研究生教育史上画出浓墨重彩的一笔。

2. 国立清华大学的学位与研究生教育制度

清华大学是中国近代高等教育历史中又一座里程碑。其前身是1911年清政府利用部分"庚子赔款"所办的留美预备学校——清华学堂。1928年，在南京国民政府的明令下，清华学堂改名为国立清华大学，由罗家伦担任校长。罗家伦上任之初依据清华大学的具体情况和南京国民政府颁布的相关法规，主持制定了《国立清华大学条例》和《国立清华大学规程》。这两部条令针对本科生和研究生的入学条件做出了明确规定："本科生必须持有高级中学或者同等学校的毕业文凭，研究生必须持

① 北京师范大学校史编写组：《北京师范大学校史》，北京师范大学出版社1982年版，第204页。

② 萧超然：《北京大学校史：1898—1949》，北京大学出版社1988年版，第305页。

③ 伍振鷟：《中国大学教育发展史》，三民书局1998年版，第116页。

有大学或者同等学校的毕业文凭,方可参与入学考试;经入学考试合格后,方可进校学习;本科生修业年限为4年,修满4年并且成绩达标者方可毕业,获学士学位;研究生无固定修业年限,依学位条例授予学位。"1934年修改通过的《本科教务通则》对学士学位的授予程序进行了补充说明:"学生第四学年上期始业时,应商承本系主任及教授选定题目,并受其指导,撰作毕业论文一篇至迟需按校历规定日期,呈请审核;凡学生曾在学校肄业四学年,修满本校规定课程及学分,而党义、体育、军事训练亦均及格,并交清一切规定校费,经教授会审查通过后,准予毕业,授予学士学位。"① 这些条例的实施是清华大学对学位制度建设思考的现实反映,在实践中指导了中国高等教育的发展。

　　20年代末研究生教育对中国高等教育来说仍很陌生,国内不少高校迎难而上,在模糊的概念下摸索中国研究生教育的未来。1929年,清华大学评议会决议停止国学研究院的办学,另立研究院,前期主要有外国语文研究所和物理研究所。这是中国研究生教育史成立的第一个完全意义上的纯学术研究院,明确区分了研究生教育和普通本科生教育的不同所在,是中国近代研究生教育历程中的一大进步,也为其他高校和中央研究院所如何有效开展研究生教育提供了范本参考。1930年,清华大学又增设中国文学、哲学等八所研究所,并陆续开始进行研究生的招收工作。一年后,清华大学研究院共计招收41名研究生,其中文学院15人,理学院9人,法学院17人。1932年,心理研究所开始招收研究生,社会学研究所与地理学研究所随后于1933年开始招生。至1933年止,清华大学共有13个研究所。在1934年国民政府颁布《大学研究院暂行组织规程》后,清华大学研究院又改名为研究学部,分属文科、理科、法科研究所。② 1935年,在获南京国民政府教育部审批核准后,清华大学在3个研究所的基础上增设10个研究部,具体分为:法科研究所:政治学部、经济学部。文科研究所:哲学部、中国文学部、历史学部、外国文学部。理科研究所:化学部、生物学部、物理学部、算学部。此时清华大学开

---

① 清华大学校史研究室:《清华大学史料选编》(第二卷上),清华大学出版社1991年版,第169页。

② 清华大学校史编写组:《清华大学史稿》,中华书局1981年版,第116页。

设的研究院数量占全国总量的 1/3 还要多，是所有开展研究生教育的大学和独立院校中最具分量的，这充分说明清华大学对于研究生教育的重视程度已达到一个较高的层次，在中国研究生教育发展历程中影响深远、意义重大。

　　清华大学对于研究生的培养工作要求极为严格，从招收资格到日常教学再到最后的毕业考核，层层严厉把关，力图培养出真正研究高深学问的学生，因此不少清华大学的研究生最后并未能顺利如愿毕业。清华大学报考明确要求：报考学生须"国立、省立或教育部立案之私立大学毕业生"①。同时在报名时必须呈毕业文凭与本科时科目成绩单，经审核通过后才有研究生入学资格，此举将一大批"野鸡大学"的学生排除在外，从源头上保证了学生的学术素养和知识水平。同理，因为将招收生源限制为本科毕业的大学生，这样新入学的研究生就能够尽快地适应学术型研究生教育，进一步在自己本科所学知识的基础上加深专业课程的学习。与此前研究院国学门不同，清华大学后期研究院的毕业考试更加严格，研究院每年都会对研究生进行一次考核，凡是在考核中平均成绩达到 0.95 及以上者才准许参加研究生毕业考核，毕业考核程序分为外语考试、毕业考试、论文答辩三项。1934 年，清华大学评议会针对外语考试提出了更高要求，修订通过了《研究院考试细则》，其中规定："研究生在第一学年内得随时请求应外国文字考试，其考试成绩不及格者，得于三个月后，请求补考，但补考不得超过两次，至迟须于毕业年度开始两星期内，考试及格。""外国文字考试及格后，方得请求应毕业初试。"在层层考试的筛选下，清华大学的研究生最快也需要三年才能毕业，期间一旦有课程成绩不合格还必须重修补考，不少研究生在这种严格的筛查环境下中途被淘汰了。据统计，"1930 年至 1936 年期间，清华大学研究所招收学生共计 120 人。而在 1933 年清华大学研究院招生到 1936 年抗战前期，清华大学研究院顺利毕业人数仅有 22 人。还不及 1933 年研究院所招收的人数。而其中的法科研究所在此期共有在校生 30 余人，顺利毕业的只有 1 人。"② 尽管有生计困难退学、中途工作或留学等多方面的原

---

① 清华大学校史编写组：《清华大学史稿》，中华书局 1981 年版，第 118 页。
② 吴慧龄、李楚：《北京高等教育史料》，北京师范大学出版社 1992 年版，第 36 页。

因导致毕业人数远少于招收人数,但是清华大学严苛的毕业条件是限制一大部分研究生无法如期毕业的最重要的原因,也从侧面体现出清华大学研究生培养过程中要求严、质量高的特点。

清华大学注重结合学校自身的建设需要与南京国民政府颁布的教育法律法规,在学位制度建设和研究生教育发展过程中进行了一系列行之有效的改革与实践,为别校的学位制完善和日后中国研究生教育发展提供了宝贵经验,是中国近代教育史上的一颗璀璨明珠。清华大学培养出了诸如陈省身、费孝通等著名学者,推动了清华大学学位与研究生教育制度的长足发展。

(四)国民党统治前期学位和研究生教育制度的特点

国民党统治前期中国的学位与研究生教育制度模式逐渐成型,主要是以美国的三级学位制为参考进行中国本土化的创新发展过程。在借鉴西方国家经验与国内各大高校不懈探索的双重作用下,中国积累了相当丰富的理论与实践经验,初具近代学位与研究生教育制度的发展形态。同时,由于时局之限制以及情况之特殊,这一时期的学位与研究生教育制度也呈现出各异特点,为后人进行进一步的研究与完善带来一定价值的思考和借鉴。

1. 美国三级学位制的本土化衍变

近代中国的学位制度建设过程就是在不断借鉴西方国家先进经验的同时结合中国实际加以补充、完善的过程,从一定程度上也可以将之定义为近代西方国家学位制度的本土化衍变。清末时期,中国主要效仿邻国——日本,民国初期和北洋军阀统治时期以德国、法国为主要学习对象。1927 年南京国民政府成立后,"教育制度必须适应政治需要的观点已为社会共识,随着中国的政治倾向逐渐偏向美国,中国的学位制度发展也直接受到影响,自然地转向美国学习,建立起了以美制为样本的学位制度"①。同时,留美学生回国后更受政府机关以及各大教育机构的青睐和追捧,成为中国高等教育改革的中流砥柱。"留学法、德的教育家在教育界的主导地位逐渐被留学美国的教育家所取代,教育部大学委员会委

---

① 张少利:《北洋政府时期学位制度述评》,《中国高等教育研究》2007 年第 2 期。

员中，大都有留学的经历，并且以留美居多。"① 留学生在中国近代学位制度建设过程中扮演着至关重要甚或可以说举足轻重的角色。这些留美回国的教育者大多在当时的教育界处于"一手遮天"的地位，自然而然地就会把美国的三级学位制度引入到中国的学位制度实践中来。例如时任北大校长的蒋梦麟毕业于美国哥伦比亚大学并获得教育学博士学位，为北大学位制度的构建做出不可磨灭的贡献；毕业于美国芝加哥大学获机械工程硕士学位的梅贻琦，在担任清华大学校长期间把硕士学位明确列入《国立清华大学研究院章程》中。各高校在总结自身优势与发展需求的前提下，在学科课程和学位建设中均保留了自己的特色，例如国立清华大学凭借其雄厚外语根基开办了外国语文部，私立金陵大学根据中国农业发展的需要，开设了农业经济部等。随着本科教育逐渐解决不了当时中国社会存在的各类问题，更高层次的研究生教育问题慢慢地提上了日程，部分高校在留美学者的倡导下自主进行学位制度的探索，成为美国三级学位制度确立的客观背景。1935 年《学位授予法》的颁布是美国三级学位制"中国化"的最终定型，之后中国的学位制度建设也以此为基础进行更深一步的发展。

2. 学位与研究生教育制度发展迟滞

南京国民政府时期中国学位与研究生教育制度的一大诟病就在于其发展迟滞严重。"近代具有真正意义上的中国高等教育始于 1898 年京师大学堂的创办"②，对于学位制度的探讨学习也相应展开，但是直到 1935 年《学位授予法》的颁布，中国近代三级制的学位制度才算初具形态，本科学生才得以授予学士学位，前后历时近 40 年，时间之长实在令人匪夷所思。硕士学位授予工作同样晚于研究生教育，博士学位的授予工作在国民政府统治时期一直处于愿景美好，却未能实施的尴尬境地。北京大学于 1917 年就开办了一些学科并着手培养研究生，1932 年依据《大学组织法》成立了研究所，通过了《国立北京大学研究院规程》，对研究生教育工作做了进一步详细的探索。1935 年公布了《国立北京大学研究院暂行规程》，真正对于硕士学位、博士学位的授予有了法规上的明确表

<hr />

① 余伟良：《二十世纪的中国学位制度研究》，博士学位论文，湖南师范大学，2008 年。
② 苏兆斌：《中国学位制度的历史与现状研究》，博士学位论文，东北师范大学，2013 年。

述。1925 年，国立清华大学增设国学研究院，开始研究生教育工作。而硕士学位授予得到明文规定是在 1934 年梅贻琦将之写进《国立清华大学研究院章程》，研究生培养工作才臻于完善。"其他国立或私立大学如国立中央大学、国立中山大学、国立武汉大学、国立北洋工学院、国立交通大学、国立北京师范大学以及私立金陵大学、燕京大学、东吴大学、南开大学、辅仁大学等都在 1935 年以前创立了研究院或研究所，然而高等院校有权颁授硕士学位是在 1935 年 7 月 1 日《学位授予法》公布施行以后。"① 由此可见，中国近代学位与研究生教育制度的发展具有明显的迟滞性。导致这一迟滞现象主要是因为：第一，国内形势仍很动荡。尽管蒋介石成立了南京国民政府，在形式上完成了统一，并且政治形势的确有所缓和，但是局部战争仍时有发生，且规模相对不小，不少学者为求自保往往逃往海外或隐居避世，难以促进教育正常发展。再加上国民党内部派系林立，政见不一，学校教育夹缝求存，难有保障。第二，缺乏教育经费。随着连年战争，国民政府财政吃紧，高校教育经费得不到保障。为不影响学校的日常开支，多数高校削减研究院或研究所编制，仍以本科教育为重心，限制了研究生教育的发展。第三，缺乏社会认同度。社会上对于学位与研究生教育制度的认识粗浅，对学位立法的呼声不高，而且报名研究生的人数较少，还有部分本科生更愿意出国留学。种种条件作用下，中国学位与研究生教育制度建设相比于社会其他建设工作相对滞后。

3. 学位与研究生教育制度法制化日趋完善

法制建设是学位与研究生教育制度发展过程中至关重要且不可或缺的一个环节，尤其是对研究生教育而言，它在初创阶段所表现出来的自发性特征，诱发了南京国民政府必须制定法律条文来指导和规范各个高校的研究生教育，维护其政治统治的一致性。1927 年南京国民政府成立之后，教育部不断出台各类法律法规来强化其学术管理职能。1927 年 7 月，公布《中华民国大学院组织法》，赋予大学院以管理全国教育和学术的使命，规定其为全国最高教育及学术机关。1928 年 10 月，国民政府改组大学院为教育部，设高等教育司、普通教育司和社会教育司，在制度

---

① 余伟良：《二十世纪的中国学位制度研究》，博士学位论文，湖南师范大学，2008 年。

上把研究生教育划归到政府的管理范畴之下。1929 年，国家教育部颁布了"改进高等教育计划"，对设立大学研究机关的条件做出明确规定。同时，"对研究生教育的规定更明确、更具体，其操作性更强，因而有利于政府及教育部门加强对全国公立大学研究生教育组织的管理。"[①] 同年，国民政府又颁布了《大学组织法》和《大学规程》，总结了中国早期研究生教育的基本内容，以法律的形式对大学体制和研究院制度进行了规范。1934 年，教育部专门下发了《大学研究院暂行组织规程》，对研究生的招收、学习以及研究院的规制有了具体说明，至此中国近代研究生教育方才成型。1935 年，南京国民政府颁行了《学位授予法》《学位分级细则》《硕士学位考试细则》等一系列法规法令，确立了中国的学位制度，同时对研究生培养过程中的若干问题，特别是学位的授予工作有了相对成熟的思考与设计。这部法令的出台，给中国研究生教育提供了法律形式的保障，而且给各大高校的建设工作提供了大致方向，避免了各自为政、各叙己见的混乱局面。

南京国民政府时期中国学位与研究生教育制度法制化进程中另一重大突破在于，"随着高等教育日益正规化，研究生教育与学位制度通过立法实现真正的结合。"[②] 首先，对发展研究生教育的必要性做出了充分的肯定。1928 年颁布的《大学组织法》中规定大学必须开设研究院。其次，通过立法行为来促使学位与研究生教育制度的制度性结合，凡进入研究院接受相应研究生教育并成绩合格的学生，才能被授予硕士学位。1934 年南京国民政府教育部公布了《大学研究院暂行组织规程》，开始推进研究所建设工作。1935 年 4 月颁布了《学位授予法》，1935 年 5 月颁布了《学位分级细则》《硕士学位考试细则》，确立了中国近代学士、硕士、博士三级制的学位制度。关于硕士学位的授予工作做了如下规定："学生必须在公立大学或者在教育部立案的私立大学或者独立学院研究院或研究所继续研究 2 年以上，并在该院所各项考核中全部达标，可由该院所申请将其列为硕士学位候选人。硕士学位候选人只有通过考试，并且教育

---

① 郑浩：《中国研究生教育的发展历史研究》(1902—1998)，硕士学位论文，湖南师范大学，2005 年。

② 游玉华：《近代中国研究生教育的发展轨迹》，《大学教育科学》2005 年第 2 期。

部对其复核无异议之后,大学或独立学院可以授予学生以硕士学位。"同样,取得硕士学位并在研究院或所继续进行两年以上研究的硕士生,经考试合格并通过教育部审查许可者,则列为博士学位候选人。除此之外,在学术上有特殊著作或发明者,或曾任公私立大学、独立学院教授三年以上者也可成为博士学位候选人。博士学位候选人参加博士学位评定会考试同时合格者,由国家授予博士学位。硕士学位及博士学位候选人在毕业之际都必须提交研究论文。《学位授予法》是中国学位制度发展史上的第一部系统的学位法,它对研究生学位的授予问题做了准确阐述,为各大高校的研究生培养工作指明了方向,搭建了制度体系,使得之前国内研究院或研究所数量稀少、研究生招收情况堪忧的局面有所改善。1934 年中国拥有的研究所数量屈指可数,仅有 12 所高校开办共计 45 个学位授予专业,可招收的研究生数量也并不可观。《学位授予法》颁布之后,凡有能力开设研究院的高校纷纷行动起来,研究生教育特别是硕士教育开始有了较大的发展。1935 年 4 月颁布的《硕士学位考试细则》,对硕士、学位的审授做了更为详细的规定。至此中国学位与研究生教育制度在各项法令的完善中逐渐结合,日趋形成一个有机统一的高等教育体系。

二　全面抗日战争时期的学位与研究生教育制度（1937—1945）

1937 年 7 月 7 日卢沟桥事变,日本侵略者发动全面侵华战争,国土沦陷,民不聊生,中国高等院校在战火的摧残下损失惨重,尤其是当时北京、上海、江苏等高校密集地区在遭到日本侵略者的破坏之后,学校财产、图书、科研设备等难以保存。"截至 1938 年 10 月,全国 108 所大专院校中被轰炸的共达 91 所,其中继续维持的仅有 83 所,25 所被迫暂时停办。学生由 41922 人减为 31188 人,教师由战前的 7560 人减为 5657人,职员由 4290 人减为 2966 人,财产损失 3360 余万元。"[1] 北大、清华等高校被迫转移至中西部地区,对原本已近乎成熟的学位与研究生教育制度来说无疑是一记重创,不少研究工作由于珍贵资料的丢失而陷入了

---

[1]　中国国民党中央执行委员会宣传部编:《抗战六年来之教育》,中国国民党中央执行委员会宣传部 1943 年版,第 23 页。

停滞的状态，如南开大学关于华北经济之研究资料，清华大学关于中国近代史档案之搜集，北京大学关于中国地质之资料，均为极足珍贵之物，今后亦无重行收集之可能。[1] 不少教育界人士提议南京国民政府停办大学等高等院校，实施战时教育。国民政府在经过反复考量之后，认为人才仍是抗战时期的重要资源，应当坚持"战时须做平时看"的办学精神。"适应抗战需要，固不能不有各种临时措施，但一切仍以维持正常教育为其主旨，为自力更生抗战建国之计，原有教育必得维持，否则后果将更不堪。"[2] 国民政府为保证抗战时期人才供给链的维系运转，大力支持各大学或独立学院的研究院或研究所的教研工作，给予软、硬件完备的大学以经费和政策支持，协助原有研究院或研究所恢复和扩大招生。日本侵略者的炮火并没有阻止中国高等教育发展的脚步，相反在这段艰苦的抗战岁月里，中国教育界上下一心、越挫越勇，帮助各大高校在中西部地区逐渐稳定下来。抗战时期，大学教育虽然遭受了暂时的挫折，但沿海沿江大学向内地、后方的迁移和重组，有力地推动了内地高等教育的发展，促成了教学科技力量、办学思想方法的优势互补，从而涌现了像西南联大和西北联合大学那样一些集中了大批名师名家、思想自由、学术研究和人才培养成绩斐然的著名学府。[3]

（一）战时学位制度的发展概况

1. 高校地域分布的被迫调整

自鸦片战争失败以来，清政府陆续在沿海、沿江城市开放通商口岸供洋人经商、传道之用。这就使得沿海、沿江城市一方面较之内陆城市更为富庶，经济实力相对雄厚；另一方面在西方传教士的影响下，沿海、沿江城市受到现代教育理念的熏陶要稍早一些，有利于高等教育的普及和发展。两者相结合之下，沿海、沿江城市的高校发展状况更加良好，江苏、上海一带的高校数量可观，同时学位与研究生教育制度活动在这一片区域高校的带动下有了较为全面的试行。国民党政府曾试图平衡全

---

[1] 顾毓琇：《抗战以来中国教育文化之损失》，《时事月报》1938 年第 5 期。

[2] 教育部教育年鉴编纂委员会编：《第二次中国教育年鉴》商务印书馆 1948 年版，第 101 页。

[3] 刘腾：《民国时期研究生教育的历史考察与思考》，硕士学位论文，曲阜师范大学，2011 年。

国各地的知识水平分布，然所谋者大，所得者甚小。据 1931 年 6 月民国政府教育部的统计，当时有国立大学 15 所、省立大学 18 所、立案私立大学 23 所，不在沿海的国立大学仅有武汉大学一所，私立大学仅武昌中华大学一所，省立大学有 14 所。① 抗日战争爆发后，平、津、苏、沪等教育发达地区相继沦陷，国内除了少部分大学、独立院校及专科学校暂停办学外，多数高校选择向中西部地区内迁，极少数院校仍在原处维持办学。私立和教会大学主要向外国租界转移，公立高校的内迁路线主要集中在这三条：一是北方平津高校南下；二是沪宁杭华东地区高校沿长江或浙江西进；三是广东、福建高校主要向西、向北入粤西北和闽西北地区。② 从 1937 年全面抗战爆发到 1944 年抗战后期，中国高校共进行了三次内迁。第一次是从"七七事变"以后至 1938 年，共有 56 所高校内迁，占当时国内总数的近六成。第二次是从 1941 年底至 1942 年上半年，共有 21 所高校迁往中西部地区。第三次是从 1944 年 2 月至 12 月，豫湘桂战役大溃败后原定迁往此处的 21 所高校不得已临时转移，损失极大。抗日战争期间多达 106 所高校迁移，搬迁次数多达 300 余次，部分学校甚至多次转移校区，如抗战爆发后北大、清华、南开三所大学迁址长沙，组成长沙临时大学；1938 年 4 月又因战乱问题再移至昆明，成立国立西南联合大学。内迁后的高校由于资源、师资等遭受破坏难以继续独立办学，部分院校采取合并办学或联合办学的形式，约占内迁高校的 1/4。除清华、北大、南开组建成西南联大以外，北师大、北平大学、北洋工学院在陕西组成西北联合大学；安徽大学因学生失散选择与武汉大学合并；大夏大学与复旦大学成为东南联大的主要力量。高校的内迁给四川、陕西、云南、甘肃等中西部地区带去高等教育的火种，同时在中西部相对安全的环境下，内迁高校的规模较之战前均有所扩大。如中央大学抗战前的在校生仅 1500 余人，而在抗战时增至 4000 余人；浙江大学抗战前仅有文理、农、工三个学院，抗战时发展为文、理、农、工、师范五个学院。教育部根据内迁各大学条件，选定在西南联合大学、浙江大学、中山大学、中央大学、四川大学五校增设师范学院（中央大学与四川大学

---

① 周予同：《中国现代教育史》，福建教育出版社 2007 年版，第 154 页。

② 张陈：《中国当代学位制度的传统与变革》，硕士学位论文，西南大学，2011 年。

为在教育学院增设系科，改为师范学院)。[①] 抗战胜利后，尽管多数高校回迁原址，但是仍给内地留下了发展高等教育的资源与师资力量，当时多数高校的学部是后来当地大学的前身，如西南联大的师范部之后发展为云南师范大学。值得注意的是，抗战时期青海、内蒙古、新疆、宁夏等省未能有大学成立起来，是中国近代高等教育中的遗憾所在。

2. 战时学位制度的完善

抗日战争时期，中国学位制度的发展进一步完善。随着战争的白热化与沦陷区的扩大，沦陷区被迫停办的高校日益增多，大学生失学或者转学的现象成为当时教育界的常态。有的学生在各个高校间反复辗转，使得规定修业年限被迫延长。同时，如何发放转校生的学位证书成为摆在国民政府教育部面前的一道难题。为应对战时这一特殊情形，1939 年南京国民政府教育部颁布了《抗战期间专科以上学校借读生学籍处理及毕业证件发给办法》，依据情况的不同做出如下三种规定："一、借读生之原校存在者，由借读学校将各项成绩移送原校办理毕业呈报手续，但得先由借读学校发给临时证明文件，除注明原校及原隶属院系外，并须注明在本校借读修业期满参加毕业试验成绩及格字样，这类学生的借读毕业证书上没有学位，他们标有学位的毕业证书由原校颁发。二、借读生之原校暂行停办或原校陷入战区情况不明者，由借读学校发给毕业证书，并注明原校院系及借读字样，该项证书呈送验印手续与本校同。三、借读生已经借读学校改为转学本校学生者。其毕业呈报手续及毕业证书与本校同。"[②] 转校生学位证书授予问题的解决也是抗日战争时期中国学位制度完善的一个重要标志。这一时期，中国学士学位的授予工作得到了较好的开展，本科毕业生人数变化呈上升趋势，从 1938 年4774 名本科生发展到 1945 年共有 11669 名本科毕业生，甚至比全面抗战前 1936 年 7951 名毕业生的状况更加出色，可以说是学位制度趋向完善的一个表现。

① 刘敬坤、徐宏：《中国近代高等教育发展历程回顾》（下），《东南大学学报》（哲学社会科学版）2004 年第 2 期。

② 教育部参事处编：《教育法令汇编》（第 5 缉），商务印书馆 1936 年版，第 143 页。

国民政府统治初期是中国近代研究生教育成长的幼苗阶段，日本帝国主义在发动全面侵华战争之后，中国学位制度的建设面临着机遇和挑战。据统计，1936 年至 1938 年间，中国在校研究生人数骤减，从 1936 年的 75 人缩减到 1938 年的仅 13 名研究生，下降幅度不可谓不大，研究生的教育工作陷入冰封期。研究生人数急速缩水的原因，一是由于国内政治环境不稳定，多数学子为求安全纷纷选择出国留学；二是因为战时经济萧条，研究生以及研究院、研究所无力负担高额的开销而选择辍学或停办。南京国民政府针对战时需要，限制学生出国留学，保证国内高端人才供给链的持续输出，1938 年 6 月，国民政府行政院公布教育部、财政部协商拟定的《限制留学生办法》，对学生出国留学的各种审核要求皆提出了更高标准，当年的出国留学生人数陡然从之前的 366 人锐减至 92 人。鉴于本科毕业生出国深造机会受挫，国内各研究院、研究所发展不济的情况，1938 年南京国民政府开始拨给经费，就设备、人才较优之国立大学，酌量增设各种研究所，同时并协助原有研究院所恢复招生。①同年 2 月，国民政府颁行了《贷金暂行办法规定》，对选择进入研究院深造的学生予以经费支持。1939 年，国民政府又下令，国内有条件的院校须重开或扩充研究院所。在多重政策的规范与扶持下，国立各大学克服重重困难，竭力恢复和发展研究生教育工作。清华大学、北京大学重办研究院；中央大学增设法、工、师范三个研究所，成立研究院；浙江大学新立研究院；中山大学扩充招收名额；西南、西北两所大学及西北工学院、武汉大学、交通大学等校增设研究所。至此，全国共有研究院所10 处，有 32 个学部，自当年开始招生。② 在国民政府的鼓励和各院校的努力下，至 1941 年年底，全国共有 36 个研究所，62 个学部；1942 年已经发展到全国 20 所公、私立大学及独立学院设有 44 个研究所，75 个学部了。

与研究生教育相配套的硕士学位的授予早在 1937 年《学位授予法》

---

① 教育部教育年鉴编纂委员会编：《第二次中国教育年鉴》，商务印书馆 1948 年版，第574 页。

② 中央教育科学研究所：《中国现代教育大事记》（1919—1949），教育科学出版社 1988年版，第 428 页。

中就有了相关规定，但是在日本侵华战争的影响下，直到 1939 年才对硕士学位证书进行了补发工作。当时各高校研究院所的学位审核程序大多不规范，且学位证书样式繁多，国民政府为方便统一管理于 1939 年发出 16119 号训令：各高校务须遵照《硕士学位考试细则》第九条规定，硕士学位候选人考试成绩，须由主持委员拟具考试及格报告书，经各委员盖章，并遵照第十条规定，于考试完毕后一个月，将合格论文附提要、试卷及研究期满成绩表，一并送教育部复核。凡学位论文特别优异者，得由教育部刊印。关于硕士学位论文评定报告书和硕士学位考试委员会报告书，都做了严格要求和明确规定。1939 年 7 月，国民政府教育部针对当时国内研究院所发展不均衡的状况颁布了两种硕士学位证书样式，进一步完善了硕士学位的系统性。抗日战争时期硕士研究生教育的发展，客观上为学位制度的发展奠定了必要的基础，同时也为博士学位制度建设提供了机会。1940 年秋，教育部学术评议委员会召开第一届二次会议，此次会议通过了《博士学位评定会组织法》和《博士学位考试细则》，同时也通过了《名誉博士学位授予细则》，对名誉博士学位授予的实施方法做了具体说明。这一系列法规的制定从理论层面进一步丰富了学位制度，明确规定了学位课程考试、学位论文审查答辩和学位授予，以及学位证书样式等，并制定了具体的标准和实施细则，形成了一套体系完备的学士、硕士、博士学位授予制度。

（二）战时主要高校的研究生教育概括

自日本侵略者发动惨无人道的侵华战争以来，中国诸多高校在战火的摧残下受创严重。1937 年 10 月《大公报》统计数据显示：开战以来，中国大学已有多校被毁，即南开大学、河北女子师范学院、复旦大学、暨南大学、大同大学、大夏大学、南京中央大学、广州中山大学等（北平学校尚未统计在内）。据统计，损失总计达 21036842 元。① 如此动荡的时局对于中国当时刚刚起步的研究生教育来说无疑是灭顶之灾，几乎所有的研究院所由于校产和研究资料的丢失而难以为继，纷纷选择停止办学。为保证研究生教育不被扼杀于摇篮之中，南京国民政府出台了一系

---

① 教育部教育年鉴编纂委员会编：《第二次中国教育年鉴》，商务印书馆 1948 年版，第556 页。

列扶持政策，对各大学恢复研究生教育工作予以大力支持。同时，国内条件相对较好的大学响应政府的号召，咬紧牙根，艰苦奋斗，使得中国研究院所的状况有所好转。

1. 国立中央大学的研究生教育

国立中央大学由原国立东南大学、河海工程大学、江苏法政大学、江苏医科大学、上海商科大学以及南京工业专门学校、苏州工业专门学校、上海商业专门学校、南京农业学校等江苏境内专科以上的 9 所公立学校合并而来，是国民政府时期全国院系最多、规模最大的大学，其研究生教育基础也相对较好。1937 年，随着抗日战争全面爆发，中央大学被迫迁往重庆沙坪坝办学。在动荡的时局中，国立中央大学尽管有着经费短缺和设备丢失等诸多困扰，但学校仍然十分重视科学研究工作以及高层次的人才培养。时任中大校长罗家伦亲自兼任研究院院长。研究院在行政上属独立机构，下设所、学部，所和学部的负责人由各院院长和系主任兼任。[1] 同时，抗战期间因为国立中央大学名誉校长由国民政府总裁蒋介石担任，南京国民政府教育部对其给予了相当大的重视与优待，如学校申请设置的研究所不到 3 个月即获批复；在经费拨付上给予优厚；各研究部的招收人数不受政府文件规定的限制。[2] 因此，抗战时期国立中央大学所受影响较小，并且研究生培养工作还得到了相对迅速的发展。

1938 年，中央大学增设师范研究所，开设心理学部。1938 年 12 月，学校研究院正式成立，同时经过校评议会商讨决定增设物理学部、化学部，下属理科研究所；增设工科研究所，内设电机学部、机械学部、土木学部。经过两年建设，国立中央大学 1940 年已有 5 所研究所以及 9 个学部。1941 年，学校增设文科研究所，内设历史学部、哲学部；增设医科研究所，内设生理学部；增设地理学部，下属理科研究所；增设农科研究所森林学部。1942 年，增设生物学部，下属理科研究所；增设公共卫生学部，下属医学研究所。1944 年 8 月，国民政府教育又批准该校增设文科研究所中国文学部、外国文学部；法科研究所法律学部；师范研

---

① 李德志：《南京大学研究生教育发展史》，博士学位论文，南京大学，2012 年。

② 张晞初：《中国研究生教育史略》，湖南师范大学出版社 1994 年版，第 41 页。

究所教育学部；农科研究所农业经济学部。同年 10 月，国立中央大学再次增设畜牧兽医学部，下属农科研究院；增设化学工程农业化学部，下属化学研究所。至复校前，中央大学研究院已拥有 7 所 23 学部，发展良好。1939 年，在经校务会议决议后，组成了以校长罗家伦等 23 人的招生委员会，研究对策以提高招生率，同时制定了详细的研究生招生的课程目录和录取标准。① 1939 年中央大学共招收研究生 10 名，到 1945 年就有 59 名学生招收入校，1945 年在校研究生人数高达 116 人，为该校在学研究生人数最多的一年，远超此时期其他大学研究院。

2. 国立清华大学的研究生教育

1937 年 7 月 29 日，北平沦陷。北大、清华等北平高校在日本人的大肆破坏下，遭受的损失巨大。随后在国民政府的授意下，清华大学、北京大学、南开大学向长沙转移并组成长沙临时大学。1937 年 10 月，长沙临时大学正式运行，11 月 1 日恢复课程学习。1937 年年底，由于长沙面临战火的波及，三校再次决议转移，向云南昆明进发。1938 年 5 月，北大、清华、南开大学合办为西南联合大学，简称西南联大。从 1938 年到 1946 年西南联大使命结束，西南联大统一对三校的研究生招收工作进行管理，不过三校的研究院工作仍由三校依照其学科特色和实际需要单独进行管理。1939 年，在政府和校方的共同努力下，清华大学研究院恢复办学。经过几年的建设发展，到抗战后期清华大学共办有文科、理科、法科三所研究所，计 12 学部，分别为中国文学部、外国语文学部、哲学学部、历史学部、物理学部、算学学部、生物学部、心理学部、地学学部、政治学部、经济学部、社会学部。清华大学的研究院恢复工作在当时来说还算完备，比多数高校发展的要好许多，不过这段时期清华研究院的研究生在院人数依旧不容乐观。研究院恢复办学初期在读研究生约有 25 人，到抗战后期也不过 40 人左右。而且有不少研究生因为经济拮据负担不起学费、时局紧张无心学术、出国留学等缘由而半途辍学，导致真正能够毕业的研究生少之又少。从 1940 年到 1946 年，仅有 32 名研究生从清华大学顺利毕业，当然其中有不少毕业生后来在学术上取得了不

---

① 郑浩：《中国研究生教育的发展历史研究》（1902—1998），硕士学位论文，湖南师范大学，2005 年。

菲的成绩，如当时从清华研究院物理学部毕业的杨振宁、李政道等人，在国内国际皆有相当大的影响力。

另外，西南联大时期的清华大学还开办了 5 个特种研究生班，为国家特殊需要做准备，其中包括：农业研究所、航空研究所、无线电研究所、金属研究所和国情普查研究所。这 5 所研究所皆不对外公开招收研究生，均由专职人员进行研究工作，为政府提供军事服务以及社会情报。

3. 国立浙江大学的研究生教育

1927 年经南京国民政府批准，浙江大学建立研究院。但由于经费等方面的问题，研究院筹备委员会决议暂缓设立，1939 年，学校建成第一个研究所——文科研究所，直到 1942 年，浙大研究院才正式成立，由时任校长竺可桢兼任院长。与清华、北大等较早进行研究生教育探索的高校相比，浙江大学的研究生教育起步略显落后，但是其发展速度与其他高校相比不遑多让，可以说，浙江大学是中国研究生教育领域里的后起之秀。

1939 年 8 月，浙大将原文理学院拆分为文学院和理学院，与此同时，学校成立了浙大历史上第一个研究所——文科研究所史地学部，其中包括史学、地形学、气象学、人文地理学和人类学五个组，有张其昀教授出任部主任一职。其后，理科研究所数学部成立，下设解析和几何两组，任苏步青教授为部主任。1941 年 8 月，浙大增设工科研究所化学工程学部，下设油脂工业、燃料工业和纤维工业三组，部主任为李乔年教授。1942 年，又增设理科研究所生物学部和农科研究所农业经济部，其中生物研究所设植物和动物两组，部主任为贝时璋教授；农业经济研究所下设农场管理、理论农业经济、农业金融与合作、土地经济、农产运销与价格、农村社会六个组别，部主任为吴文晖教授。至此，浙江大学共有 4 个研究所，5 个学部。在此基础上，浙大于 1942 年正式建立了研究院。1942 年，史地学部有在学研究生 17 人；1943 年，数学学部、生物学部、化学工程学部、农业经济学部四个学部共有在学研究生 35 人。从 1929 年开始招生，到 1946 年秋国立浙江大学复原返杭时，浙江大学共有 4 个研究所、5 个学部，共招收研究生 55 人，毕业研究生 41 人，成为抗战期间研究生教育迅速发展的典范。①

在研究生的培养方式上，学校对研究生课程做了精心安排，重视以学生自学读书为主的自主活动，能够有效提高研究生的科研能力。尽管战时环境艰难，但师生实验研究并没有中断。在遵义湄潭时期，学校的实验室、研究室达 62 个，还有实习工场和农场。学校还注重将教学科研与当地生产和人文相结合，产生了许多颇有价值的学术论文和科研成果。农科研究所因地制宜开展科研，获得了许多新的发现和成果。史地研究所的师生在对遵义自然、人文地理实地考察研究基础上编写出了长达 7 万字的《遵义新志》，是对当地文化的一大贡献。②

（三）战时学位与研究生教育制度的影响

抗日战争给中国近代的高等教育带来了严重影响，然而在恶劣的时局环境下，中国教育者们并未放弃对学位以及研究生教育制度的实践探索，在政府和各方人士的共同努力下，中国高等教育依旧取得了丰硕的成果。这一时期中国学位制度的完善是所有教育者不屈服于历史强压、顽强反抗的生动体现，它所带来的现实影响是对教育者呕心沥血呵护的最好反馈。

1. 给予高等教育以制度保障

抗战时期，中国多数大学、独立学院以及专科学校的教学设施、师资力量未能得到很好的保护，迁移的损失和教育经费的匮乏成为当时高校办学最主要的敌人。"在这种艰难的条件之下，学位制度在一定程度上成了高校教学质量的保证，同时又对学术建设提出了高水平的要求。"③在学位制度的严格规定下，中国高校必须认真对待日常教育活动，不能因任何客观原因的影响而有所松懈。因此，即使在如此困苦的环境下，中国依旧培养出了一批优秀的人才，中国的高等教育才不至于成为战争的牺牲品。这些人才在战争中、战后大多活跃在国内外科学文化领域前沿，成为一代学术精英，成为后来新中国教育、科学文化事业发展的中

---

① 胡岚、张卓群：《抗战时期国立浙江大学的研究生教育》，《浙江大学学报》（人文社会科学版）2013 年第 2 期。

② 同上。

③ 余伟良：《二十世纪的中国学位制度研究》，博士学位论文，湖南师范大学，2008 年。

流砥柱。

2. 吸引莘莘学子以研究深造

日本侵略者战火的蔓延,严重破坏了中国经济与教育的发展,为了保证国内高等教育的正常运行与控制外币汇率,南京国民政府严令当时学生出国留学。1938 年 6 月,《限制留学暂行办法》出台后,出国留学之路难于上青天。在留学之路被强行切断之后,中国高校学位的"光环"更加吸引想要继续深造的学子,一大批优秀学子走进国内高校的学术殿堂,继续研究之路。正是由于学子们对学位的执着追求,成为他们在战火纷飞的岁月里激励自己不断前行的动力。即使经济来源被切断,学生们仍不愿放弃学业,宁愿依靠政府微不足道的经费补贴和兼职打工,吃着谷子、沙子、泥巴混合发霉黑臭的八宝粥和不见油盐的青菜度日,对于追求学位的初心未有改变,多数学子都顺利毕业并获得了学士学位,获得了双学位的也大有人在。客观说来,学位制度给高等教育带来了更进一步的发展,同样这也是学位制度自身丰富、完善的一个重要过程。

3. 造福西部边陲以学位制度

"七七事变"后,中国高校内迁成为近代中国教育史上的一大特殊景观。1941 年太平洋战争爆发后,留在公共租界的部分高校也开始了战时的第二次大迁移活动。大部分高校选择四川的成都、重庆,云南的昆明,贵州的贵阳,湖南西部和西北部的陕西以及山西等地区作为迁移的重点地区。"一时间西部偏远地区成为当时高等教育集中地,这为相对落后的西部带来了发展生机,高等教育在这里保持继续向前发展的势头。"① 高校西迁为当时相对闭塞的西部发展教育带来了契机,西部学生终于可以实现其走进大学课堂、接受先进知识的愿望,对于抗日战争之前的他们来说,这一切是可望而不可即的。如果说,高校把高等教育带到了西部的话,那么,学位制度则是把学术带给了西部边陲,造福了西部学子,成就了学术在战争中扎根西部的一段历史佳话。

4. 增强师范教育以发展活力

在抗日战争以前,国民政府对师范教育没有给予充分的重视。虽然

① 苏兆斌:《中国学位制度的历史与现状研究》,博士学位论文,东北师范大学,2013 年。

很多地方出现了"师荒"的现象，但广大学子修习师范教育者仍寥寥无几。1938 年，国民政府通过的《战时各级设施方案纲要》中规定："对师资之训练，应特别重视，而亟待谋设施。各级学校教师之资格审查与学术进修之办法，应从速规定，为养成中等学校德、智、体三育之师资，并应参照高等师范之旧制而亟谋设置。"① 同年 7 月 20 日，教育部公布的《师范学院规程》和 1942 年 8 月 17 日公布的《修正师范学院规程》中，都明确规定："师范学院修业年限五年，期满考试及格，并经教育部复核无异者，由院校授予学士学位。师范学院得附设师范研究所，招收师范学院毕业，具有研究兴趣，或大学其他院系毕业，有两年以上教学经验之中等学校教员，研究期限两年，期满经硕士学位考试及格者授予教育硕士学位。"② 从中华民国建立一直到 1929 年中国高等师范教育一直处于空白期；1930 年到 1934 年 5 年间只有专科以上毕业生 364 名。③ 到 1939 年，也仅有 44 名师范本科毕业生。但到 1945 年，抗战胜利时当年已有 675 名师范本科毕业生，7 年共有 2926 人获得教育学学士学位。④ 对这些数据进行简单分析可以看出，师范教育中学位授予的实施，在一定程度上带动了高等师范教育的发展。那么，我们可以认为学位制度是高等师范教育活力迸发的一个关键点。

三 解放战争时期的学位与研究生教育制度（1945—1949）

1945 年 8 月 15 日，日本宣布无条件投降。一时间胜利的消息传遍神州大地，举国欢庆。战时西迁高校的广大师生终于盼来这充满希望的一天，纷纷表示想要尽早复员回乡的急迫心情。国民政府在考虑到这一批战时转移至后方的知识分子们的需求后，积极组织、协调、部署内迁高校的复员工作，同时对日伪政权管理下的高校进行接收、改造。在政府和广大师生的共同努力下，高校复员工作进行的有条不紊。然而好景不长，抗日战争胜利没多久，国民党方面重又挑起内战的火苗，几乎倾其

---

① 熊安明：《中华民国教育史》，重庆出版社 1997 年版，第 269 页。
② 中国第二历史档案馆：《中华民国史档案资料汇编》［第五辑，第二编，教育（一）］，江苏古籍出版社 1994 年版，第 726—728 页。
③ 同上书，第 334—337。
④ 同上书，第 798—801。

全部财力、物力、人力投入到这场战争之中，对重燃希望之火的高等教育来说无疑具有极大打击。尽管各大高校还未从抗日战争的破坏下恢复过来就又面临新的内战危机，但不能否认，中国的高等教育依然取得了一定的成绩，截至1947年，全国大专以上高校共计207所，在校生人数155036人，当年毕业生人数25098人。① 同样，研究生教育也得到了较大的发展，截至1947年中国共有33所高校创立了近60个研究院以及155多个研究所。

（一）内迁高校的复员与学位制度发展

抗战胜利后，坚持了八年②抗战的内迁高校师生纷纷奏请南京国民政府着手高校复员工作，以解思乡之情。1945年9月20日，在广大师生的期盼下，国民政府教育部召开了全国教育善后复员会议，就当前亟待解决的高等教育问题进行商讨、决议。会议认为：第一点，应研究如何趁各级学校复员的时机，在地域上作相当合理的分布，使全国教育得到平衡的发展；第二点，收复区和光复区内如何肃清敌伪奴化教育的流毒，如何逐渐恢复正常的教育。对于第一个问题，教育部提出："复员"绝不是简单地"复原"，对于战后专科以上学校之分布及其院系科别之增减，必须有通盘计划，方足谋日后之合理发展。蒋介石在复员会议上也表示："各校不要匆忙搬移，准备愈充足愈好，归去愈迟愈好。政府不亟于迁都，学校也不应亟于回去。"③ 各校在这一意见的指导下有条不紊地准备着复员的各项事项，一方面对师生的激昂情绪进行安抚，继续日常教学；另一方面为东迁工作进行全面规划，组织原校舍修缮、师生转移、物资运送、校产处理等一系列必要工作。在近一年的努力下，1946年5月左右全国各内迁高校的复员工作基本完成，纷纷返回原校址。1946年4月23日，教育部电令西南联大三校恢复原校。5月4日，联大全校师生在昆明举行毕业典礼。梅贻琦代表联大常委会宣布，西南联大正式结束。同济、交通、中央、金陵、复旦、大夏等大学均于4月结束本年度的课程，

① 教育部教育年鉴编纂委员会编：《第二次中国教育年鉴》，商务印书馆1948年版，第1401页。

② 之所以仍使用八年抗战，是该书行文的需要，以学位授予和研究生教育的探索为时限。

③ 孙斌：《朱家骅先生言论集——教育行政工作之回顾》（1946年5月29日），中研院近史所1977年版，第109页。

着手东返。国立北京大学在返回北平后，接收伪华北政务委员会开办的北京大学，与国立北京大学原文、理、法三院进行合组，扩充为拥有文、理、法、农、工、医六个学院的北京大学。清华大学由原来的文、法、理、工四个学系，复员返回北平后，增设农学院，合为文、法、理、工、农五个学院的清华大学。同济大学原来只有理、工、医三个学院，复员返回上海后，增设文、法两个学院，合为文、法、理、工、医五个学院的同济大学。交通大学原来只有理、工、管理三个学院，复员返回上海后，合并了留沪改为南洋学院部分，增设文学院（设中文、外文二系），成为文、理、工、管理四个学院的交通大学。复旦大学 1939 年改为国立，原来有文、理、法、商四个学院，此时增设农学院，合为文、理、法、商、农五个学院的复旦大学。[①] 复员高校中扩展较大的是浙江大学，浙大在抗日战争时期只有文、理、农、工、师范五个学院，复员返回杭州之后，增设法、医二学院，成为拥有 7 所学院的国立大学，当时国内设有文、理、法、农、工、医、师范七个学院的大学，仅有中央大学、中山大学、浙江大学三所。就研究生教育来看，在此时的中国大学中，设有研究院的大学为中央大学、北京大学、中山大学三所高校，清华大学、浙江大学、四川大学三校只有研究所。

解放战争时期，国民政府颁行了一系列法令、法规来完善学位制度。为统一全国大学本科毕业证书的发放工作，1947 年教育部修订了《学校毕业证书发给办法》，对大学本科毕业书的样式作了规范，以此加强学位证书的管理。为了确保学位制度在理论和实践上结合起来，提高学士学位授予的质量，教育部 1948 年 1 月 12 日颁布《大学令》，其中将学士学位的获取和毕业生的实习结合起来，规定："修业期满，有实习年限者，并经实习完毕，考试成绩及格，由大学发给毕业证，除专修科外分别授予学士。"[②] 鉴于当时研究院是单独设立的情况，教育部考虑到学士学位课程会与硕士学位课程发生脱节的问题，1946 年国民政府公布了《大学

---

① 刘敬坤、徐宏：《中国近代高等教育发展历程回顾》（下），《东南大学学报》（哲学社会科学版）2004 年第 2 期。

② 顾明远：《中国教育大系——历代教育制度考》（下卷），湖北教育出版社 1994 年版，第 2330—2331 页。

研究院暂行组织规程》,其中规定:"大学各研究所应与各学系达成一片,并依学系名称称为某某研究所,例如物理系得设物理研究所。同时,除大学本学系一般经费外有确定充足之经费专供研究之用;系内图书仪器等设备堪供研究工作之需;师资齐备。"① 只有同时具备这三个条件的大学才能获得成立研究所的资格。南京国民政府通过对研究所成立的条件进行层层严格把关,来保证和提高研究生教育的质量和硕士学位授予的含金量。

南京国民政府时期,中国利用学位制度的建设培养了一大批本科毕业生,学士学位授予工作得到良好开展。而研究生培养由于战争的原因一直处于缓慢发展的状态,从 1935 年《学位授予法》颁布至 1949 年国民党败退台湾,期间共举行了 9 届硕士学位考试,文、理科相加,十几年中累计有 200 多名毕业生获得硕士学位,而博士学位的授予在近代中国一直是处于空白状态。

(二) 部分高校研究生教育发展状况

1946 年 5 月,西南联大结束其历史使命之后,清华、北大、南开三所大学皆返回原校址重新独立办学。清华大学自昆明迁回北平清华园之后,于当年夏季恢复招生,录取本科新生、转校生、研究生共计 900 余人,并于 10 月 10 日开学。到 1948 年为止,清华研究院有在读研究生近50 人,毕业研究生 5 人。复员后的清华大学设有包括研究院在内的 5 个学院、26 个学系,其中研究院设有中国文学、外国语文、哲学、历史、物理、化学、生物、地学、心理、政治、经济、社会、昆虫、植物生理14 个研究所。② 从现代学科门类的划分观点来看,清华大学当时这 14 所研究所囊括了哲学、经济学、法学、历史学、教育学、文学以及理学 7大学科门类,仅次于当时研究所发展最突出的国立中央大学,为新中国成立后清华大学研究所教育的全面发展奠定了雄厚的基础。

抗战胜利后,与清华大学同处于北平的高校——国立北京大学,复校后于 10 月 10 日恢复上课。北京大学长期以来只有文、理、法三个学院

① 教育部参事处:《教育法令汇编》(第 5 缉),商务印书馆 1936 年版,第 181 页。

② 教育部教育年鉴编纂委员会:《第二次中国教育年鉴》,商务印书馆 1948 年版,第600 页。

和一个独立文科研究所，复员以后北京大学又扩增了医、工、农三个学院，这样北大就设有 6 个研究所、33 个学系、2 个专修科。当时北大除文科研究所以外，其他院系同样下设了研究机构，只是规模不大，例如法科研究所、哲学研究所、理科研究所等。这些研究机构对研究生的招收条件较为严格，重视学生整体素质而不是数量。比如，1946 学年第二学期学校仅招收研究生 17 人。① 从 1946 年到 1949 年中华人民共和国成立之前，北京大学一直沿用 2 年制的研究生学制，助教兼研究生为 3 年制。研究生必须在其导师的指导下，选择相应的课程进修，并参加考试，考试通过后方能准备毕业论文。凡毕业论文通过学校审核者，可授予硕士学位，与现今研究生的培养方式类同。

　　1937 年 11 月，金陵大学因全面抗日战争爆发，内迁四川成都华西坝办学。抗战结束后于 1946 年返回南京复校。1946 年 12 月，国民政府教育部将《大学研究院暂行组织规程》更名为《大学研究所暂行组织规程》，规定将研究所与相应学系结合起来，不再设研究院，即用研究所制代替研究院作为研究生教育的培养机构。按照此规定，金陵大学的各研究部改名为：史学研究所、社会学研究所、化学研究所、农业经济研究所、农艺学研究所、园艺学研究所。据统计，至 1947 年，金陵大学以 6 个研究所的数量位列国内私立大学的第一名，与许多公立大学相比亦不逊色。② 可以说，这一时期各研究所、学部的成立为日后金陵大学研究生教育的发展奠定了坚实的组织基础。

第三节　国民政府时期中国学位与研究生教育制度的横向比较

　　以纵向发展的眼光来审视国民政府时期中国的学位与研究生教育制度，可以发现这是一个不断走向规范化、法制化的定型过程，是不断对中国近代学位制度补充、完善乃至最终确立的过程。同时，由于这个时

---

　　①　北京师范大学校史编写组：《北京师范大学校史》，北京师范大学出版社 1982 年版，第268 页。

　　②　李德志：《南京大学研究生教育发展史》，博士学位论文，南京大学，2012 年。

期中国的政局纷繁复杂,横向对比下的两个政权教育形式:国民党统治下的正规教育和共产党统治下的特殊教育,差异较大。国民党依靠其巨大的资源优势和美国政府的扶持,力图保证国统区高等教育体系的完整性,理论形态上初步建立了一整套"完备"的学位制度,形式上开启了现代教育之先河。然而后期国统区的种种倒行逆施行为,致使高校师生奋力扛起反内战、要和平、争民主的战旗,构成了人民争取解放的另一条重要战线,促使国民政府的垮台。共产党在严酷的环境下,遵照中国共产党的教育方针指示,大力开展新民主主义教育,主要以培养革命干部和军事人才为主。到解放战争后期,战时教育才逐渐转向正规教育,新民主主义教育迎来其发展的黄金期,为即将到来的新中国教育奠定了实践基础。

一　国民党统治区的学位与研究生教育制度

（一）国统区学位与研究生教育制度发展概述

南京国民政府对学位与研究生教育制度的发展贡献巨大,国民政府在一定程度上改变了清末民初学位与研究生教育制度较为落后的状况。1927 年,中国的各个大学院正式成立起来,并且呈现如下的显著特点:"（一）学术、教育并重,以大学院为全国最高学术教育机关;（二）院长制与委员制并用,以院长负行政全责,以大学委员会负议事及计划之责;（三）计划与实行并进,设中央研究院,实行科学研究。设劳动大学,提倡劳动教育。设音乐院、艺术院,实行美化教育。"[1] 蒋介石从形式上统一了中国之后,意识到需要利用高等教育的发展来推行其政治理念,随即于 1928 年 5 月召开了第一次全国教育会议,对教育宗旨、学校制度、乡村教育、义务教育、民众教育进行了设计或规范。[2] 本次会议讨论通过了《中华民国学校系统令》,史称"戊辰学制",该学制是在"壬戌学制"基本精神遵循下所做的补充与完善,其中有两点涉及研究生教育:第一,由于政府已赋予大学院总领全国教育事务的权力,因此将研究生培养机关改称为研究院;第二,明确规定研究院只针对大学毕

---

① 周天度:《蔡元培传》,人民出版社 1984 年版,第 216 页。

② 张陈:《中国当代学位制度的传统与变革》,硕士学位论文,西南大学,2011 年。

业生招收，没有具体进修年限规定。1929 年，国民政府又颁布了《大学组织法》，重申大学应设立研究院，开展研究生培养工作。同时赋予大学和独立学院以授予学位的权力，并对大学和独立学院的设立条件作了明确说明。1930 年，国民政府召开了第二次全国教育会议，陆续对高等教育中的各个层面进行立法研究和提供法制保障，在这些法令、法规的保障下，中国学位与研究生教育制度受益颇多。1934 年，国民政府教育部颁布了《大学研究院暂行组织规程》，进一步规定大学研究院下设文、理、法、教育、农、工、商、医研究所，拥有三个研究所才能称研究院。"大学根据本科所设各系在研究所下设学部，如理科研究所物理部，研究所及其各学部的设置需教育部批准。研究所招收研究生须经公开考试，研究生学制两年。"[①] 在国民政府统治时期，国民党内部存在着严重的专制主义倾向，很大程度上影响了高校的学术氛围，虽然有很多教育者极力想要改变这种情况，但是并没有能够有效遏制国民政府的官僚风气，因此当时中国的学术研究在国民党的官僚专制下也未能得到自由而良好的发展。教育一旦处于专制政府的统治之下，就容易变成政治的依附品，使得中国的教育发展存在着一定的目的性，从而也限制了高等教育学术研究发展的初衷。但是当时国民政府通过各项法规来对中国的学位与研究生教育制度进行规范化管理，尤其是在学位与研究生教育制度的系统程序上，从入学考核到毕业条件以及最终的学位授予的整个过程，致使近代中国的学位与研究生教育制度才能有如此快速而长足的发展。不难发现当时国内各高校的研究院皆有如下一些特点：研究生入学人数骤升、师资力量不断壮大、学术性水平逐渐提高等。而且在中国特殊国情的影响下，一大批教育先行者致力于提升中国高等教育的发展空间，进一步提升本土高等教育的教学水平。在整个大环境的促使下，中国的学位与研究生教育制度逐渐走向定型。以 1935 年《学位授予法》的出台为标志，中国正式确立了学士、硕士、博士三级制的学位制度，解决了长期以来研究生学位授予的问题，各高校开始向教育部申请批

---

① 瞿保奎：《中国教育大系·历代教育制度考》（下），湖北教育出版社 1994 年版，第 2321 页。

准其设立研究院。之后颁布的《学位分级细则》和《硕士学位考试细则》,是对学位法律制度的一种完善,至此中国初步形成了一套完整的学位法律制度。① 在硕士学位进入实施阶段后,客观上奠定了博士学位制度化建设的基础。1940 年秋,国民政府教育部学术评议委员会相继通过了《博士学位评定会组织法》和《博士学位考试细则》以及《名誉博士学位授予细则》和《名誉博士学位授予条例实施细则》,在理论和制度上进一步丰富完善了学位制度化建设,使学士学位、硕士学位和博士学位在制度化进程中更加完善。② 不难发现,国统区的学位与研究生教育制度具有法制化和正规化的特点,国民政府所颁行的一系列立法活动,分别就课程考核、毕业论文审查、学位授予、证书样式作了详细要求,最终形成了一套系统、有效的学位制度体系,初步完成了西方学位制度本土化、法制化的历史转变。

国民党统治区的高等教育有一个明显的特点就是官学色彩浓厚,无论是高等教育的形式还是内容,都有强烈的党化倾向。和历代封建统治王朝一样,国民党统一中国后立即在教育领域强化官学,灌输新的意识形态。1927 年南京国民政府成立后,国民党宣扬以党治国的思想,教育领域出现"党化教育""党义教育"的现象。1928 年的全国教育会议主张正式取消"党化教育",确定中华民国的教育宗旨为"三民主义的教育",即"以实现三民主义为目的的教育"。③ 1929 年 3 月,国民党第三次全国代表大会通过《确定教育宗旨及其实施方针》,明确提出:"各级学校以史地教科阐明民族真谛;以集合生活训练民权主义之运用;以各种生产劳动的实习培养实行民生主义之基础。"④ 同年 8 月,国民政府颁行了《大学规程》,要求各高校必须将党义、军事训练列为必修课目,讲授三民主义。与此同时,国民政府发起收回教会大学教育权的运动,迫使教会大学向南京国民政府登记注册。收回教育主权运动一方面对维护国家教育权的自主性具有积极意义,另一方面也是官学打压其他教育机

---

① 谌洪法:《民国时期学位立法研究》,硕士学位论文,西南政法大学,2013 年。
② 许德雅:《国民政府时期学位制度"中国化"的历史演变》,《学位制度与研究生教育》2008 年第 1 期。
③ 张陈:《中国当代学位制度的传统与变革》,博士学位论文,西南大学,2011 年。
④ 周予同:《中国现代教育史》,福建教育出版社 2007 年版,第 640—641 页。

构的重要表现，以此确立官学在整个国统区教育体系中的主导地位。除了恢复官学、收回教育主权外，国民政府还力图控制学生组织，加强对高等教育的中央控制力。1930年，国民政府颁布《学生团体组织原则》《学生自治会组织大纲》，大大钳制了学生会所拥有的权力。由于美国的教育模式在专业上缺乏明确的课程标准，在教育分权制上给予高校较多的自由，因此国民政府对欧洲国家中央集权式的教育体制更加青睐。1931年，国民政府向国际联盟提出要求共同制定和实施教育体制的改革计划。教育体制研究项目成员主要由欧洲的左派构成，他们建议中国应该建立统一的大学入学考试制度，大学应设立学术评议会，确保教师聘用的学术标准，并实行首席教授制度和学生毕业考核制度，减少受美国课程影响的程度。[①] 对于上述建议民国政府没有全部接受，而是根据自身需要，在主要高校中实行了入学和毕业考试制度，制定了大学教师任职资格的法令，以提高学术水平为名加大了对高等教育的控制。

国统区的学位与研究生教育制度尽管形式上更加正规、合理，然而随着国民党政府的穷兵黩武，悍然挑起全面内战，致使国统区的教育陷入深重的危机之中。同时，国民政府对学校师生的思想控制和政治迫害也变本加厉，各地不断爆发学潮反抗国民党的黑暗统治。南京政府临近败亡时，对学校师生的控制和镇压达到登峰造极的地步，动辄逮捕杀害，迫使进步师生不得不为自身的民主权利和自由解放而斗争。[②] 可以说，此时南京国民政府的教育发展已经走向背离人民的末路了。

（二）台湾地区的学位与研究生教育制度

谈及台湾的学位与研究生教育制度，不可避免地要涉及台湾当时的社会背景。1894年甲午战争失败后，当时清朝为求苟存而签订的《马关条约》中将台湾省割让给日本。台湾在被日本殖民统治时期，日本政府为了便于对台湾地区进行统治，迫使台湾人民摒弃了原先的封建教育制度，同时日本对台湾地区的高等教育模式重新进行设定。日本侵台后，于1897年在台北的医院中附设讲习所，学制为预科1年，本科3年，为

---

① ［加］许美德：《中国大学1895—1995：一个文化冲突的世纪》，许洁英主译，教育科学出版社2000年版，第79页。

② 孙培青：《中国教育史》，华东师范大学出版社2000年版，第441页。

设学科之源，但据考，直到 20 世纪初，台湾才设研究生学位，这也主要是为在台的日本人所提供。① 同时为限制台湾地区的高级知识分子阶层、限制台湾本土的高等教育发展，日本人只允许 1/5 的学生有进入大学学习的资格，也只提供农、林、牧等专业学习，文史类的社会学科只供日本学生修习，目的是防止台湾人民进入政界或社会管理层，影响日本的专制统治。1927 年到 1945 年这一段时期，日本对台湾统治的影响，使得台湾的学位与研究生教育制度实践深深烙印着日本学位与研究生教育制度的痕迹。1928 年，日本为达到其完全统治台湾的政治目的，创办了台湾的第一所大学——台北帝国大学，成为台湾高等教育的起点。除了台北帝国大学外，台湾岛上还有 5 所单科性质的高校，分别是台湾总督府医学院、台中农林专门学校、台北经济专门学校、台南工业专门学校和私立台北女子专门学校。其中，台湾总督府医学院和台中农林专门学校又分别于 1936 年和 1928 年并入台北帝国大学，分别改称台北帝国大学附属医学专门部和附属农林专门部。② 不难看出，在台湾光复以前本土的学位与研究生教育制度发展艰难。一方面，台湾当时的高等教育必须为日本的政治目的所服务。据统计，到 1944 年，台北帝国大学的毕业生获得学位者只有台籍学生 219 人；该校共授予 32 个博士学位，仅有 5 人为台湾本土人。③ 1945 年日本投降前夕，该校共有 357 名学生，其中 80% 是日本人。④ 另一方面，台湾的学位制度完全是日本学位制度的翻版，很大程度上制约了当时台湾人民对学位制度建设的自主性。台北帝国大学本科教育开始于 1928 年，到 1944 年共授予毕业生学士学位 843 个。1935 年成立"大学院"，开始招收研究生，在教授指导下从事研究工作，2 年期满提出博士论文，经教授会讨论通过者授予博士学位。自 1938 年到 1943 年授予博士学位共 32 人，其中医学博士 25 人、理学博士 4 人、农学博士 3 人。⑤ 与日本早期实行的二级学位制度类似，成为台湾学位制度

① 陈洁:《近代中国学位制度探析》，硕士学位论文，湘潭大学，2008 年。

② 庄明水:《台湾教育简史》，福建教育出版社 1994 年版，第 141—145 页。

③ 同上书，第 147 页。

④ 王忠烈:《台湾、香港、澳门学位制度与研究生教育研究》，中国人民大学出版社 1997 年版，第 44 页。

⑤ 同上书，第 47 页。

创建的开端。

1945年台湾光复后，台湾学位制度建设仍然基本沿用南京国民政府时期颁布的法律条例。当时国民党当局抛弃了日本早期的学士、博士二级学位制度，采用1935年颁布的《学位授予法》中的学士、硕士、博士三级制学位制度。国民党对台湾原有高校的学位与研究生教育制度进行了一系列的改革，以此来适应国民政府的发展。国民党勒令停办私立台北女子专门学校，并对其余四所大学接收改办。国民政府改台北帝国大学为台湾大学，分设文、法、理、工、医、农六个学院。台北经济专门学校改组为省立台北商科学校，1946年又将其改名为法商学院，最后于1947年1月被并入国立台湾大学法商学院。台中农林专门学校和台南工业专门学校分别改组为台湾省立农业专科学校、台湾省立工业专科学校。1946年10月，国民政府教育部同意两所学校改称为省立农学院和省立工学院的申请。随着台湾经济的恢复发展，国民党为了实现其政治目的，台湾又陆续创办了新的高等院校。1946年10月，台湾省立师范学院成立。1948年和1949年又分别创办了省立台北工业专科学校和省立地方行政专科学校。国民政府对高等院校的接收和创办，抹去了日本在台湾高等教育中的印记，给台湾学子提供了一个进入高校深造的机会。据不完全统计，台湾在校生人数由1944年的2174人增加到1949年的5906人①，不得不说国民政府对台湾高等教育发展的贡献不可忽视。此外，虽然台湾的学位与研究生教育制度在1949年才得到恢复，台湾大学在国民党统治时期仅有研究所3所，只招收了5名研究生。虽然人数很有限，但是我们不得不说，这5名研究生是台湾学位与研究生教育制度大步迈进的起点，是中国学位与研究生教育制度在台湾发展历程中的一座里程碑。

二 中共苏区、边区、解放区的学位与研究生教育制度

1927年大革命失败以后，中国历史进入长达10年的战乱期。南京国民政府成立后，蒋介石加紧对共产党人的暗杀与迫害，迫使此时的中国大陆上出现了两个对立的政权组织。在这两个政权领导下的教育探索也

① 庄明水：《台湾教育简史》，福建教育出版社1994年版，第200—202页。

截然不同，国民政府建设的"正规"教育和中国共产党在土地革命时期的苏区、抗日战争时期的边区以及解放战争时期的解放区发展的另一种特殊的教育形式。在 1927 年到 1949 年中华人民共和国成立的这段时期里，中国共产党一直都面临着战争的威胁，无论是早期的"白色恐怖"到之后的抗日战争，还是最后的解放战争，中国共产党外要抵御帝国主义的武装侵略行为，内要同国民政府的反动政权做斗争，一直在血与火的历练下顽强发展，因此共产党组织下的教育形式带有极强的政治和军事色彩。"随着战争形势的变化，办学的目的方针、学制的设立、学校课程的设置、高校的规模和学生的来源都在变化，但是，在这种种不确定性下，有一点是确定的，那就是中国共产党人创建的高等教育中，不具备学位制度建设的客观条件。"① 所以客观地说来，学位制度这种西方近代高等教育体系中的重要构成部分，在中国共产党组织创建的高等教育系统中是不完善的，甚至可以说在很长一段时期内，中国共产党政权下的学位制度建设是空缺的。

（一）土地革命时期苏区教育（1927—1937）

从 1927 到 1937 年，我们将之称为土地革命时期。中国共产党在工农武装割据背景下形成的苏维埃红色政权，建立了苏维埃革命根据地，也就是我们所说的苏区，在兴办苏区教育时面临着两大严峻的现实难题：一是由于国民党军队的不断围剿，根据地一直都处于战争状态，无法给教育机构提供稳定的正规的政治环境；二是苏区根据地大多处于贫穷的山乡或僻地，与国统区相比不仅缺乏经济条件，而且文化状况也更为落后，投身革命的工农民众和红军战士，除一小部分红军将领是知识分子外，绝大部分是文盲。为培养战时所需的军事人才和指挥人才，苏区建立了相应的高等教育学校，例如马克思共产主义大学、红军大学、苏维埃大学、列宁师范学校、红色医务学校、红军通讯学校、红军步兵学校、农业学校、戏剧学校等，它们都有固定的校址，正常的教学秩序，较为统一的教学计划，并进行教材的自主编写。若按名义划分上述各校，虽有大学和学科之区别，但和通常意义上的学校划分有很大不同。首先，上述各校没有完备的日常运行系统，各校教学都不承招升学的义务，招

---

① 余伟良:《二十世纪的中国学位制度研究》，博士学位论文，湖南师范大学，2008 年。

生、培训、分配都为根据地建设的某项需要服务，所以本质上，均属干部培训学校；其次，各校类别与等级的划分，缺乏严格的文化标准，更多依据的是实践斗争的需要，无论党校、军校还是其他专科院校皆如此。同时也没有对苏区各学校的学习期限进行过明确规定，从 2 个月到 6 个月均能作为一学期，机动性较强，主要视当时当地的客观环境和斗争任务而定。由此可知，当时苏区学制系统的设置主要依据三项原则："一是有创造性，敢于突破旧框架、旧模式，创造出适应苏区革命斗争需要的新体制；二是具有统一性，苏维埃学校制度，是统一的学校制度，没有等级，对于一切人民，施以平等的教育，这是苏维埃学校制度最基本的制度特点；三是具有伸缩性，强调学制的种类、科目设置、修业年限均须有极大的伸缩性，不强求整齐划一。"① 苏区始终以提升根据地工农大众的阶级觉悟和扫除文盲作为自己发展社会教育的中心任务，然而在当时严峻革命形势的阻碍下，加之没有稳定的办学条件和大量受过中等教育的生源以及更多地需要顾及革命战争对人才培养的目标要求，所以在这样的时局条件下，中国共产党要建立自己的学位制度系统没有现实性可言。

（二）全面抗日战争时期边区教育（1937—1945）

1937 年卢沟桥事变后，全面抗日战争爆发。国共两党为共御强敌，达成共识，第二次结成革命统一战线。中国共产党领导八路军、新四军先后创建了陕甘宁、晋察冀、晋冀鲁豫等 19 块抗日民主根据地，因其主要分布于各省的边缘或交界处，历史上通常称这一时期的根据地为"边区"。中国共产党在发展边区教育时充分借鉴苏区教育的成功经验，结合抗日战争的新形势、新要求，将边区教育实践推进到了一个新阶段。抗战教育是抗战事业不可缺少的组成部分，共产党遵照一切为了抗日救国的基本精神，在以陕甘宁边区为代表的各抗日民主根据地中，积极贯彻中共中央的指示精神，大力培养先进抗日干部，广泛发展民众教育和义务小学教育，在此过程中，边区逐渐形成了根据地教育的鲜明特色。而当时抗日根据地的实际教育状况是：首先，大部分建立在中国相对落后、偏远的农村，农民群众中鲜有文化水平较高者。其次，当时斗争形势极

---

① 黄仁贤：《中国教育史》，福建人民出版社 2003 年版，第 473 页。

其严峻,边区极度缺乏军政干部和专业、技术人员,中国共产党当时的教育重点主要以发展干部教育以及专业教育方面为主,如 1937 年成立的抗战大学,1938 年 4 月成立的鲁迅艺术文学院以及同年 5 月成立的中央研究院等。这样,就由各类大学、学院和若干中学、简易师范以及各种短训班,组成了以陕甘宁边区为代表的抗日民主根据地干部教育的广泛阵线。全国各地的有志青年纷纷来到延安求学,所以,这些学校的生源也不再局限于军队的军政干部了。学习的课程虽仍然以政治军事为主,但科学文化知识的比重大大增加,尤其是鲁迅艺术学校和延安自然科学院。学习年限也有所延长,很多情况下,都在一年以上,如 1940 年以后,鲁迅艺术学校各系的学习年限延长到 3 年;华北联合大学各系也都在 1 到 2 年不等。学习年限的延长就为更多掌握科学文化知识提供了时间上的保障。1941—1942 年,边区一度出现教育正规化趋势,但因其脱离现实而被迅速纠正。《解放日报》特别发表社论指出:"依照旧时模式实行的教育正规化,是资本主义高度发达国家的产物,是和平时期的产物,是大城市的产物,它们不适合抗战之中的民主根据地的需要,也不适合农村的需要。在我们的普通教育中,战争与生产所直接需要的知识和技能教育,必须重于其他一般的文化教育。根据地的教育改革不是以升学为中心,而是以抗日救国为独立的、明确的实际生活和实际工作上的目标。"[1] 我们可以看到,边区根据地的高等教育与土地革命时期苏区教育相比,发展、进步较为明显,但是在险恶严峻的政治时局和战争环境的影响下,仍然缺乏建立正规化、法制化学位与研究生教育制度的可能性。

（三）解放战争时期解放区教育（1945—1949）

1945 年 8 月抗日战争胜利后,中国一度呈现和平民主建设的新气象。1946 年 3 月,陕甘宁边区教育厅提出:"随着目前时局的发展,全国进入和平民主新阶段的时候,我们的教育还应进一步加以改进。那就是逐渐注意正规化。"[2] 同年 4 月,华中苏皖边区政府还着重强调当前的新型正规化应当是有制度、有计划的;不反对群众劳动中的创造性,不反对在

---

[1]　胡乔木:《根据地普通教育的改革问题》,《解放日报》1944 年 7 月 4 日。

[2]　金以林:《近代中国大学研究:1895—1949》,中国文献出版社 2000 年版,第 793 页。

政策实施中的灵活性；不反对形式上的多样化。在这样的历史背景下，中国高等教育迎来了发展的契机。截至 1946 年底，据东北、晋察冀、山东和陕甘宁四个解放区统计：解放区共有大学 7 所，学生 12100 人；中学 210 所，学生 69560 人；小学 87898 所，学生 4853979 人；其中东北的大学和中学教育最发达，小学教育以山东最发达。

但是，在 1946 年 7 月国民党挑起全面内战后，解放区教育不得不以一切为了争取自卫战争的胜利[①]作为自己的总任务。从抗日战争胜利到国民党发动全面内战，再到人民解放军转入反攻，解放区的教育事业经历了发扬—停顿—恢复三个时期，是 1945 年到 1949 年解放战争期间，老解放区教育事业奋斗前进历史轨迹的典型反映。1946 年 12 月，陕甘宁边区政府颁布了《战时教育方案》，对不同类型地区提出了不同的工作要求："在巩固区和广大农村，以现状加以改革，充实新的内容，加强社教活动为原则；在边缘区、交通线或敌人主攻方面，以转移分散和参加战时工作为原则；在敌占区，以隐蔽埋伏或撤退为原则；在新解放区，以争取原有教育干部，利用原有教育组织，逐渐加以改造为原则。"[②] 1947 年中国人民解放军进入战略反攻阶段，中共中央 12 月会议召开以后，连续发出了关于解决新解放区城市工作和农村工作的重要指示。党对新解放区的教育政策，首先是保护学校，教育机关不受侵犯；其次是维护现状，逐步改造。[③] 因此，基于当时纷杂的战争状态，解放区仍不具备普及和推广学位与研究生教育制度的条件。但是随着共产党政策的导向，解放区高等教育依旧健康顺利地转向正规化发展道路，加之解放区的不断扩大，使得中国共产党不断接收原国统区的高校以此来丰富红色政权下的高等教育形式，并且依据这些高校的学位制度形式来进行共产党领导下的学位制度的思考与设计，这一有利形势也为新中国成立后建立自己的学位制度系统打下了一定的基础。

---

① 教育科学研究所筹备处：《老解放区教育资料选编》（三），人民教育出版社 1959 年版，第 15 页。

② 同上书，第 5 页。

③ 黄仁贤：《中国教育史》，福建人民出版社 2003 年版，第 467 页。

第 六 章

移植与调适：民国时期学位与研究教育制度变迁的历史审思

通过上述分析可知，中国传统意义上的高等教育机构源远流长——远者如起源于汉代的太学，鼎盛时期东汉太学生多达三万余人；近者如宋元以来的书院，讲学之风兴盛，一时蔚为风气。但近代意义上的真正大学却起源于欧洲，至今也就百余年的历史。19 世纪以来，随着西方文明在全球范围内的帝国主义化和殖民化，大学在全世界迅速扩展。著名的比较高等教育学者许美德将这一进程称为"欧洲的凯旋"①。虽有些言过其实，但事实确是如此。"近日中国之大学教育，溯其源流，实自西洋移植而来。"② 百年来，中国的近代高等教育（自然涵盖研究生教育）历经了产生、发展、初具规模直至今日向创建世界一流大学和一流学科迈进的艰难曲折的道路。以这一百年历史变迁的民国时期为独特视角，回顾中国学位与研究生教育制度的发展历程，特别是总结其近代化进程中的特点和经验教训，对于思考和把握未来中国高等教育，尤其是学位与研究生教育制度的发展方向是一件十分有意义的工作。

第一节 民国时期学位与研究生教育制度变迁的特征分析

民国时期，上起 1912 年中华民国既立，下至 1949 年中华人民共和国

① ［加］许美德：《中国大学 1895—1995：一个文化冲突的世纪》，许洁英译，教育科学出版社 2000 年版，第 32 页。

② 梅贻琦：《中国人的教育》，中国工人出版社 2013 年版，第 12 页。

成立，共37年起伏跌宕的历史跨越。在发展的历史长河中，可谓极为短暂，但在学位与研究生教育制度的发展阶段中，却起到了无法回避却又必须面对的历史真实。在这一时期，中国学位与研究生教育制度从萌芽到初创再到基本定型，走过了借鉴、模仿、融合、定型等不断转换的发展轨迹。

一 从无到有再到不断壮大的发展轨迹

民国时期学位与研究生教育制度的探索，可谓一波三折，跌宕起伏，但历史前行的脚步是任何力量也阻挡不了的前行进程。短暂的37年波诡云谲的发展轨迹，留下了这一探索的不无磨灭的功绩。学位与研究生教育制度走过了从无到有、再到发展壮大的历程。这一历程可以从以下几个方面进行阐析。

（一）高校研究生培养机构渐次筹建

1912年10月，北洋政府颁布了《大学令》，其中第六条、第七条规定大学设立研究生培养机构的名称及招生条件："大学为研究学术之蕴奥，设大学院。大学院生入院之资格，为各科毕业生，或经试验有同等学力者。"[1] 1917年9月颁布的《修正大学令》，再次强调"大学得设大学院，大学院生入院之资格为大学本科毕业生"。[2]

在国家规定大学得设大学院、研究院的规定下，国立北京大学、清华大学开始了在大学设置研究院所的探索。1917年年底，北京大学在文、理、法三科成立了9个研究所，允许本校毕业生或高年级学生入所当研究员。这是国内高校中最早成立的研究机构，并制定了《研究所简章》和《研究所通则》，指导和促进校内的学术研究。到1918年年初，各研究所共有研究员148人，文科71人，理科32人[3]。1925年，清华大学在成立大学部时，就成立了研究院国学门，延聘王国维、梁启超、陈寅恪和赵元任为导师。到1930年夏，清华建立了中国文学、外国语言、哲学

---

① 宋恩荣、章咸编：《中华民国教育法规》，江苏教育出版社2003年版，第384页。

② 中国第二历史档案馆编：《中华民国史档案资料汇编》，江苏古籍出版社1991年版，第165—167页。

③ 这些研究员并不完全是本科毕业以后的研究生，其中包括若干的教员和通讯研究员。

和生物等 10 个研究所。进入 20 年代以后，各大学中设立专门研究机构从事学术研究和培养研究生已变得较为普遍，圣约翰大学、东吴大学、金陵大学等教会大学，以及南开大学、中山大学、武汉大学、北平师范大学等私立大学都已开始筹设研究院所。

表 6—1　　　1934 年全国各大学研究生教育机构设置情况①

学校	研究所	研究所学部
国立北京大学	文科研究所	中国文学部、史学部
	理科研究所	数学部、物理学部、化学部
	法科研究所	
国立清华大学	文科研究所	中国文学部、外国文学部、哲学部、历史学部
	理科研究所	物理学部、化学部、数学部、生物学部
	法科研究所	政治学部、经济学部
国立中山大学	文科研究所	中国语言文学部、历史学部
	教育研究所	教育学部、教育心理学部
	农科研究所	农林植物学部、土壤学部
国立中央大学	理科研究所	算学部
	农科研究所	农艺学部
国立武汉大学	工科研究所	土木工程学部
	法科研究所	经济学部
国立北洋工学院	工科研究所	采矿冶金学部
私立南开大学	商科研究所	经济学部
私立燕京大学	理科研究所	生物学部、化学部
	法科研究所	政治学部
私立东吴大学	法科研究所	法律学部

（二）专门用于学术研究机构相继成立

1928 年，中央研究院成立物理研究所，由著名物理学家丁燮林担任所长。1929 年，北平研究院物理研究所成立，由近代著名物理学家严济慈担任所长，该所以研究之需要分别设立大号水晶分光摄谱仪实验室、

---

①　张晞初：《中国研究生教育史略》，湖南师范大学出版社 1994 年版，第 35 页。

显微广度实验室、分光镜实验室等众多先进的实验室。1933 年，上海中央研究院物理研究所成立，分设电磁研究室、光学研究室、无线电研究室、恒温研究室、物理学检验室、放射性实验室等。"自民国以后至 1934 年，全国已有国立中央研究院等学术机构 38 个。"① 这些专门研究机构的成立，为后续的科学研究和研究生教育培养奠定了坚实的基础。此后，吴有训在清华大学开展 X 射线散射的研究，研究论文《论 X 射线被单原子气体散射的总散射强度》被英国知名杂志《自然》刊载，开创了国内科学研究的先河。随之，周培源开展了关于"金属自由电子反磁性"之研究，严济慈、钱临照、钟盛标开展了"关于照相的压力效应、光谱学"等方面之研究，萨本栋开展关于"用双矢量法计算三相电路和三极管特性"之研究，吴大猷开展关于"光谱学"之研究，王淦昌开展关于"空中放射性和天气关系"之研究等，都取得了突出的成绩。在社会科学方面，西南联大研究院商科研究所经济学部，主要侧重于战时经济方面的若干问题研究，其中，以战时通货膨胀研究、中国农业经济研究、社会经济史研究以及统计工作等方面为主。② 这些学术研究机构的成立和相关的研究成果，进一步充实了研究生培养的实力。

（三）学术团体和学术刊物争相创办

在筹建研究生培养机构的同时，还通过创建一些学术团体以推动科学研究。如 1915 年 10 月，由任鸿隽、赵元任等 5 人为第一届董事，杨铨为编辑部部长的中国科学社正式成立。1918 年办事机关由美国迁回国内，1919 年社址定于南京。其主张是"联络同志、研究学术，以共图中国科学之发达"，③ 宗旨为"传播科学知识，促进实业发展"。④ 1914 年到1925 年，社员从 35 人发展到 1728 人；1916 年至 1929 年，全国陆续创办了中国农学会、中国工程学会、中华心理学会、中国植物病理学会、中国物理学会、中国化学会等诸多知名的学术团体，这些学术团体"一方

---

① 第二历史档案馆编：《中华民国史档案资料汇编》（第 5 辑），江苏古籍出版社 1994 年版，第 1396—1398 页。

② 南开大学校史编写组：《南开大学校史（1919—1949）》，南开大学出版社 1989 年版，第 298 页。

③ 赵冬：《近代科学与中国本土实践》，社会科学文献出版社 2007 年版，第 180 页。

④ 同上书，第 180 页。

面推动了知识生产的专业化,另一方面又以科学研究的专业组织联结起了各地分散的学者。"① 同时,这些学术团体克服重重困难,不定期地召开年会和学术研讨会,为了更好地开展学术交流和研究活动,许多学术团体相继创办了自己的学术刊物,如中国科学社创办的《科学》、中国物理学会创办的《中国物理学报》、中国化学学会创办的《化学学报》、中国化学工程学会的《化学工程》以及中国心理学会的《中国心理学报》等。透过这些学术刊物,一方面把国外先进的科学技术、科学方法和信息介绍到国内,另一方面,也刊登国内最前沿的研究成果,有力地推动了研究生教育的发展。

(四) 师资力量延聘逐渐走上正轨

为保证研究生教学质量的水平和科学研究的规范,民国政府非常重视师资队伍建设。1917 年 9 月,教育部颁布了《修正大学令》,明确规定:"大学设正教授、教授、助教授。大学遇必要时,得延聘讲师。"② 1927 年 6 月,刚成立不久的国民政府又颁行了《大学教员资格条例》,进一步认定了大学任职教员的资格:"助教之资格为:国内外大学毕业,得有学士学位,而有相当成绩者;或于国学上有研究者。讲师之资格为:国内外大学毕业,得有硕士学位,而有相当成绩者;或助教完满一年以上之教务,而有特别成绩者;或于国学上有贡献者。副教授之资格为:外国大学研究院研究若干年,得有博士学位,而有相当成绩者;讲师满一年以上之教务,而有特别成绩者;或于国学上有特殊之贡献者。教授之资格为:副教授完满二年以上之教务,而有特别贡献者。"③ 进而在颁行的《大学教员薪俸表》中,又明确规定了各级教员的薪俸:"薪俸4 等12 级,教授一级月俸 500 元;副教授一级月俸 340 元;讲师一级 260 元;助教一级则为 180 元。担任大学教员须经大学教员评议会审查,由该教员呈验履历、毕业文凭、著作、服务证书;大学教员评议会审查时,由中

---

① 段治文:《中国现代科学文化的兴起 (1919—1936)》,上海人民出版社 2001 年版,第169 页。

② 璩鑫圭、唐良炎编:《中国近代教育史资料汇编 (学制演变)》,上海教育出版社 1991年版,第 829 页。

③ 南京国民政府教育部编:《第一次中国教育年鉴》(乙编教育法规),开明书店 1934 年版,第 63—64 页。

央教育行政机关派代表一人列席，遇资格上之疑问及资格不够但学术上有特殊贡献者，由评议会酌情决定。"① 教师延聘的规范以及收入的相对优越，吸引了许多优秀人才向教育界汇集，客观上有助于铸造一支稳定的、合格的研究生教育师资队伍。

（五）硕士研究生教育的先期展开

中国的研究生教育最早是从北京大学开始的。1918 年北京大学成立了文、理、法 3 科 9 个研究所，制定、颁布了《研究生（通则）》《研究所办法草案》和《研究所总章》，自 1918 年开始招收研究生，至 1919 年共招收 148 人，这是中国最早招收的一批研究生。1920 年 7 月又公布了《研究所章程》，明确了研究所的性质、研究学科的范围。1921 年再次公布《国立北京大学研究所组织大纲》，提出为建设大学院而健全研究所，并设置奖学金和助学金以资鼓励。1929 年，依据《大学组织法》中"大学得设研究院"的规定，北京大学隧于 1932 年在其研究所国学们基础上正式成立北京大学研究院，下分 3 部，即文史部、自然科学部和社会科学部。至此，北京大学研究生教育已渐趋完善。

20 世纪 20 年代中期，清华大学也开始制定有关章程，着手招收硕士研究生。据 1924 年颁布的《清华学校研究院章程》，研究院"以研究高深学术造成专门人才为宗旨""专在养成以著述为毕生事业者"，聘请"宏博精深、学有专长之学者为专任教授，常川住院，任讲授及指导之事"。② 报考学员的资格为：国内外大学毕业生或具有相当之程度者，各校教员或学术机关服务人员，具有学识及经验者。各地自修之士，经史小学等具有根底者。专题分三部分：第一部经史小学；第二部论文 1 篇；第三部专门科学。"学员经录取后，须按期到院，常川住宿，屏绝外务，潜心研究，笃志学问。研究的基本方法是：注重个人自修，教授专任指导，教授自定指导之学科范围，俾可出其平生治学之心得，就所最专精之科目。应订定时间，常与学员接谈，考询成绩，指示方法及应读书

① 朱有瓛、高时良编：《中国近代学制史料》（第 4 辑），华东师范大学出版社 1993 年版，第 447—450 页。

② 孙敦恒：《清华国学研究院史话》，清华大学出版社 2002 年版，第 26 页。

籍。"① 1933—1943 年清华研究院共授予硕士学位 42 名,至 1948 年清华大学共毕业硕士生 138 人。

20 世纪 30 年代,中央大学、浙江大学等校的研究生教育发展也较为迅速。1934 年中央大学还只有理科研究所和农科研究所招收研究生,1938 年正式成立研究院,到 1940 年已有 5 个研究所 9 个学部招生,至 1947 年已有 7 个学院 26 个研究所的规模。同时,武汉大学、中山大学等一批学校也陆续成立研究院,招收研究生。至 1945 年全国在校硕士研究生达到了 464 人。

表6—2　　　　　　1937—1947 年招收硕士研究生人数一览表

学年	1937	1938	1939	1940	1941	1942	1943	1944	1945	1946	1947
人数	20	13	144	284	333	288	410	422	464	319	424

(六) 博士研究生教育的理论探求

随着硕士研究生招生的展开,博士研究生的招收、培养也逐渐纳入政府教育职能部门的议程。1935 年 4 月,国民政府公布《学位授予法》,其中第二条明确规定了学位的类别:"学位为学士、硕士和博士三级。"②第五、第六条进一步规定了博士学位候选人的条件:"第五条:依本法授有硕士学位,在前条所定研究院或研究所继续研究两年以上,经该院所考核成绩合格,经教育部审查许可者,得为博士学位候选人;第六条:具有下列资格之一,经教育部审查合格者,亦得为博士学位候选人。(一) 在学术上有特殊之著作或发明者。(二) 曾任公立或立案私立之大学或独立学院教授三年以上者。"③ "博士学位候选人经博士学位评定委员会考试合格者,由国家授予博士学位。博士学位评定会之组织,及博士学位考试细则,由行政院会同考试院定之。硕士学位及博士学位候选人均须提出学位研究论文。"④ 审查论文的标准:"该论文对于该科学术,确

---

① 吴慧龄:《北京高等教育史料》,北京师范学院出版社 1992 年版,第 55—56 页。
② 宋恩荣、章咸编:《中华民国教育法规》,江苏教育出版社 2003 年版,第 401 页。
③ 同上书,第 402 页。
④ 同上。

有重大贡献；该论文在写作时，确曾充分参考该论文所包括问题已经研究的成果：该论文确能表示作者了解研究该科所必需的主要外国文字。以上论文，须由该研究院所主管人员送请研究该学科的专家三人至五人审查。各研究院所审查合格的论文，应由审查人及该研究院所主管人员共同署名，由该研究院所送请教育部，为博士学位候选人的审查。博士学校评定会对于候选人的论文，应由本会委员及会外专家五人予以审查，并分别注明可否，以三人评可者为合格。论文合格的候选人，由博士学位评定会举行口试，但经博士学位评定会推荐的候选人，经评定会出席委员四分之三以上记名投票者，可免除口试，但评定会委员须出席三分之二以上。口试除审查委员外，并由评定会另聘专家四人共同主持，互推一人为主试委员，就论文内容及与论文有密切关系的问题进行考询。口试时，先由候选人口述论文大意及研究经过：再由主试委员及考试委员依次提问，由候选人逐一答对。凡论文审查口试成绩均及格的，由博士学位评定会呈请国民政府授予中华民国博士学位，并将其论文予以刊印。"① 可以看出，当时授予博士学位不仅规格高，而且非常严格，从论文审查到论文答辩，程序严密，规范有序。

随后，1935 年 6 月北京大学颁布了《北京大学研究院暂行规定》，第一次对博士生的招考、培养和管理作了具体规定。该规程第十八章规定："凡已取得硕士学位后，在本院继续研究两年以上，经本院考核成绩合格者，又经教育部审查许可者，得为博士学位候选人。"第十九章第三款进一步指出："博士学位候选人的学位考试，依《博士学位考试细则》（尚未颁布），由国家举行之。"② 1940 年国民政府教育部又公布《博士学位评定会条例》《博士学位考试审查及评审细则》。这些法规连同《学位授予法》等构成中国最早，也最为完备的关于博士生培养教育的政策法规体系，标志着中国博士生教育历经 30 多年的不断修正和充实，至此基本成型。

然而，由于抗日战争爆发，大学纷纷内迁，政局动荡，博士生的招考工作无从落实，实际进展并不大。1943 年，国民政府行政院在检讨这

---

① 谢青、汤德用：《中国考试制度史》，黄山书社 1995 年版，第 597—598 页。
② 吴慧龄：《北京高等教育史料》，北京师范学院出版社 1992 年版，第 21 页。

项工作时不得不承认:"抗战以前,各校因设备师资之限制,学术研究窒碍良多,致使博士学位之授予迄未实施。近来各校困难加增,培植尤艰。该项博士学位的授予,应缓办。"① 至此,这种有益的探索被迫中断,实事求是地说,在 30 多年的统治时间里,国民政府对于博士研究生教育的探索从理论设想到制度规范,曾做出了不少的努力,但事实上所有高校和科研院所没有真正招收过一位博士研究生。

二 探索模式的不断移植和转换

近代学位与研究生教育制度是在西学东渐浪潮的冲击下,在西方文化不对等的迫压下,从机械嫁接日本的学制开始,到多重模仿德国的学位制度,再到全面移植美国学位制度的发展历程。可以毫不夸张地说,近代学位与研究生教育制度的近代化,属于非常典型的"后发外生型",即起步非常晚,且在外力多方因素作用下的被迫诱发。这一探索模式的不断转换,大致历经了如下几个阶段:

1. 第一阶段(1895—1911 年):机械嫁接。此阶段虽然不属于民国时期,但是从学位与研究生教育制度的整体着手,这一段却又不能"独善其身"。毕竟,民国初年的所有关于高等教育的探索皆离不开清末这一特殊历史时期,故此,晚清民初的阶段自然归属于这一阶段的前期部分,即理论探索阶段。

19 世纪末 20 世纪初,是中国近代高等教育发展的重要时期。1895年、1896 年和 1898 年分别成立的天津中西学堂、上海南洋公学和京师大学堂,一般被认为是中国现代大学的雏形。20 世纪初,清政府颁布并实施了第一部包括高等教育在内的具有现代意义的全国性学制——《癸卯学制》。直至辛亥革命前的十多年时间里,中国高等教育的发展,无论是理论层面、制度层面还是实践层面,都弥漫着一种浓厚的"以日为师"的氛围。1898 年创办的京师大学堂的第一份章程就是由梁启超"略取日本学规,参以本国情形草定规则八十余条"②,即主要参照日本东京大学的规则而制定的。《癸卯学制》中有关高等教育的条文也几乎与日本学制

---

① 南京国民政府教育部编:《第二次中国教育年鉴》,商务印书馆 1948 年版,第 79 页。
② 丁文江、赵丰田:《梁启超年谱长编》,上海人民出版社 1983 年版,第 126 页。

中的相关规定一致，尤其是最高层次的研究生教育，日本学制中称为"大学院"，而《癸卯学制》中称为"通儒院"而已。据不完全统计，在1906年前后，有12000多名中国留学生在日本各级各类学校学习①；至1909年11月，在中国执教的外国教习共365人，其中日本教习就有311人②。与前一时期相比，学习的目标由泛化而集中，"泰西"一次被一个具体的国家——日本所取代，价值取向明确而单一。可以说，中国近代高等教育在起步时期是以日本模式为蓝本的。

2. 第二时期（1912—1927年）：多重效仿。在这15年间，属于北洋军阀统治时期，社会动荡不安，发展举步维艰，绝对可以说是多事之秋。相对应的教育发展而言，亦可谓是中国高等教育发展模式的多元化时期。民国初年在蔡元培主持下所进行的教育改革形成的新学制，即《壬子·癸丑学制》，对清末颁布的《癸卯学制》中高等教育的内容作了相应的改革。其间，教育部还陆续公布了《大学令》《大学规程》《专门学校令》《公立、私立专门学校规程》等一系列有关高等教育的法规法令。众所周知，作为民初教育改革的总设计师，蔡元培非常关心关注高等教育，《大学令》就是由其亲手制定并颁行的。他多次谈到，《大学令》中许多内容是"仿德国制"，"仿德国大学制"③。从一定意义上可以说，借鉴德国高等教育是蔡元培多年的夙愿。但是，从实践的层面考察，蔡元培的理想并未实现。摆脱日本单一模式束缚的努力没有取得明显的效果，大学设评议会、教授会的条文列入了《大学令》，但在当时的高等教育中并未贯彻施行。直到1917年蔡元培辞去教育部长而出任北大校长之后，他的高等教育的理念——学术自由和教授治校，才部分地在他所主持的北京大学付诸实施。且此期的研究生教育才真正地迈上实践探索的阶段，开启了中国研究生教育的先河。

但是，就在蔡元培以德国高等教育为模板对北京大学进行大刀阔斧式改革的同时，另一所国立大学——在南京高等师范学校基础上发展起来的东南大学迅速崛起。留美归国博士郭秉文主持下的国立东南大学以

---

① 田正平：《中外教育交流史》，广东教育出版社2004年版，第195页。

② 同上书，第165页。

③ 高平叔：《蔡元培全集》（第七卷），中华书局1989年版，第312页。

美国大学为样板，延揽一批留美学生到校任教，集基础研究与应用研究为一体，从管理体制、系科设置、课程内容以至于经费筹措等，全面学习、借鉴美国高等教育模式。至 20 世纪 20 年代中期，东南大学声名鹊起，影响日广，成为与北京大学南北相望、交相辉映的中国高等教育领域中的又一重镇。二者在学位与研究生培养制度方面，也存在较大的区别。由上可知，1912—1927 年的十几年间，中国高等教育的发展模式经历了由取向日本到借鉴德国，再到模仿美国的转换过程。

3. 第三时期（1927—1949 年）：全面移植。在此 22 年间，民国既立，相对处于和平稳定时期，这对于高等教育的发展可以说是"黄金时期"，此期中国高等教育发展模式的主旋律是：在融合美国和欧洲各国特点的进程中，以美国模式为基本走向。如果说 20 年代后期曾经是美国高等教育影响最盛的时期，从地方分权制的教育体制的模仿，到大学实行选课制、学分制，以至于大学各专业缺乏明确的课程标准，等等，都显示了美国高等教育的强大影响，那么，进入 30 年代，则表现出一种比较主动地吸收和借鉴欧洲各国高等教育经验的倾向。如在高中毕业生中实行会考制度以齐整大学生的入学水平，教育部制定并实行有关大学教师任职资格的规定，强调大学毕业考试制度等，这些举措从一定意义上可以说是吸收了欧洲各国高等教育的具体做法。但是，从总体上讲是以美国模式为基本走向。其间，有一个短暂的插曲，就是 1927—1929 年所实行的大学区制。

1927 年国民党在南京建立政权之后，于同年 6 月接受蔡元培等人的建议，设中华民国大学院，由蔡本人任大学院院长。大学院既是全国高等教育行政管理机构，亦是全国最高学术研究机构，不隶属于国民政府，而直属国民党中央执行委员会领导。在大学院中设大学委员会，议决全国高等教育发展中的一切重大事项，独立于政府之外。在省一级，试行大学区制，按当时行政区划分，在全国建立若干大学区，每区内设国立大学一所，区国立大学校长为大学区区长，综理学区内一切学术教育事宜。1927 年 7 月起，大学区在江苏、浙江、河北三省陆续试行。蔡元培建立大学区制的意图在于：通过这种管理体制上的改革，摆脱军阀甚至包括政府对教育的控制和干预，防止教育行政部门的腐败，使教育与学术合而为一。而这一改革举措的思想源头，用蔡元培的话来说是"仿法国制度，以大学区为教育行政之单元"①。众所周知，大学院制试行不及两年就无果而终，对全国高等教育的实际影响并不大。但是，就现代高等教育发展模式的转换而言，也确实可以算作一个不小的插曲，折射出改革的艰辛和不易。

三　传统与移植的交替发生

与发展模式不断转换紧密联系的一个重要问题是如何处理传统与移植的关系。如前所述，中国近代高等教育不是古代高等教育的自然延伸，而是在西学东渐大潮的强力冲击下，在中国近代社会发生深刻变动的基础上，借鉴西方高等教育而产生发展起来的。但是，中国传统教育的影响却在现代高等教育的发展过程中留下了深深的民族烙印。这些影响具体地反映在高等教育理念、培养目标、课程设置、教学内容和方法等诸多层面，从更深的层次来看，则是中国传统文化的折射。它们与从西方移植而来的西方高等教育理念、课程体系、教学内容和方法的冲突、融合，构成了中国近代高等教育发展过程中的另一对无法回避却激烈碰撞的矛盾。

"政教合一"是中国传统文化的重要特征，政治与教育高度统一，教育活动的政治功能受到高度重视也是中国传统教育的重要特征。"建国君民，教学为先"的圣贤古训，明确地规定了教育为治国治民服务的从属关系。汉代的太学是中国封建社会高等教育机构的嚆矢，董仲舒在著名的《举贤良对策》中建议汉武帝兴设太学。列举的理由就是："太学者，贤士之所关也，教化之本原也。……臣愿陛下兴太学，置明师，以养天下之士，数考问以尽天下之材，则英俊宜可得也。"② 由汉代太学所确立的"教化之本原"和培养"英俊""贤士"的高等教育理念和培养目标，以及由此而形成的课程体系、教学内容和方法，近两千年来几乎是一以贯之，前后相承的，成为封建社会高等教育传统的主流和命脉。另一方面，从唐宋以后逐渐兴起的书院，作为中国封建社会官办高等教育的补充，得以绵延一千余年。在其发展过程中也形成了自己的特色，主要表

---

① 高平叔编：《蔡元培全集》（第五卷），中华书局 1988 年版，第 135 页。
② 熊承涤主编：《秦汉教育论著选》，人民教育出版社 1987 年版，第 86 页。

现为较脆弱的自治权和一定的学术自由度，招生对象等级性的淡化和培养目标的相对多元化。这些构成了封建社会高等教育传统的非主流。这两种传统——主流与非主流，在中国高等教育近代化进程中的不同时期都顽强地显示自己的影响。

民国初年，资产阶级革命派和激进的民主主义者从根本上否定了"中体西用"这一直接支配高等教育培养目标的文化观念，提出要用"民主共和"和"科学民主"的精神改造中国封建文化，这也为高等教育培养目标的进一步发展演变提供了思想基础。在1912—1949年的近四十年间，民国政府和后来的国民政府制定颁布过几部重要的关于高等教育的法令、法规和规程。就培养目标而言，从法律条文上看，最大的变化在于取消了封建社会高等教育的政治方向。1912年的《专门学校令》提出："专门学校以传授高等学术、养成专门人才为宗旨。"[1] 同年颁布的《大学令》规定："大学以教授高深学术、养成硕学闳材、应国家需要为宗旨。"[2] 在这里，强调的是高深学术，是培养"硕学闳材"和"专门人才"。高等教育领域中大学和专门学校的区分原则是"学"与"术"，前者重在学术研究，后者重在应用技术。政治上、思想上的种种限制与要求即所谓"忠君""尊孔"在培养目标中被取消了。特别在民国前期，由于蔡元培的努力和他的广泛社会影响，中国近代高等教育得以在教育理念上有了一次质的飞跃。正如有些研究者所指出的那样："只有在这一时期，中国才真正开始致力于建立一种具有自治权力和学术自由精神的现代大学。"[3] 西方高等教育理念的核心即学术自由和大学自治的观念通过蔡元培的理论倡导和身体力行第一次较全面地被国人所认知和接受。蔡元培对北京大学的改造，他所反复强调的学术自由、兼容并包的办学方针，他对大学功能的理解与认识，即所谓"大学者，研究高深学问者也"[4] 等，使中国近代高等教育对西方的移植上升到一个新的高度。从一

---

① 璩鑫圭、唐良炎：《中国近代教育史资料汇编（学制演变）》，上海教育出版社1991年版，第672页。

② 同上书，第673页。

③ ［加］许美德：《中国大学1895—1995：一个文化冲突的世纪》，许洁英译，教育科学出版社2000年版，第66页。

④ 蔡元培：《蔡孑民先生言行录》，广西师范大学出版社2005年版，第148页。

定意义上可以说，正是通过蔡元培在北京大学的持续努力，使中国高等教育在教育理念和培养目标上，从根本上动摇了以培养"内圣外王"的"贤士""君子""循吏"为目标的主流传统。在这里强调说明的是，蔡元培在宣传、倡导西方大学理念的同时，也充分利用了中国封建社会高等教育的非主流传统，即张扬古代书院较浓厚的学术氛围、师生间砥砺德行互相切磋的融洽之情以及相对的独立地位等。1922 年，毛泽东等人"鉴于现在教育制度之缺失，采取古代书院与现代学校二者之长，取自动的方法，研究各种学术，以期发现真理，造就人才"[1]，在湖南创办自修大学。蔡元培闻讯后，高兴地写下《湖南自修大学介绍与说明》一文为之鼓噪："合吾国书院与西洋研究所之长而活用之，其诸可以为各省新设大学之模范者与?"[2] 对西方大学理念的移植与中国高等教育主流传统和非主流传统的排斥、融合，在五四新文化运动时期特定的环境中得到了最充分的体现。

1929 年，南京国民政府制定颁布了《大学组织法》和《专科学校组织法》。其中关于培养目标的表述分别为："大学应遵照……国民政府公布之中华民国教育宗旨及其实施方针，以研究高深学术养成专门人才。"[3]"专科学校应遵照……国民政府公布之中华民国教育宗旨及其实施方针，以教授应用科学养成技术人才。"[4] 20 年之后的 1948 年，南京国民政府公布的《大学法》和《专科学校法》，关于培养目标的表述，与 20 年前几乎完全一致，只不过把"应遵照国民政府公布之中华民国教育宗旨及其实施方针"改为"依中华民国宪法第 158 条之规定"而已。上述情况表明，在 1912—1949 年的近四十年间，高等教育培养目标是研究高深学术的专门人才和研习应用科学的技术人才，这条主线一直贯穿其间。

在课程体系和教学内容方面，民国时期与清末比较，最大的变大是废除了反映封建传统文化的科目，增加了体现西方文化精神的大量新学科，人文社会科学方面如此，在自然科学和技术科学层面更是如此。据

---

① 高淑平编：《蔡元培全集》（第四卷），中华书局 1984 年版，第 247 页。

② 同上。

③ 于胜树：《中国教育制度通史》，山东教育出版社 2000 年版，第 182 页。

④ 同上书，第 183 页。

统计,民国初年《大学规程》中所开列的课程科目总数比清末《癸卯学制》所规定的多三百多门,专科学校课程也比清末相应学堂科目增加了1—2倍。蔡元培主持下的北京大学在20世纪20年代开设的课程中,有许多在欧美各著名大学中也是刚刚起步。此外,在课程体系方面的另一显著变化是从参照日本到直接借鉴西方高等学校的课程设置。许多大学和专科学校的教材直接使用西方大学的原版教材。似乎可以这样认为,在课程体系和教学内容方面,对西方教育的移植在20世纪20—30年代出现了第二个高潮。直到30年代后期才陆续开始有中国学者自己编著的教材被冠以"大学丛书"的字样在各大学和专科学校被采用,而且仍主要限于人文社科类学科。

第二节　民国时期学位与研究生教育制度变迁的历史审思

综上所述,中国近代意义上的学位与研究生教育制度不是中国教育自身演进的结果,而是从西方移植过来的——是在欧风美雨的刺激下,在民族危机的压迫中,在近代救亡图存社会思潮的激励下嫁接而速成的,是一种典型的"移花接木"。诚如陶行知在《中国建设新学制的历史》一文中指出的那样:"一切制度都是时势之产物,学校制度,亦不违反这原则。时势如此,学制不得不如此;时势如彼,学制不得不如彼。时势变迁,那应时势需求而来的学制亦不得不变迁;时势未到,招之不能来,时势已去,招之不能留;时势继续的变,学制亦继续的变。"[①] 但是,这种借鉴和移植,"并不是随心所欲地创造,并不是在他们自己选定的条件下创造,而是直接碰到的、既定的、从过去继承下来的条件下创造。"[②] 从总体趋势上看,中国近代学位与研究生教育制度改革发展的总方向是不断走向近代化,不断向上和进步的。从《壬寅学制》到《癸卯学制》,从《壬子学制》到《癸丑学制》,再从《壬戌学制》到《戊辰学制》,学

---

① 《陶行知全集》(第一卷),四川教育出版社2005年版,第194页。
② 瞿保奎编:《中国教育大系·历代教育制度考》(下),湖北教育出版社1994年版,第2329—2330页。

制的指导思想和性质相应地从"中体西用"到"民主共和"，进而再到"民主科学"。与学制相伴而生的研究生培养制度亦从封闭走向开放，从形态嫁接走向全面移植。今天，回顾近代学位与研究生教育制度历史变迁的发展轨迹，为我们留下了诸多宝贵的启示。

一　学位与研究生教育制度要与经济、政治、科技和社会发展相适应

中国近代著名教育家舒新城曾经指出："教育不是一种独立的社会活动，故教育思想也不能独立。支配着它的势力首推政治思想；次为社会思想；第三为世界思潮；第四为学术思想。"[1] 英国著名教育家阿什比也曾说过："任何类型的大学都是遗传与环境的产物。"[2] 一方面，我们强调教育是政治、经济、文化等众多社会因素结合的产物并受制于它们，即"大学'是时代的表现'，它'处于特定时代总的社会结构之中而不是之外'。"[3]"大学不是抽象的概念、结构和组织，大学是它所置身的社会环境的体现。对于大学的研究不能仅局限于大学本身，而要把它置于周遭复杂的社会、政治、文化环境之中，来展示大学对于更为广阔的历史发展和社会变迁的影响。"[4] 另一方面，我们也绝不能忽视教育的相对独立性。

鸦片战争前的近 200 年间，清代的教育曾经有过辉煌的历史，作为少数民族入主中原，清朝统治阶级接受并自觉地提倡中国传统文化，"稽古右文，崇儒兴学"，在继承明代教育体制的基础上，大力发展各级各类教育。据史籍记载，至 1825 年，全国有包括府、州、厅、县、旗、卫各类官学 1788 所。[5] 清代的书院，更是在数量上远超前代，"统论清代二百余年，书院遍于天下……合之十余行省必近二三千之数"[6]。此外，还有数量众多的各种形式的社学、义学和私塾。正是这种相对发达的教育系统，

---

① 舒新城编：《近代中国教育思想史》，福建教育出版社 2007 年版，第 10 页。

② 杨东平编：《大学二十讲》，天津人民出版社 2009 年版，第 274 页。

③ ［美］亚伯拉罕·弗莱克斯纳：《现代大学论——美英德大学研究》，徐辉、陈晓菲译，浙江教育出版社 2001 年版，第 1 页。

④ 骆威：《南京国民政府时期的高等教育立法》，南京大学出版社 2016 年版，第 4—5 页。

⑤ 《钦定大清会典事例》卷 1096。

⑥ 商衍鎏：《清代科举考试述录》，生活·读书·新知三联书店 1958 年版，第 225 页。

使清代人口中的识字率达到较高水平。据张仲礼在《中国绅士》一书中的统计,1840 年前后,全国生员（指通过正规考试取得在各级官学读书资格的人,不包括通过纳捐取得上述资格者）达 739199 人,占当时全国总人口数 402300000 的 0.18%。①

然而,1840 年爆发了野蛮的基于民族间非正义的鸦片战争,以《南京条约》的屈辱签订而告终。正可谓:"英国的大炮破坏了中国皇帝的威权,迫使天朝帝国与地上的世界接触。"② ——西方资本主义列强用无情的炮声和冰冷的舰船撬开了关闭 120 多年的中国大门,有着几千年文明礼仪之邦的中华帝国被历史无情的车轮卷入残酷的世界性扩张的旋涡中。"在前此数千年的中国社会虽不乏内部的或异族的战争摧残,朝代频繁更替,然其文化生命则赓续绵延不断,但进入 19 世纪,不仅民族、国家生存已成问题,就连民族文化也发生了前所未有的信仰危机。"③ 面对"数千年未有之变局",中国近代知识分子和有识之士开始睁眼看世界。

"满足社会对各种人才的需求是建立学制的重要目的之一,因而,学制必然受整个社会状况的制约,不仅受制于它的生产力发展水平和科学技术发展水平,而且还受制于它的政治经济制度和文化传统。"④ 纵观民国时期近四十年高等教育近代化进程,外来模式的不停转换构成了这一进程的突出特征。如此短暂的历史中却有如此频繁的模式转换,这在世界高等教育史上都是实属罕见的现象。"模式不停地移植与转换,一方面显示了国人探索一种适合中国国情的大学模式的种种尝试;另一方面也折射出西方大学办学理念与中国传统文化相融合的艰难性。"⑤ 这也就是说,隶属于高等教育最高层次的学位与研究生教育制度,也不能脱离当时的经济、政治、科技和社会发展等诸多因素。

进入 21 世纪以来,经济全球化和区域化不断增强,国际竞争日益激

① 张仲礼:《中国绅士》,上海社会科学院出版社 1991 年版,第 100 页。

② 《马克思恩格斯选集》（第 2 卷）,人民出版社 2012 年版,第 3 页。

③ 北京大学哲学系中国哲学教研室编:《中国哲学史》,北京大学出版社 2003 年版,第 508 页。

④ 陈学恂、田正平编:《中国教育史研究》（近代分卷）,华东师范大学出版社 2009 年版,第 220 页。

⑤ 茹宁:《中国大学百年:模式转换与文化冲突》,知识产权出版社 2012 年版,第 219 页。

烈，知识经济将逐步占据经济发展的主导地位，具有创新能力与创新技术的人力资源在生产力发展中的重要性将超过以往任何时期。在以经济和科技实力、国防实力和社会发展水平为主要内容的日趋激烈的综合国力竞争中，高层次人才越来越成为竞争的焦点。在中国，研究生教育肩负着国家现代化建设培养高素质、高层次创造性人才的重任，将成为中国建设国家创新体系和未来夺取世界知识经济制高点的重要支撑力量。在现有的社会、经济和文化等诸多条件综合下，大力发展研究生教育，对于实现科技创新和知识创新，增强中国综合国力和提高国际竞争力具有重要意义。基于此，应着手从以下几个方面推进：

首先，积极发展，加强建设。发展是第一要务，发展是硬道理，必须抓住一切机遇加快发展。要发展就要确立正确的发展观，就要辩证地对待研究生教育发展的制约条件，既充分考虑发展的限度，掌握发展的适度原则，又要敏锐地把握发展本身就是原有条件的变化和创新，所以发展的限度也是相对的。发展限度的不断确立和不断突破是发展的重要议题。

其次，深化改革，推进创新。我们在谋划发展的时候，要认真思考和探讨发展的新思路、改革的新突破、开放的新局面、各项工作的新举措，也就是要解放思想、实事求是、与时俱进、不断创新。考虑到进入新世纪，国际高等教育发展的新形势，知识经济社会的发展，中国高等教育面临着新的严峻挑战和良好发展机遇，全面反思民国时期学位与研究生教育制度的发展历程以及相关政策的得与失，着手新的探索，在新的平台上把改革深入下去，势在必行。中国研究生教育在 21 世纪必须在推进改革的同时积极深化改革，一切妨碍发展的思想观念都要坚决破除，一切束缚发展的做法和规定都要坚决改变，一切影响发展的体制弊端都要坚决革除。深化学位与研究生教育制度的改革要强调整体推进，强调参与者根据具体情况自主地决定改革与发展的目标模式与行动路径。

二 学位与研究生教育制度的发展要遵循教育的内在规律

事物联系和发展的一系列基本环节的展开，包含并体现为一系列基本规律。规律"就是事物联系和发展过程中所固有的本质的、必然的、稳定的联系"①。教育也不例外。当然，蕴含在教育顶端的研究生教育更要遵从教育发展的内在规律。民国时期学位与研究生教育制度近50年的探索，虽然取得了一定的理论思考和实践探求，但总体而言，这种探求和实践，很大一部分并未按照教育的内在规律办事。

近代以来，首先开端的全面形态嫁接日本学制的《壬寅学制》和《癸卯学制》，虽想全面学习先进的日本的教育理念和经验，但受到当时社会政治、经济、文化等诸多条件的限制，只能在《壬寅学制》中粗略地模仿而设置"大学院"，但没有涉及具体的学制要求、课程设置、学位授予等基本条件，《癸卯学制》虽然较之《壬寅学制》有较大的改进，但也只是在其中设置了"通儒院"这一不同于日本学制字样的精于研究的设想，在其中所专列的通儒院章程中，设想了等同于今天研究生教育的学制要求、学习年限、毕业要求等看似比较"高大上"的设想，但是，在清末动荡的年代，这一制度只能止于设想的范畴。

民国初年，民国政府适时地颁布了《壬子学制》和《癸丑学制》，号称"注重道德教育，以实利教育、军国民教育辅之，更以美感教育完成其道德"，但实事求是地说，这一学制是民初为了应急而制定的紧迫任务，尤其是其中的《癸丑学制》，一直延续到1922年。但是，由于没有遵循教育发展的历史规律，加之种种因素的制约，改革者颇为高远的理想宏愿与改革的实际成效存在着一定的反差和距离，诸如：思想观念的转变滞后于制度层面的革新；学制改革者的理想与现实条件脱节；试图博采众长，熔各国先进教育理念和制度于一炉的初衷与仍旧跳不出日本模式的窠臼形成了强烈的反差等。

之后，1922年颁行的《壬戌学制》，是在学习西方，尤其是美国教育理念的总体氛围下，中国社会政治、经济、文化教育全面变革的一个综合性产物，"无论是指导思想、整体结构还是具体条款，都有其独特的长处和显著的进步"②。——诸如"民主气息浓厚""科学精神较强""弹性制和多样化"等诸多优势，但是，这部学制亦如上述学制一样，仍存在

---

① 本书编写组：《马克思主义基本原理概论》，高等教育出版社2015年版，第39页。

② 陈学恂、田正平编：《中国教育史研究》（近代分卷），华东师范大学出版社2009年版，第242页。

明显的偏离教育规律的缺憾。最根本的仍在于，中国教育界在顺应世界教育发展潮流，学习先进的美国教育模式的同时，对自己的国情还是估计不足，了解不深，考虑不周，存在一定程度的崇美倾向，从而违背了教育发展的规律，给新学制的施行带来许多困厄。

基于学位与研究生教育制度的历史规律，在今天的研究生教育发展途路中，应该以教育的内在规律为导向，以现实国情为依据，从以下几个方面着手推进：

1. 适度超前，勇于追赶。中国作为一个典型的"后发展"国家，要实现全面建成小康社会，中华民族伟大复兴的"中国梦"，必须超越"后发展"困境。要真正实施知识发展战略，真正把发展中心转移到"以人为本"的发展目的和以知识为基础的发展手段的轨道上来，就必须扩大高素质人才培养规模，加大原创性研究的力度，促进科技成果的转化，高起点地扶植一批高新技术产业，就必须高起点、高标准地发展研究生教育。

2. 适应和促进知识经济的发展方向。研究生教育的未来发展趋向是：一是通过发展研究生教育，直接提高劳动力水平层次，特别是为知识经济社会提供大量的、具有高附加值的劳动力；增加知识产量从而不断提高知识存量，特别是提高具有自主知识产权的知识产量与知识存量。二是积极适应知识流量形态的多样化，研究生教育在发现知识、传播知识、应用知识和综合知识等四种学术水平上都做出贡献；改变传统的研究生教育培养目标，为学生提供获得更广泛的各种技能的选择；三是实现研究生教育发展与知识产出之间的互动，扩大具有自主产权的知识产出；促进研究生教育过程与探索过程相统一等。

3. 产学研结合是中国研究生教育改革与发展的重要路径。在知识经济时代，研究生教育不是教室里面的学术专场，而应该是走出专场，实施"产、学、研"三个层面的结合。一方面，研究生教育是"产、学、研"合作的一个重要组成部分，另一方面，"产、学、研"合作又是研究生教育的一个主要载体，两者只有有机结合，互相促进，才能发挥重要作用。

三　学习借鉴别国的先进教育制度，必须立足本国国情

众所周知，"大凡制度的变迁，总是在原有制度的基础之上的一种扬弃与革新。"[1] 但与此同时，学位与研究生教育制度的改革是一个系统工程，绝不能只与整个社会的近代化历程同步即可，相对应地，在其教育系统架构中，也应与整个教育改革过程相匹配——教育观念的变革是学制改革的先导和旗帜，在借鉴别国基础上形成的学制改革思想指导下"制订"的新学制，虽理论上较为完备，设计上较为充分，但是，如果没有对应地搭建一整套机制健全、运作灵活的执行机构以及具体可行的操作程序，诸如法律法规的完善、经费资源的配套、师资队伍的遴选、课程教材的设计、管理制度的优化等，那么，制度层面的设计只能流于形式，抑或换汤不换药。中国近代学位及与之相设想的研究生培养制度之所以未能取得预期的成效，与上述因素的制约是密不可分的。"一般而言，任何一个民族、任何一个国家在学习、借鉴、引进外国的先进教育制度时，都要保存和发扬本民族文化教育的优良传统，取得本民族文化的认同。"[2] 这是因为，教育制度变迁过程中所需的大部分知识都是具体的历史的，这些具体性认知不可能处处彰显自己的"凌驾本领"，同时，任何来自于国外的所谓的先进教育制度，其变迁的理论升华也不可能完全代替他国自身的经验。基于此，学习别国的教育制度，首先应该遵从以自身为本位——即首先通过融通"西方"的同时，善于汲取本国优秀的传统文化，力求创造出既体现自身特色，又具有世界新意的新学制。如果仅仅机械地套用别国的所谓的新学制，而没有完整地嫁接于自己本国的文化传统之上，势必会造成超越历史发展阶段的荒谬甚或走向歧路。

当下，学位与研究生教育制度的发展必须立足中国国情，坚持以自我发展为基础，学习借鉴为辅助。因为，"坚持自主发展，立足国内培养硕士和博士，是中国研究生教育一贯坚持的政策。"[3] 研究生教育立足国

---

[1]　田正平、商丽浩主编：《中国高等教育百年史：制度变迁、财政运作与教师流动》，人民教育出版社 2006 年版，第 19 页。

[2]　同上书，第 84—85 页。

[3]　谢桂华主编：《20 世纪的中国高等教育：学位制度与研究生教育卷》，高等教育出版社 2003 年版，第 520 页。

内的标志是建立一套能够主动适应社会发展需要的运行机制和管理体制，形成一批具有国际领先水平的研究生教育基地、学科、指导教师队伍，所培养的研究生具有与国际水平相当的素质。为了达到这一路向，中国先后采取了一系列组合拳，如重点高等学校建设、研究生院设置、重点学科建设、"211 工程""985 工程"、世界一流大学建设和一流学科建设。自主发展，立足国内培养研究生等高层次人才是中国研究生教育发展的必然选择，也是中国社会发展的必然选择。但同时，我们要放眼世界。"立足国内"并不排斥"面向世界"，两者是相辅相成的。自主发展是基础，参与国际竞争是发展的方向和重点，也是进一步提升中国研究生教育实力和国际竞争力，进而提升中国综合国力和国际竞争力的重要途径。

参考文献

一 主要著作

北京师范大学校史编写组：《北京师范大学校史：1902—1982》，北京师范大学出版社1984年版。

北京大学校史研究室编：《北京大学史料第一卷（1898—1911）》，北京大学出版社1993年版。

北京师范大学外国教育研究所：《国外学位制度》，地震出版社1981年版。

陈宝泉：《中国近代学制变迁史》，北京文化学社印1927年版。

陈景磐、陈学恂编：《清代后期教育论选》（下册），人民教育出版社1997年版。

陈谷嘉、邓洪波：《中国书院史资料》（下册），浙江教育出版社1998年版。

陈平原：《民国大学：遥想大学当年》，东方出版社2013年版。

陈青之：《中国教育史》（下册），福建教育出版社2009年版。

陈青之：《中国教育史》，商务印书馆1936年版。

陈学飞：《美国高等教育发展史》，四川大学出版社1989年版。

陈学飞：《西方怎样培养博士：法、英、德、美的模式与经验》，教育科学出版社2002年版。

陈学恂：《中国近代教育文选》，人民教育出版社1983年版。

陈学恂：《中国近代教育史教学参考资料》（下册），人民教育出版社1986年版。

陈学恂主编，田正平分卷主编：《中国教育史研究》（近代分卷），华东师范大学出版社2009年版。

陈元晖等编：《老解放区教育资料（一）：土地革命战争时期》，教育科学
　　出版社 1981 年版。

戴本博：《外国教育史》，人民教育出版社 1989 年版。

［德］弗·鲍尔生：《德国教育史》，滕大春、滕大生译，人民教育出版社
　　1986 年版。

［德］雅思贝尔斯：《什么是教育》，邹进译，生活·读书·新知三联书店
　　1991 年版。

董宝良：《中国教育史纲》（近代部分），人民教育出版社 1990 年版。

董纯才：《中国革命根据地教育史》（第一卷），教育科学出版社 1991
　　年版。

［法］托克维尔：《旧制度与大革命》，冯棠译，商务印书馆 1992 年版。

符娟明：《比较高等教育》，北京师范大学出版社 2004 年版。

符娟明、迟恩莲：《国外研究生教育研究》，人民教育出版社 1992 年版。

［加］许美德：《中国大学 1895—1995：一个文化冲突的世纪》，王承旭
　　译，教育科学出版社 2000 年版。

教育大辞典编撰委员会编：《教育大辞典（10）：中国近现代教育史》，上
　　海教育出版社 1991 年版。

金林祥：《中国教育制度通史》（第六卷），山东教育出版社 2000 年版。

金以林：　《近代中国大学研究：1895—1949》，中央文献出版社 2000
　　年版。

胡建华：《战后日本大学史》，南京大学出版社 2001 年版。

黄新宪：《中国留学教育的历史反思》，四川教育出版社 1991 年版。

黄思礼、秦和平：《华西协和大学》，珠海出版社 1999 年版。

高奇：《中国高等教育思想史》，人民教育出版社 2001 年版。

高淑平编：《蔡元培教育论选》，人民教育出版社 1991 年版。

顾明远编：《中国教育大系：历代教育制度考》（下），湖北教育出版社
　　1994 年版。

关晓红：《晚晴学部研究》，广东教育出版社 2000 年版。

郭德侠：《中国近代高等学校课程设置研究》，中国海洋大学出版社 2007
　　年版。

国务院学位委员会办公室、国家教委研究生工作工办公室编：《研究生教

育和学位制度研究》，人民教育出版社 1994 年版。

国务院学位委员会办公室、教育部研究生工作办公室编：《学位与研究生
　　教育文件选编》，高等教育出版社 1999 年版。

康翠萍：《学位论》，人民教育出版社 2005 年版。

康永久：《教育制度的生成与变革—新制度教育学论纲》，教育科学出版
　　社 2003 年版。

雷鼎国：《中国近代教育行政制度史》，台北教育文物出版社 1983 年版。

李楚材：《帝国主义侵华教育史资料——教会教育》，教育科学出版社
　　1987 年版。

李华兴主编：《民国教育史》，上海教育出版社 1997 年版。

李国均：《中国书院史》，湖南教育出版社 1994 年版。

李盛兵：《研究生教育模式嬗变》，教育科学出版社 1997 年版。

李云峰、刘东社：《清末民初政治研究》，西北大学出版社 2008 年版。

刘晖：《二十国研究生教育》，东北师范大学出版社 1989 年版。

刘少雪：《中国大学教育史》，山西教育出版社 2007 年版。

骆四铭：《中国学位制度：问题与对策》，华中科技大学出版社 2007
　　年版。

骆威：《南京国民政府时期的高等教育立法》，南京大学出版社 2016
　　年版。

［美］伯顿·克拉克：《探究的场所——现代大学的科研和研究生教育》，
　　王承旭译，浙江教育出版社 2001 年版。

［美］杰西·格·卢茨：《中国教会大学史：1850—1950》，曾钜生译，浙
　　江教育出版社 1988 年版。

南京大学图书馆情报室编：《国外学位制度资料汇编》，南京大学出版社
　　1980 年版。

潘懋元、刘海峰编：《中国近代教育史资料汇编·高等教育》，上海教育
　　出版社 1993 年版。

潘懋元、邬大光、张亚群主编：《中国高等教育百年》，广东高等教育出
　　版社 2005 年版。

秦惠民编：《学位与研究生教育大辞典》，北京理工大学出版社 1994
　　年版。

清华大学校史研究室编：《清华大学史料选编》（第一卷），清华大学出版社 1990 年版。

曲士培：《抗日战争时期解放区高等教育》，北京大学出版社 1985 年版。

曲士培：《中国大学教育发展史》，山西教育出版社 1993 年版。

璩鑫圭、唐良炎：《中国近代教育史资料汇编》（学制演变），上海教育出版社 1991 年版。

宋恩荣、章咸：《中华民国教育法规选编》（1912—1949），江苏教育出版社 1990 年版。

舒新城：《中国近代教育史资料》（中册），人民教育出版社 1981 年版。

舒新成：《中国新教育概况》，中华书局 1928 年版。

滕大春：《美国教育史》，人民教育出版社 1994 年版。

田正平、商丽浩主编：《中国高等教育百年史论：制度变迁、财政运作与教师流动》，人民教育出版社 2006 年版。

涂又光：《中国高等教育史论》，湖北教育出版社 1997 年版。

王炳照：《中国古代私学与近代私立学院研究》，山东教育出版社 1997 年版。

王立诚：《美国文化渗透与近代中国教育——沪江大学的历史》，复旦大学出版社 2001 年版。

王奇生：《中国留学生的历史轨迹》，湖北教育出版社 1991 年版。

王伟：《中国近代博士教育史——以震旦大学大学博士教育为中心》，复旦大学出版社 2015 年版。

王战军：《学位制度与研究生教育比较研究》，中国人民大学出版社 2002 年版。

王忠烈：《台湾、香港、澳门学位制度与研究生教育研究》，中国人民大学出版社 1997 年版。

吴慧玲：《北京高等教育史料》，北京师范学院出版社 1992 年版。

吴舸：《蔡元培高等教育管理思想研究》，上海交通大学出版社 2012 年版。

武强：《日本侵华时期殖民教育政策》，辽宁教育出版社 1994 年版。

萧超然：《北京大学与近现代中国》，中国社会科学出版社 2005 年版。

萧超然：《北京大学校史：1898—1949》，上海教育出版社 1981 年版。

谢桂华：《学位与研究生研究新进展》，高等教育出版社 2006 年版。

谢桂华：《20 世纪的中国高等教育·学位制度与研究生教育卷》，高等教育出版社 2003 年版。

熊安明：《中国高等教育史》，重庆出版社 1988 年版。

熊月之：《西学东渐与晚晴社会》，上海人民出版社 1994 年版。

徐以骅：《教育与宗教：作为传教媒介的圣约翰大学》，珠海出版社 1999 年版。

薛天祥：《研究生教育学》，广西师范大学出版社 2003 年版。

杨东平：《艰难的日出——中国现代教育的 20 世纪》，文汇出版社 2003 年版。

杨宏雨：《困顿与求索——20 世纪中国教育变迁的回顾与反思》，学林出版社 2005 年版。

杨少琳：《古老而常新的法国学位制度》，重庆大学出版社 2010 年版。

伊继东、周本贞主编：《西南联大与现代中国研究》，人民出版社 2008 年版。

于述胜：《中国教育制度通史》（第 7 卷），山东教育出版社 2000 年版。

章开沅：《中国早期现代化研究》，浙江人民出版社 1993 年版。

张玮瑛：《燕京大学史稿》，人民出版社 1999 年版。

张晞初：《中国研究生教育史略》，湖南师范大学出版社 1994 年版。

张先文：《金陵大学史》，南京大学出版社 2002 年版。

张晓唯：《蔡元培与胡适（1917—1937）——中国文化人与自由主义》，中国人民大学出版社 2003 年版。

张元济：《最近三十年之中国教育·中国教育年鉴》（第一册），宗青图书公司 1997 年版。

于述胜：《中国教育制度通史》（第七卷），山东教育出版社 2000 年版。

俞允尧：《中华民国史档案资料汇编》（第五辑 第一编 教育），江苏古籍出版社 2001 年版。

赵峻岩：《民国时期大学区制度变迁研究》，南京大学出版社 2015 年版。

中国蔡元培研究会编：《蔡元培全集》（第六卷），浙江教育出版社 1998 年版。

《中国教育年鉴》编辑部编：《中国教育年鉴：1949—1981》，中国大百科全书出版社 1984 年版。

中央教育科学研究所编：《老解放区教育资料（二）：抗日战争时期》（上下册），教育科学出版社 1983 年版。

中央教育科学研究所编：《老解放区教育资料（三）：解放战争时期》，教育科学出版社 1991 年版。

中国第二历史档案馆编：《中华民国史档案资料汇编》（第一、二、三、四、五辑：教育），江苏古籍出版社 1991 年版。

周洪宇：《学位与研究生教育史》，高等教育出版社 2004 年版。

周天度：《蔡元培传》，人民出版社 1984 年版。

周谷平、张雁、孙秀芬：《中国近代大学的现代转型：移植、调试与发展》，浙江大学出版社 2012 年版。

朱国仁：《西学东渐与中国高等教育近代化》，厦门大学出版社 1996年版。

朱有瓛：《中国近代学制史料》（第 2 辑上册），华东师范大学出版社 1987 年版。

二　主要论文

茶世俊：《"渐进调整"策略与中国研究生教育管理体制变革》，《中国高等教育》2006 年第 19 期。

常亚南：《中国高等教育近代过程中的特点、成就与问题》，《信阳师范学院学报》（哲学社会科学版）2005 年第 1 期。

陈元：《清末民国时期大学研究院所学位制度与研究生教育发展研究》，《扬州大学学报》（高教研究版）2014 年第 4 期。

韩映雄：《世界主要发达国家学位授权制度分析》，《高等教育研究》2009年第 8 期。

侯耀先：《欧洲中世纪大学的独立自主性及其借鉴意义》，《高教论坛》2003 年第 3 期。

胡岚、张卓群：《抗战时期国立浙江大学的研究生教育》，《浙江大学学报》（人文社会科学版）2013 年第 2 期。

胡钦晓：《文化视野中的美国学位制度变迁》，《高等教育研究》2010 年第 2 期。

苟源：《近代中国高等教育研究的范式的批判与反思》，《大学教育科学》2006 年第 1 期。

郭德侠：《西学东渐与中国近代高等教育培养目标近代化》，《北京科技大学学报》（社会科学版）2005 年第 3 期。

李均：《中国近代高等教育研究史略》，《北京大学教育评论》2004 年第 1 期。

李均：《民国时期高等教育研究述论》，《学术研究》2004 年第 10 期。

李红惠、张炎林：《中国科举制度与西方学位制度比较》，《湖北大学学报》（哲学社会科学版）2002 年第 3 期。

李明霞：《试论民国时期中国现代学位制度的建立》，《徐州师范大学学报》（哲学社会科学版）2012 年第 4 期。

李恩、李洪普：《近代中国学位制度探析》，《西昌学院学报》（社会科学版）2006 年第 2 期。

刘敬坤、徐宏：《中国近代高等教育发展历程回顾》（下），《东南大学学报》（哲学社会科学版）2004 年第 2 期。

刘海燕：《试论教会大学在中国近代高等教育中的作用》，《陕西师范大学教育学报》2005 年第 1 期。

刘华：《试论中国高等教育近代化初期的基本特征》，《南京师大学报》（社会科学版）2002 年第 6 期。

刘少雪：《中国近现代大学与政府关系的特点》，《高等教育研究》2006 年第 3 期。

罗祥云：《中国学位的历史沿革与新中国学位制度的创立》，《学位与研究生教育》1991 年第 6 期。

吕思为、王珊：《民国大学院、大学区制对中国高等教育区域化的启示》，《高教论坛》2004 年第 2 期。

彭江：《民国时期中国高等教育思想中的科学与人文之争》，《黑龙江高教研究》2008 年第 11 期。

申晓云：《蔡元培与中华民国大学院制》（上），《民国春秋》1999 年第 6 期。

宋子良、王平：《研究生教育的历史发展初探》，《高等教育研究》1985 年第 1 期。

孙傲、郑永安：《民国时期研究生教育的特点分析》，《高教探索》2009
　　年第 2 期。

孙益：《欧洲中世纪大学的学位》，《清华大学教育研究》2003 年第 6 期。

唐瑾、叶绍梁：《从学位形态演变看中国学位形态发展新趋》，《学位与研
　　究生教育》2007 年第 8 期。

涂上飚：《论民国时期武汉大学研究生教育的特点》，《武汉大学学报》
　　（哲学社会科学版）2008 年第 4 期。

王炳照：《中国近代高等教育发展中的几次论争》，《国家教育行政学院学
　　报》2005 年第 4 期。

王飞：《中国高等教育传统的适应与现实的超越——中外高等教育演变的
　　比较及反思》，《现代教育科学》2006 年第 2 期。

王慧：《中国研究生教育发展的历史透视》，《河北大学学报》（哲学社会
　　科学版）2005 年第 6 期。

王敏、余伟良：《近代中国学位制度的历史演变》，《才智》2013 年第
　　2 期。

吴芬：《中国早期研究生培养方式的演变及其成因》，《学位与研究生教
　　育》2001 年第 11 期。

吴洪成：《中国近代教会高等教育的历史审视》，《社会科学辑刊》2002
　　年第 5 期。

吴文刚、周光礼：《模仿与创新：中国学位制度与研究生教育百年回顾》，
　　《高等教育研究》2014 年第 10 期。

吴智军：《浅议中国学位制度的引入与流变》，《漳州师范学院学报》（哲
　　学社会科学版）2009 年第 4 期。

夏金元：《近代中国高等教育的嬗变》，《边疆经济与文化》2005 年第
　　1 期。

谢桂华：《中国学位制度与研究生教育的发展与特色》，《学位与研究生教
　　育》1998 第 3 期。

熊明安：《民国时期私立高等教育的简要评述》，《北京大学教育评论》
　　2003 年第 3 期。

许德雅：《国民政府时期学位制"中国化"的历史演变》，《学位与研究
　　生教育》2008 年第 1 期。

许德雅：《清末高等教育近代化与学位制度的本土化》，《兰州教育学院学报》2009 年第 2 期。

薛二勇：《中国近代高等教育的制度变迁分析》，《高等农业教育》2006 年第 5 期。

杨兰英：《北京政府时期学位制度的本土化》，《教育评论》2008 年第 2 期。

杨少琳：《法国学位结构分析与启示》，《国家教育行政学院学报》2011 年第 3 期。

叶绍梁：《学位的概念及其与研究生教育关系的辨析》，《学位与研究生教育》1999 年第 5 期。

应方淦：《清末教会大学学位制度述评》，《高等教育研究》2001 年第 3 期。

游玉华：《近代中国研究生教育的发展轨迹》，《大学教育科学》2005 年第 2 期。

岳爱武：《清末学位制度与研究生教育的内容考证及其评价》，《高教探索》2008 年第 4 期。

岳爱武：《中国早期研究生学位制度的发展轨迹及其思考》，《黑龙江高教研究》2009 年第 9 期。

岳爱武：《近代中国研究生招生考试制度的历史演变及其特征》，《高教探索》2010 年第 4 期。

岳爱武：《制度变迁与组织变革：改革开放以来中国研究生教育管理体制的演变及其特征》，《高校教育管理》2011 年第 8 期。

张传：《学位立法中应注意的问题》，《学位与研究生教育》2009 年第 1 期。

张虎生：《关于中国高等教育近代化（1890—1910）研究的综述》，《江苏高教》2001 年第 6 期。

张伶俐、郭汉民：《中国近代高等教育研究述评》，《江苏高教》2006 年第 6 期。

张少利：《北洋政府时期学位制度述评》，《中国高教研究》2007 年第 2 期。

郑刚：《教育立法与近代中国学位制度的嬗变》，《高教探索》2012 年第

1 期。

郑刚、兰军：《留学教育与近代中国学位的嬗变》，《学位与研究生教育》
　　2009 年第 10 期。

郑晓坤：《留美学生与中国近代学位制度的理论透视》，《长春大学学报》
　　2012 年第 8 期。

周谷平：《近代中国教会大学的学位制度》，《浙江大学学报》（人文社科
　　版）2004 年第 1 期。

周谷平、吴静：《近代中国学位制度的历史演变》，《高等教育研究》2002
　　年第 4 期。

周谷平、赵师红：《民国时期的农学研究生教育初探》，《学位与研究生教
　　育》2009 年第 4 期。

朱国仁：《西方高等教育的传播与中国近代高等教育的形成》，《高等教育
　　研究》1997 年第 4 期。

三　硕博士论文

谌洪法：《民国时期学位立法研究》，硕士学位论文，西南政法大学，
　　2013 年。

陈元：《民国时期中国大学研究院所研究》，博士学位论文，华中师范大
　　学，2012 年。

胡仁智：《南京国民政府前期教育立法的历史考察》，硕士学位论文，西
　　南政法大学，2002 年。

李德志：《南京大学研究生教育发展史》，博士学位论文，南京大学，
　　2012 年。

刘腾：《民国时期研究生教育的历史考察与思考》，硕士学位论文，曲阜
　　师范大学，2011 年。

孟洁：《中国研究生招生制度变革研究》，博士学位论文，华东师范大学，
　　2010 年。

苏兆斌：《中国学位制度的历史与现状研究》，博士学位论文，东北师范
　　大学，2013 年。

吴舸：《蔡元培高等教育管理思想研究》，博士学位论文，西南大学，
　　2010 年。

余伟良：《二十世纪的中国学位制度研究》，博士学位论文，湖南师范大学，2008 年。

郑浩：《中国研究生教育的发展历史研究》（1902—1998），硕士学位论文，湖南师范大学，2005 年。

周文佳：《北洋政府时期高等教育政策研究》，博士学位论文，河北大学，2013 年。

后　记

　　研究事物及问题最为关键的动力，应该始于强烈的研究兴趣，浓厚的研究旨趣和持续不断的关注力度。对中国近代学位与研究生教育制度问题的探寻，尤其是民国时期学位与研究生教育制度的研究，一开始主要始于本人的研究兴趣和关注。2005 年硕士研究生毕业，告别了美丽的南京师范大学，来到了偏于市区一隅的南京信息工程大学。因为学历是硕士研究生，且专业是科学社会主义与国际共产主义运动，根本不可能获得站上三尺讲台的机会，遂做起了教学的辅助工作。第一年，主要从事大学生思想政治工作，一个人，带了 3 个大班共 380 多名本科生，每天繁重的行政事务，纠葛不断的学生事宜，"奖惩助贷学"，可谓应接不暇。甚为安慰的是，做得还算称职。第二年的九月，学校在辅导员系统全面吸纳所谓优秀人才进入学校行政部门，本人有幸成为其中之一，被调配在了研究生处招生与就业办公室，主要负责全校研究生的就业和博士研究生的报名、招生、录取等工作，同时协助另一位同事就硕士研究生招生、报名、录取等环节的事宜。

　　工作之余，总是有点不切时宜的想法，亦在一直思考一个现实而又非现实的问题——当今热火朝天的研究生招录，吸引了大批优秀的毕业学子趋之若鹜，前赴后继，其原因何在，在招录过程中存在哪些问题需要进一步改进，今天的研究生招生其缘起何处，过去的研究生招录体系对今天的工作改进有无借鉴之处等，这些看似不是问题的问题，却让我产生了一种难以抑制的冲动。于是乎，开始查阅自己学校图书馆的相关资料，发现这方面书籍少之又少，于是，办理了江苏高校通用图书证，利用周末抑或假期，游走于南京师范大学、南京大学和第二历史文献陈列馆，搜集整理相关资料，以期明晰所有疑问。

随着问题的渐次深入，本人发现，中国的学位与研究生教育制度的历史问题，是一个纵深发展的渐次从萌芽到初创再到定型的过程，亦是一个逐步模仿、借鉴、嫁接外国高等教育的过程，其走过的路途历经了坎坷、曲折和非同寻常的艰难，也做出了持续不断的努力、奋争和难以想象的成就。对于这一艰难曲折的探索过程，本人产生了浓厚的学术研究兴趣，遂以工作为起点，以历史发展为线索，展开了前期大量的研究，撰写并发表了一系列关于这一历史时期的论文。如《清末学位制度与研究生教育的内容考证及其评价》，发表在《高教探索》（2008 年第 4 期，CSSCI 来源期刊），《清末学位制度与研究生教育的内容考证及其评价》，发表在《现代大学教育》（2008 年第 4 期，CSSCI 来源期刊），《中国早期研究生学位制度的发展轨迹及其思考》，发表在《黑龙江高教研究》（2009 年第 9 期，北大中文核心，CSSCI 扩展版来源期刊），《近代中国研究生招生考试制度的历史演变及其特征》，发表在《高教探索》（2010 年第 4 期，CSSCI 期刊），《制度变迁与组织变革：改革开放以来中国研究生教育管理体制的演变及其特征》，发表在《高校教育管理》（2011 年第 8 期），此文被人大复印报刊资料《高等教育》于同年第 11 期全文转载，《近代中国教会大学最早开展研究生教育起始时间考证》，发表在《现代大学教育》（2010 年第 4 期，CSSCI 来源期刊），《中国近代教会大学专业教育发展的考察》，发表在《高教探索》（2011 年第 4 期，CSSCI 来源期刊），《中国近代教会大学职业教育发展的缘起及其特征》，发表在《现代大学教育》（2011 年第 4 期，CSSCI 来源期刊）。

以这些前期研究成果为基础，本人尝试申报 2012 年江苏省哲学社会科学基金课题，没有想到，竟然喜从天降，获批一般项目。以项目获批为契机，正式拉开对这一问题的系统和整体的思考和研究。

此后的岁月，在原有工作基础上，本人又承担了高校教师在职申请攻读硕士学位招录工作、全日制工程硕士招录工作，肩头担子可谓日益繁重，与此同时，本人于 2013 年 5 月博士研究生毕业，遂转岗至马克思主义学院担任专任教师，一边从事繁重的全校思想政治理论课教学工作，一边从事马克思主义理论学科研究工作。科研"两条腿走路"，虽说事实上比较安稳，但对于做科研的人来说，未必是一件好事，但持续关注近代学位与研究生教育制度的决心未曾改变，4 年的时间里，仍然陆续发表相关论文，如《中国近代研究生培养制度变迁的历史省察》，发表在《教育评论》（2015 年第 8 期，北大中文核心），《理想的张力与现实的交困：民国时期博士研究生教育的历史探察》，发表在《黑龙江高教研究》（2016 年第 4 期，北大中文核心，CSSCI 扩展版来源期刊）。同时，一直以申报书为结题任务，开始繁重而细致的专著撰写工作。众所周知，近代学位与研究生教育制度牵涉面太多，涉及经济、政治、文化等诸多领域，加之时代变迁的反复无常，社会转型的急剧变化，搜集整理归纳非常繁复。甚为安慰的是，经过 4 年的持续不断的坚持，终于于 2016 年 12 月呈递了结项申请书并顺利结项。

今天，在课题结项成果基础上进行了些许修改，拟出版之际，心头涌上无数感激之情。

感谢我硕士时的导师，现为南京特殊师范教育学院党委副书记王立新教授，硕士毕业后一直想继续跟从师门读博，但由于种种原因，愿景未能实现，但导师仍一如既往地默默关注我的成长，偶尔的不顺心甚或一些烦心事，老师总能洞察其中，并认真细致地对我进行疏导和鼓励；感谢南京师范大学发展与改革委员会主任宋哲教授，年轻有为，思想超前，认识事物深邃，观点新颖，一直以来的促膝谈心，使我们成了无话不说的好朋友；感谢南京艺术学院马克思主义学院籍庆利师兄，相识长久，相聚经常，一方面"改善"我们的伙食，另一方面也带领我们领略生活的真谛；感谢南京师范大学公共管理学院院长赵晖教授，一直以来把我们作为子女般进行呵护，送来温暖和关心；感谢南京师范大学公管院副院长许开轶师兄，偶尔的严肃却能彰显学术的魅力，深刻的批判却能带来异样的思考；感谢南京师范大学马克思主义学院副院长张志丹教授，硕士三年"同寝"带来的不仅是学术思想的碰撞，更是友谊的日渐升华；感谢南京医科大学祝彬副教授，从你伟岸的身影中不仅学到了从容、坚强，更明白了追求的意义和价值；感谢江苏省公安厅刘伟副处长、南京市公安局于顺林同学，虽然从事不一样的工作，但是你们的敬业精神，好学上进的奋发脚步，也从侧面助推我勇往前行；感谢南京政治学院张光辉师弟、南京信息工程大学李沛武师弟，南京师范大学洪光东师弟，工作之余的偶尔相聚，谈生活谈家庭，见证了什么是真正的友情；感谢淮阴师范学院葛军教授、南通大学马克思主义学院吴日明教授、河海大学马克思主义学院曹芸副教授、樊非师兄、李轮师弟、王玲师妹、江苏警官学院董昕副教授、扬州职业大学仇文利教授、广西民族大学马克思主义学院韦汉吉副教授，同在师门下，偶尔诉衷肠，难得一聚首，终归路四方。

感激我之前工作 8 年的部门——南京信息工程大学研究生院。院长邱新法教授，不仅拥有浙江人的聪明才智，而且待人和善，尤其是对待下属，从没有高高在上的官僚之气，经常鼓励我们不仅要认真对待工作，还应该在学业上有所突破，有所提升。感谢学位办葛苏放主任，在著作撰写过程中，给予了很多无私的帮助，也感谢研究生院其他同事，你们总能体谅我边工作边读书的尴尬，亦在工作中给予我最为默默地分解，这种无私、热情、理解直至关心，我辈定会铭刻于心。

感谢我现在的工作部门——南京信息工程大学马克思主义学院。这是一个人数虽少但战斗力极强的组织，全院仅有教职工 30 人，既要承担全校 3 万多名本科生至博士研究生的公共政治理论课的教学，还要承担马克思主义理论一级学科硕士点专业课的教学，同时还得承担无处不在的科研压力，紧张而繁忙，紧凑而条理，相得而益彰，愉悦而坦然，在这样的群体中工作生活和学习，可谓人之大幸。

感谢我的博士后导师——南京师范大学人文社会科学研究院院长王永贵教授，作为马克思主义理论学科为数不多的"长江学者"，其博学多识、思维缜密、思想超前、乐观助人。感谢老师没有嫌弃我学术的浅薄和工作的繁忙而愿意接纳我进入师门，是我的福气，更是我前行的动力和标杆。

感谢南京信息工程大学人事处周显信处长，是你的推荐和举荐，让我有幸从行政岗转为教学岗，成为站上三尺讲台之人，从事自己喜欢且能认真安心付出的事业。没有您的无私和帮助，我可能还"徜徉"在无尽的烦琐事务中。

感谢我的研究生黄晗、许荣、张曼玉和张尹同学，平时对你们的严格要求换取的是你们的成果，偶尔的聚餐换取的是你们的开心，偶尔的相聚换取的是师生的情谊，感谢你们为书稿做出了很多的贡献。

最为感谢的是我的爱人牛天秀女士，作为一名母亲，在我从事繁重的行政工作和读博期间，她要时刻照顾大宝的起居生活，陪伴他阅读玩要，添置老人季节变化的衣物等烦琐事宜，同时，还要如我一样紧张地承担着在职攻读博士学位的负担，没有那份坚强和执着，没有那份挚真的爱是不可能做到的。但就是凭借那份坚忍和毅力，她竟然只用了三年时间顺利读完了博士。感谢我乖巧懂事的儿子岳铭谦小朋友，从幼儿园入学到小学六年级以来，作为父亲的我，陪伴的时间少之又少，心中愧疚久难平抑。渐渐长大长高的身影里，永远蕴含着爸爸的期冀和希望。

更值得欣慰的是，2017 年 3 月，积极响应国家计划生育号召，我的女儿"格格"（因为是满族，故起其名）顺利来到尘世间，"招商银行"的到来，虽有压力和艰难，但更多的是欢乐和幸福，她不仅让我们再一次诠释了作为父母的伟大，也更加扬起了我们奋斗的动力，天天与之为伴，观其欢乐抑或烦躁，都是一种满满的幸福。"好"字凑成，亦应该好好前行，好好努力，久久为功。

感谢年迈蹒跚的父母，寡言少语的岳父岳母，为了使我们能够潜心学业，静心读书，他们舍弃了在老家无忧无虑的安享晚年的时光，来到举目无亲又浑然陌生的城市，帮我们做饭洗衣，收拾卫生，看管孩子，真可谓毫无怨言，心中时刻充满无尽的愧疚和不安。感谢众多兄弟姐妹，虽然只是偶尔相聚，但多年来无私的奉献，默默地理解，大力的支持，是你们的善良、坚持、坚忍成为我前行与奋斗的动力。

感谢中国社会科学出版社责任编辑赵丽女士，虽未谋面，但您认真负责不厌其烦地跟我沟通书稿校正事宜、规范格式等，让我再次深刻领会什么叫认真，什么叫负责。感谢中国社会科学出版社责任校对张依婧女士对本书稿细致入微的修改，从标点到语句形式，从段落衔接到章节架构等，可谓"功底浑厚"。感谢中国社会科学出版社责任印制王超同志的辛苦付出。

是为后记，以感激之情感谢所有应感谢之人！